U0748055

现代职业教育汽车类专业精品教材

汽车电气系统检修

天津职业技术师范大学汽车职业教育研究所　组编

主　编　孔　超
副主编　邢振东
参　编　康晨城　杜一鸣　张建峰　王　展

机械工业出版社

本书是天津职业技术师范大学汽车职业教育研究所组织编写的，采用基于工作过程的方法开发。内容以典型工作任务为载体进行组织，主要包括汽车电气系统检修基础、蓄电池的检验与充电、发电机的检修、起动系统的检修、点火系统的检修、仪表系统的检修、照明与信号系统的检修、辅助电气系统的检修八个学习情境。每个情境下还包含若干学习单元，每个学习单元以实际工作任务进行导入，理论知识包含共性知识和个性知识，实践技能部分以丰田车型为例。

本书适合于开设汽车维修类专业的职业院校使用，也可以供汽车技术培训机构使用，同时还可作为汽车维修从业人员的学习参考书。

图书在版编目（CIP）数据

汽车电气系统检修/孔超主编. —北京：机械工业出版社，2020.8
（2024.8 重印）

现代职业教育汽车类专业精品教材
ISBN 978-7-111-65731-6

Ⅰ.①汽⋯　Ⅱ.①孔⋯　Ⅲ.①汽车-电气系统-检修-职业教育-
教材　Ⅳ.①U472.41

中国版本图书馆 CIP 数据核字（2020）第 090567 号

机械工业出版社（北京市百万庄大街 22 号　邮政编码 100037）
策划编辑：于志伟　责任编辑：于志伟
责任校对：樊钟英　封面设计：陈　沛
责任印制：邓　博
北京盛通数码印刷有限公司印刷
2024 年 8 月第 1 版第 3 次印刷
184mm×260mm·16 印张·393 千字
标准书号：ISBN 978-7-111-65731-6
定价：49.00 元

电话服务　　　　　　　　　　网络服务
客服电话：010-88361066　　机 工 官 网：www.cmpbook.com
　　　　　010-88379833　　机 工 官 博：weibo.com/cmp1952
　　　　　010-68326294　　金 书 网：www.golden-book.com
封底无防伪标均为盗版　　机工教育服务网：www.cmpedu.com

前言

Preface

"汽车电气系统检修"是汽车维修类专业针对机电维修工进行能力培养的一门专业核心课程,主要培养学生利用现代诊断和检测设备进行汽车电气系统故障诊断、故障分析、零部件检测及维修更换等专业能力,同时注重培养学生的社会能力和方法能力。

本书采用"以行动为导向、基于工作过程"的课程开发方法进行开发,以汽车机电维修工诊断和汽车电气系统诊断与修复的典型工作任务为载体,梳理和序化理论知识,根据学生的认知规律设计了相应的学习情境。

主要特点如下:以典型工作任务为载体,每个学习单元都有明确的学习目标;典型工作任务来源于汽车机电维修工的实际工作岗位,并进行了适当的教学化加工;理论知识按照典型工作任务的需求进行重新序化,理论和实践以典型工作任务为主线进行了有机融合;学习车型以丰田车型为主,其他车型为辅,本书全部内容均在实车上进行了验证。

本书采用"校企双元"模式共同开发,由天津职业技术师范大学孔超担任主编,天津市交通学校邢振东担任副主编,天津职业技术师范大学康晨城、济宁技师学院杜一鸣、铁门关职业技术学院张建峰、青岛市技师学院王展参编。

本书在编写过程中得到了天津闻达天下科技有限责任公司、上海景格科技股份有限公司提供的资金、设备及技术支持,在此表示衷心的感谢。在编写过程中参考了大量国内外相关著作和文献资料,在此一并向有关作者表示感谢。

由于编者水平有限,难免有错漏之处,敬请读者批评指正。

编者

目录

Contents

前 言

学习情境 1　汽车电气系统检修基础 ………………………………………… 1

　学习单元 1.1　汽车电气系统的认知 …………………………………………… 2
　学习单元 1.2　汽车电路识图 …………………………………………………… 10
　学习单元 1.3　常用检测仪器的使用 …………………………………………… 17

学习情境 2　蓄电池的检验与充电 …………………………………………… 24

　学习单元 2.1　蓄电池技术性能的检测 ………………………………………… 25
　学习单元 2.2　蓄电池的充电 …………………………………………………… 34

学习情境 3　发电机的检修 …………………………………………………… 42

　学习单元 3.1　发电机的拆检 …………………………………………………… 43
　学习单元 3.2　发电机电压调节器的检测 ……………………………………… 57
　学习单元 3.3　充电指示灯常亮故障诊断 ……………………………………… 66

学习情境 4　起动系统的检修 ………………………………………………… 74

　学习单元 4.1　起动机的拆检 …………………………………………………… 75
　学习单元 4.2　起动机起动无力故障诊断 ……………………………………… 90
　学习单元 4.3　起动机不工作故障诊断 ………………………………………… 98

学习情境 5　点火系统的检修 ………………………………………………… 106

　学习单元 5.1　传统点火系统的认知 …………………………………………… 107
　学习单元 5.2　普通电子点火系统的检测 ……………………………………… 117

学习情境 6　仪表系统的检修 ………………………………………………… 126

　学习单元 6.1　组合仪表的认知 ………………………………………………… 127
　学习单元 6.2　组合仪表的更换 ………………………………………………… 132

学习情境7　照明与信号系统的检修 ……………………………………………… **139**

学习单元7.1　汽车照明与信号系统的认知 …………………………………… 140

学习单元7.2　前照灯总成的检修 ………………………………………………… 147

学习单元7.3　尾灯总成的检修 …………………………………………………… 162

学习单元7.4　转向信号灯的检修 ………………………………………………… 171

学习单元7.5　灯光控制开关的更换 ……………………………………………… 180

学习情境8　辅助电气系统的检修 ……………………………………………… **188**

学习单元8.1　电动车窗与门窗的检修 …………………………………………… 189

学习单元8.2　电动后视镜的检修 ………………………………………………… 202

学习单元8.3　刮水器与清洗器的检修 …………………………………………… 208

学习单元8.4　倒车雷达的检修 …………………………………………………… 222

学习单元8.5　电动门锁与防盗系统的检修 ……………………………………… 230

参考文献 ……………………………………………………………………………… **249**

学习情境 1

汽车电气系统
检修基础

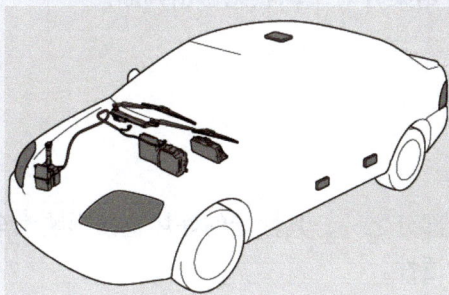

学习单元1.1 汽车电气系统的认知

情境导入

客户购买卡罗拉轿车已经行驶了 1.1 万 km，在首保时需要对轿车上的电气系统进行检查。经检查各项功能正常，情况良好。

学习目标

1. 能通过与客户交流、查阅相关技术资料等方式获取车辆信息。
2. 能自行查阅汽车维护有关的资料。
3. 能正确按照顺序对汽车电气及电子系统各个部件进行基本检查。
4. 能正确地记录、分析各种检查结果并对车辆状态做出判断。

理论知识

一、汽车电气系统的作用

汽车电气系统是汽车的重要组成部分之一，其性能的好坏直接影响汽车的动力性、经济性、可靠性、安全性、排气净化及舒适性。

例如，为了使汽车发动机获得最高的经济性，需要点火系统在最适当的时间点火；为了使发动机可靠起动，需采用电力起动机；为了保证汽车工作可靠、行驶安全，需要各种指示仪表、信号装置和照明灯具等电器的正常工作。

蓄电池、发电机、起动机、点火系统、照明信号系统、仪表信息等传统的汽车电气设备是汽车的基础组成部分，也是汽车电子控制系统的基础。

多年来，汽车电气系统一直在汽车上发挥着重要的作用。基础电气设备将向提高品质、提高性能的方向发展，辅助电器将向拓展种类、扩大应用范围的方向发展。

二、汽车电气系统的特点

1. 双电源

在汽车电气系统中，采用两个电源（蓄电池和交流发电机），两者互相配合，协同工作。即使是在极端条件下（如发电机损坏，不发电），仅依靠蓄电池供电，汽车也能行驶一定里程。

2. 低电压

汽车电气系统的额定电压（Rated Voltage）有 6V、12V、24V 三种。汽油发动机汽车普遍采用 12V 电源，柴油发动机汽车多采用 24V 电源（由两个 12V 蓄电池串联而成），摩托车采用 6V 电源。

汽车运行中的实际工作电压：一般 12V 系统为 14V 左右，24V 系统为 28V 左右。

3. 直流供电

现代汽车发动机要靠电力起动机起动，而给起动机供电的是蓄电池，蓄电池的充电只能采用直流电源；另外，汽车上很多控制电路的电子元件只能应用于直流电，为了方便使用，汽车上电气系统采用直流系统。

4. 单线制

单线制（单线连接）是汽车电路的突出特点之一，它是指汽车上所有电气设备的正极均采用导线相互连接；而负极直接或间接通过导线与金属车架或车身的金属部分相连，即搭铁（也称为接地）。

任何一个电路中的电流都是从电源的正极出发，经导线流入用电设备后，再由电气设备自身或负极导线搭铁，通过车架或车身流回电源负极而形成回路。

由于单线制导线用量少，电路清晰，接线方便，因此现代汽车广泛采用。

5. 负极搭铁

采用单线制时蓄电池的一个电极需接至金属车架或金属车身上，俗称为"搭铁"。蓄电池的负极接金属车架或金属车身称为负极搭铁，蓄电池的正极接金属车架或金属车身称为正极搭铁。

6. 并联连接

各用电设备均采用并联连接方式，汽车上的两个电源（蓄电池与发电机）之间以及所有用电设备之间，都是正极接正极，负极接负极，并联连接。由于采用并联连接，所以汽车在使用中，当某一支路用电设备损坏时，并不影响其他支路用电设备的正常工作。

7. 设有保险装置

为了防止因电源短路（相线搭铁）或电路过载而烧坏线束，电路中一般设有保护装置，如熔断器（短路保护）、易熔线（过载保护）等。

8. 汽车电线（导线）有颜色和编号特征

为了便于区别各电路的连接，汽车所有低压导线必须选用不同颜色的单色线或双色线，并在每根导线上编号，编号由生产厂家统一编定。

9. 由相对独立的分支系统组成

汽车电路由相对独立的系统组成，全车电路一般包括以下几个部分：

（1）电源电路 电源电路由蓄电池、发电机、电压调节器及工作状况指示装置（电压表、电流表、充电指示灯）等组成。

（2）起动电路 起动电路由起动机、起动继电器、起动开关及起动保护装置等组成。

（3）点火电路 点火电路由点火线圈、分电器、电子点火器、火花塞和点火开关等组成。

（4）照明信号电路 照明信号电路由前照灯、雾灯、示位灯、转向灯、制动灯、倒车灯、电喇叭及控制继电器和开关等组成。

（5）仪表报警电路 仪表报警电路由仪表、传感器、各种警告灯、指示灯及控制器等组成。在高端车上，仪表报警电路已经发展成为仪表信息系统。

（6）辅助装置电路 辅助装置电路由为提高车辆安全性、舒适性、经济性等各种功能的电气装置组成，因车型不同有所差异，一般包括风窗刮水清洗装置、风窗除霜防雾装置、音响装置、车窗电动升降装置、电动座椅调节装置及中央电控门锁等。

三、卡罗拉轿车电气系统的认知

1. 电源部分

（1）蓄电池 起动发动机时，蓄电池是汽车上供给起动机电流的唯一电源。当发电机不工作或转速较低，其电压低于蓄电池时，蓄电池向全车用电设备供电；当用电设备接入较多时，可协助发电机向外供电。卡罗拉轿车上的蓄电池如图1-1-1所示。

可以看出，卡罗拉轿车上蓄电池安装在发动机的右侧，并有固定装置将其固定。

（2）发电机 当发动机起动后带动发电机发电，当发电机达到一定转速，其电压高于蓄电池电压时，发电机向全车用电设备（起动机除外）供电，并向蓄电池充电，它是汽车运行中的主要电源。为了使各种汽车电器都能稳定工作，三相交流发电机必须设置电压调节器，使电压维持在某一相对稳定的范围内。

卡罗拉轿车上的发电机如图1-1-2所示。

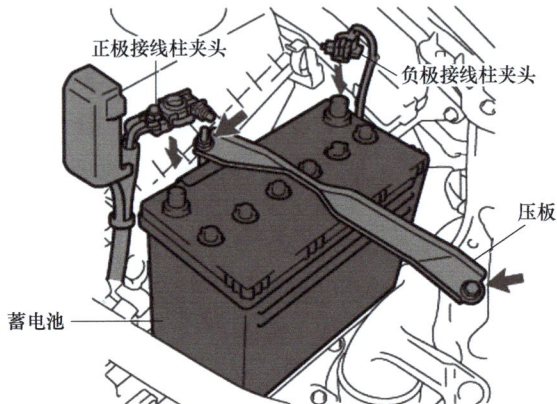

图1-1-1 卡罗拉轿车上的蓄电池

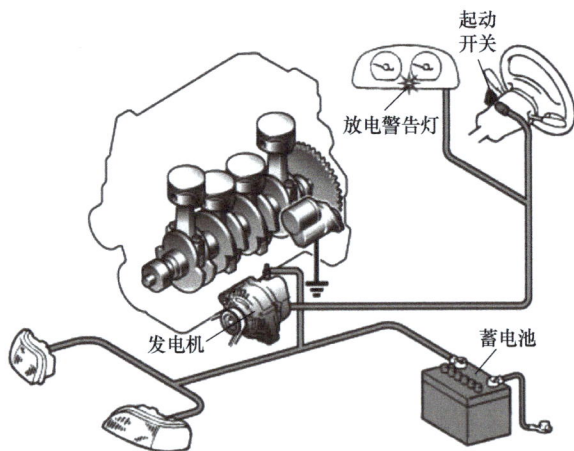

图1-1-2 卡罗拉轿车上的发电机

卡罗拉轿车用发电机及电压调节器如图1-1-3所示。

2. 用电设备部分

（1）起动系统 起动系统由蓄电池供电，将电能转变为机械能带动发动机转动，完成任务后立即停止工作。卡罗拉轿车上的起动系统如图1-1-4所示。

（2）点火系统 点火系统是汽油机不可缺少的组成部分，其功能是按照发动机的工作顺序产生高压电并通过火花塞跳火，保证适时、准确地点燃气缸内的可燃混合气。卡罗拉轿车点火系统如图1-1-5所示。

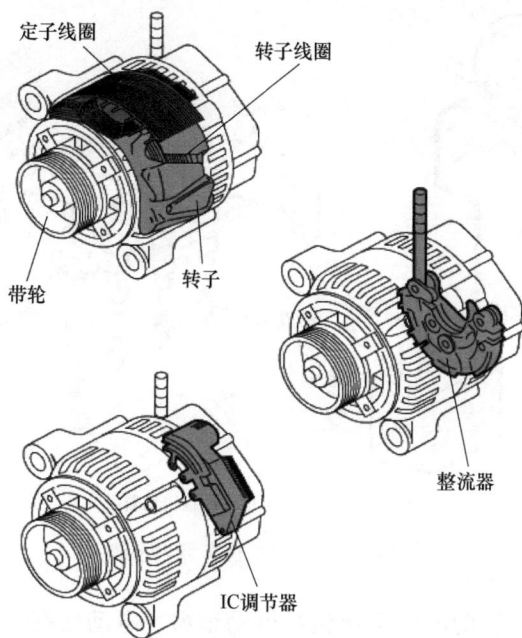

定子线圈　转子线圈　转子　带轮　整流器　IC调节器

图 1-1-3　卡罗拉轿车用发电机及电压调节器

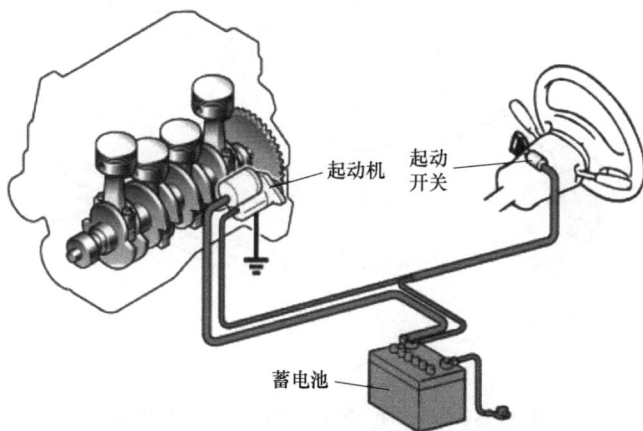

起动机　起动开关　蓄电池

图 1-1-4　卡罗拉轿车上的起动系统

卡罗拉轿车点火系统由 ECU 进行控制，通过点火线圈将蓄电池电压提高后使火花塞点火，从而点燃发动机内的可燃混合气。

（3）仪表及信号设备　仪表及信号设备包括各种机械式或电子式的燃油表、机油压力表、冷却液温度表、电流表、车速里程表及各种显示装置，用来指示发动机与汽车的工作情况。

（4）照明及信号系统　照明及信号系统主要起到照明及给车内乘客或车外行人提供警告信号的作用，包括前照灯、各种照明灯、信号灯以及电喇叭、蜂鸣器等，用来保证各种运行条件下的行车安全。

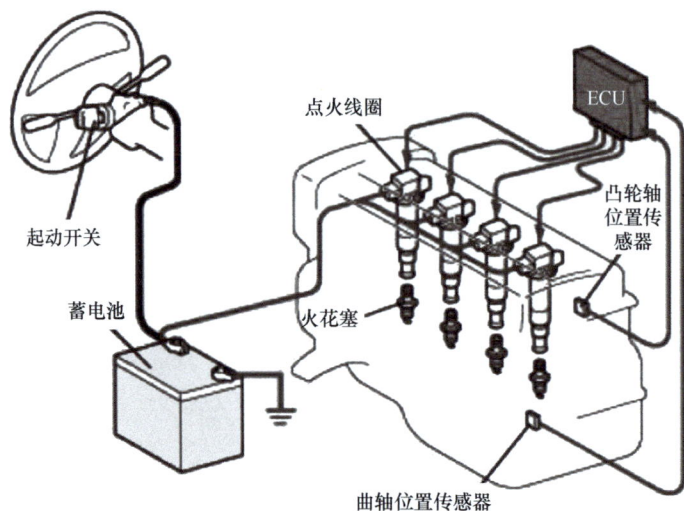

图 1-1-5　卡罗拉轿车点火系统

（5）辅助电气系统　辅助电气系统包括电动车窗、电动后视镜、刮水器、倒车雷达以及电动门锁和防盗系统等。图 1-1-6 为卡罗拉轿车上的刮水器和喷水器。

图 1-1-6　卡罗拉轿车上的刮水器和喷水器

实践技能

汽车主要电气系统的认知

1. 蓄电池

汽车上的蓄电池及安装位置如图 1-1-7 所示。一般轿车蓄电池安装于发动机舱内。

2. 发电机及电压调节器

汽车上的发电机及电压调节器如图 1-1-8 所示。

蓄电池和发电机及电压调节器组成了卡罗拉轿车的电源系统。

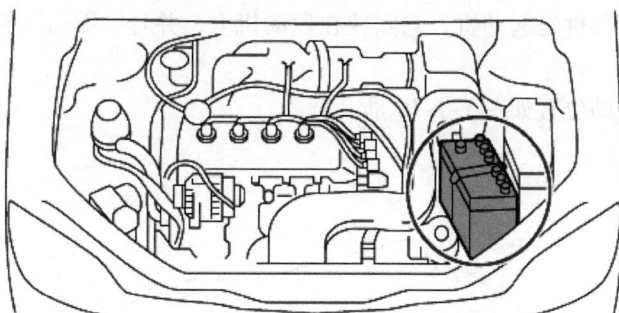

图 1-1-7　汽车上的蓄电池及安装位置

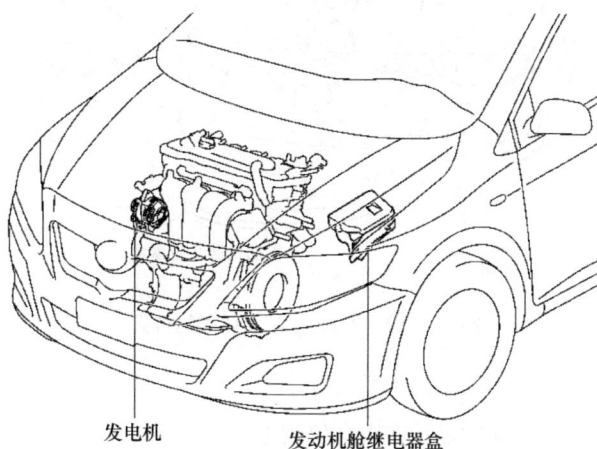

发电机　　　　　发动机舱继电器盒

图 1-1-8　汽车上的发电机及电压调节器

3. 起动系统

汽车上的起动系统位置如图 1-1-9 所示。

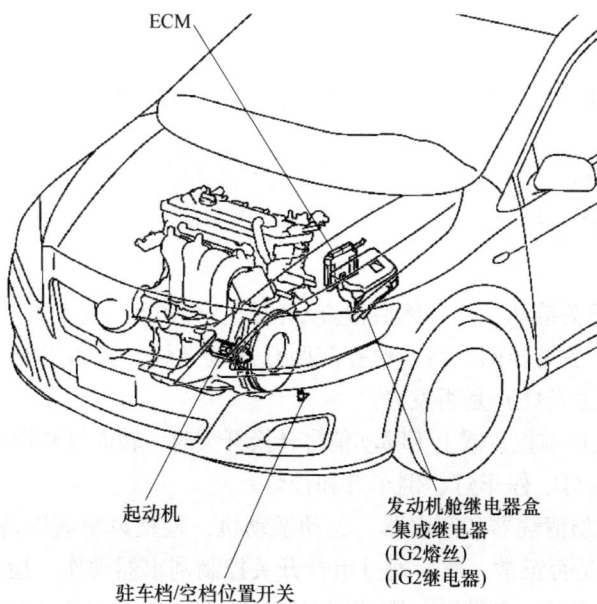

ECM

起动机　　　　　　　　发动机舱继电器盒
　　　　　　　　　　　-集成继电器
　　　　　　　　　　　(IG2熔丝)
　　　　　　　　　　　(IG2继电器)

驻车档/空档位置开关

图 1-1-9　汽车上的起动系统位置

起动系统主要的部件是起动机，它安装在发动机上，并且一端与飞轮相啮合。

4. 点火系统

汽车上点火系统的位置如图 1-1-10 所示。

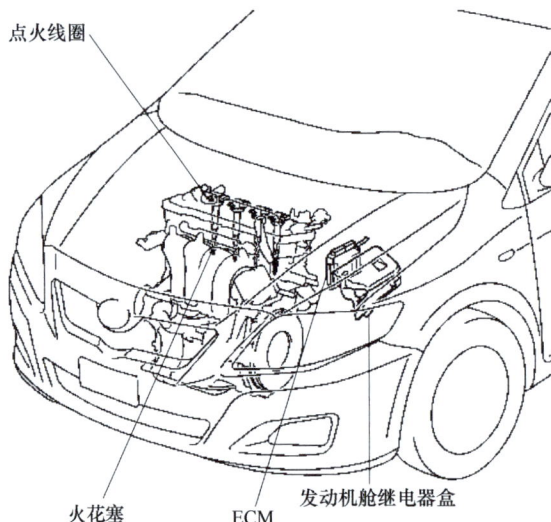

图 1-1-10　汽车上点火系统的位置

5. 仪表及信号设备

汽车上的仪表较多，一般集中显示在组合仪表上。

6. 照明系统

汽车上的照明系统所包含的灯的种类较多，卡罗拉轿车的照明系统如图 1-1-11 所示。

情境分析

1. 故障现象

客户购买卡罗拉轿车已经行驶了 1.1 万 km，在首保时需要对轿车上的电气系统进行检查。

2. 故障诊断与排除

对于电气部分的检查如下：

（1）检查车灯

1）将灯光控制开关旋动一档，然后检查示位灯、牌照灯、尾灯以及仪表板灯。

2）将灯光控制开关旋转两档后，检查前照灯（近光灯）是否发光，然后将变光器开关推开，检查前照灯（远光灯）是否发光。

3）把变光器开关向前拉，或上下移动信号转换开关时，转向灯和指示灯应正常亮或闪。

4）检查危险警告灯、停车灯、倒车灯和顶灯。

（2）检查风窗玻璃清洗器和刮水器　起动发动机，检查风窗玻璃清洗器是否正常工作，喷射区域和喷射压力是否正常，然后通过组合开关控制刮水器动作，检查其是否正常工作。

（3）检查喇叭　在转向盘转动一圈的同时按动喇叭，检查是否正常工作。

右梳妆灯

个人用灯总成
-前个人用灯

左梳妆灯

车厢照明灯总成
-车内照明灯

高度控制传感器

右侧雾灯总成

右侧前照灯总成
-前照灯光束高度调整电动机
-灯控ECU(HID前照灯)
-近光灯
-远光灯
-前转向信号灯
-驻车灯

左侧转向信号灯总成

右侧转向信号灯总成

左侧前照灯总成

左侧雾灯总成

发动机舱继电器盒和接线盒

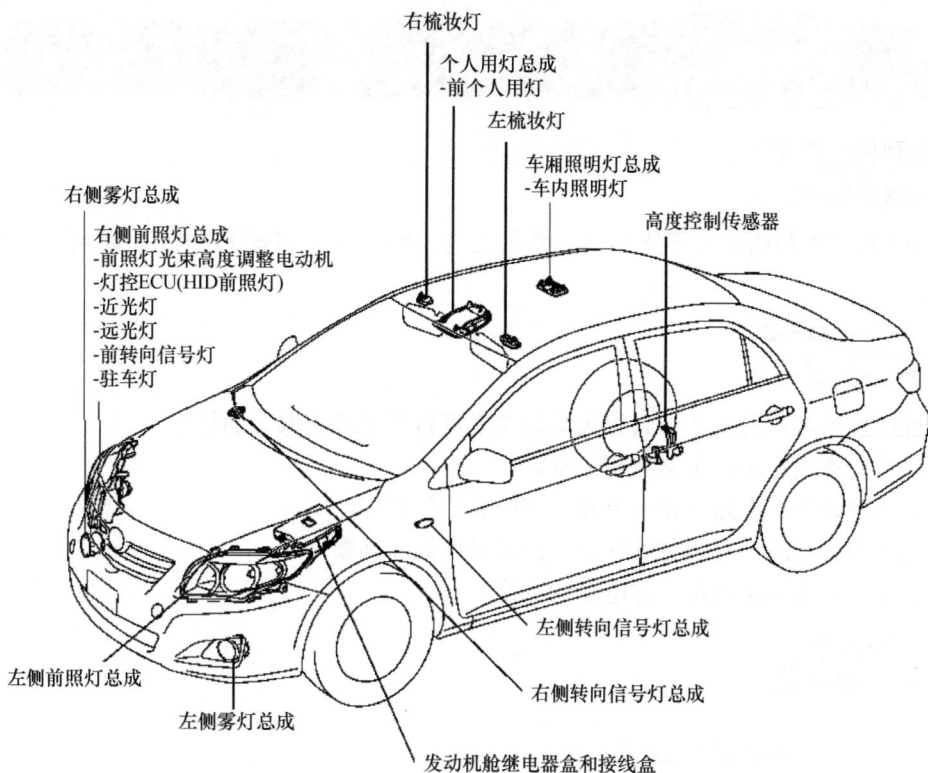

图 1-1-11　卡罗拉轿车上的照明系统

（4）检查门控灯　依次打开四个车门，检查是否每一个车门打开车内顶灯都亮起。

（5）检查尾灯　下车后，检查尾灯是否松动。

（6）检查发电机传动带　打开发动机舱盖，检查发电机传动带是否松动。

（7）检查蓄电池　首先检查电解液液位是否正常，然后检查蓄电池是否有损坏、腐蚀和松动等故障。

经检查各项功能正常，情况良好。

3. 故障原因分析

按照厂家要求，丰田卡罗拉轿车第一次保养周期为 1 万 km 或 6 个月，因此客户的车辆必须进行保养，按照操作规程进行保养检查即可。在实际工作中，汽车电气及电子系统的检查往往和其他部分的检查交叉进行。

学习小结

1）汽车电气系统是汽车的重要组成部分之一，其性能的好坏直接影响汽车的动力性、经济性、可靠性、安全性、排气净化及舒适性。

2）汽车电气系统主要有双电源、低电压、直流供电、单线制及负极搭铁等特点。

3）汽车电气系统主要包括电源部分和用电设备部分两大类。其中，电源部分包括蓄电池和发电机，用电设备部分主要包括起动系统、点火系统、照明及信号系统等。

学习单元1.2　汽车电路识图

情境导入

一辆丰田卡罗拉轿车，不能起动，整车无电。经检查主熔丝 FL MAIN 断路，更换后故障排除。

学习目标

1. 能通过与客户交流、查阅相关维修技术资料等方式获取车辆信息。
2. 能自行查阅汽车整车电路相关资料。
3. 能正确地分析电路并在车上找到相应零部件位置。
4. 能正确地记录、分析各种检查结果并做出故障判断。
5. 能进行电路系统熔丝、继电器的更换。

理论知识

一、汽车电路的基本组成

汽车电路由电源系统、用电设备、线束、开关、继电器和熔丝等组成。

1. 线束

线束可分为电线和电缆、连接件和电路保护件三类。卡罗拉轿车的线束如图 1-2-1 所示。

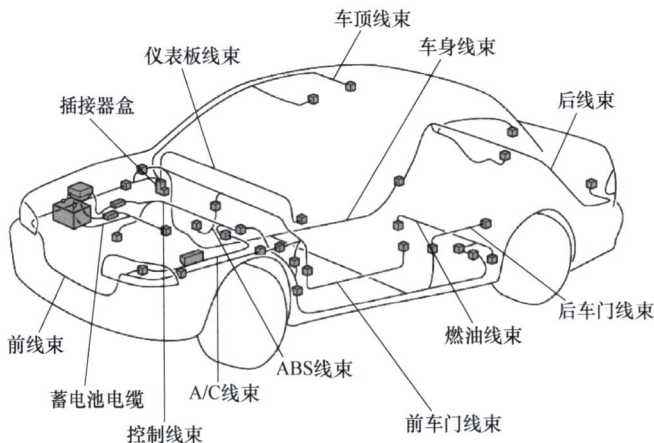

图 1-2-1　卡罗拉轿车的线束

连接件包括接线盒、继电器盒、插接器、插接器接线柱和搭铁螺栓等，电路保护件包括熔断器、熔线、电路断路器等。

（1）电线和电缆　车辆上使用的线缆主要有以下三种类型：

1）低压线。一种广泛应用于汽车上的电线，它包括电线和绝缘层，如图 1-2-2a 所示。

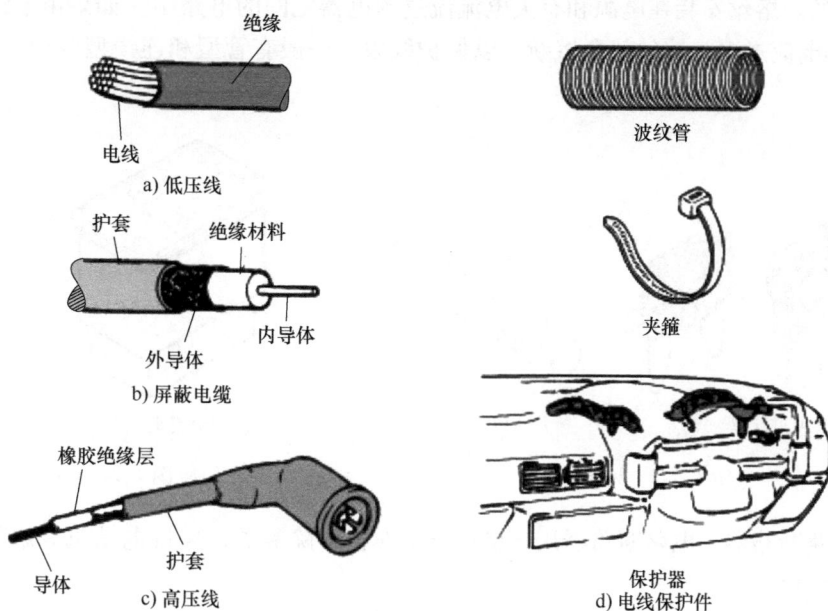

图1-2-2　电线和电缆

2）屏蔽电缆。这种缆线的设计是为了保护它免受外部干扰，它被用于以下领域无线电天线、馈线电缆、点火信号线和氧传感器信号线等，如图1-2-2b所示。

3）高压线。一种用作汽油发动机点火系统电路的缆线。这种线包括表面带有一厚层橡胶绝缘层的导电芯（芯线），橡胶绝缘层预防高压漏泄，如图1-2-2c所示。

4）电线保护件。为了保护线缆，需要使用线缆保护零部件，即电线保护件，用来覆盖或绑扎线缆，或者将它们固定在其他零部件上，使线束免受损坏，如图1-2-2d所示。

（2）连接件　为了方便连接，线束连接都集中在车辆的少数几个部分。

1）接线盒。接线盒是将电路各个插接器汇集在其内的一个零部件。一般说来，它由印刷电路板、熔断器、继电器、断路器和其他装置构成。

2）继电器盒。继电器盒虽然和接线盒十分相似，但继电器盒内并无印刷电路板或其他的集中式接线功能。

3）插接器。插接器是用在线束之间或者在线束和电气组件之间，以便提供电气连接。插接器有线和线插接器、线和组件插接器两种。插接器根据接线端的形状分为公和母两种类型。插接器也使用各种不同的颜色。使用插接器可以极大地提高线束更换、维修的方便性，同时也可降低维修成本。

4）过渡插接器。过渡插接器的功能是连接同一组的连接端子。

5）搭铁螺栓。使用搭铁螺栓将线束和电气组件搭铁。和普通的螺栓不同，这些螺栓表面喷上绿色漆以防氧化。

（3）电路保护件　电路保护件保护电路，防止当电线或电子/电气组件短路时出现过大电流。

1）熔断器。熔断器安装在熔断丝和单个用电器之间。当超过规定值的电流流过单个电器的电路时，熔断器就会熔断，以保护电路。一般有叶片型和管型两种，如图1-2-3所示。

2）熔丝。熔丝安装在电源和有大电流流过的电器之间的电路中。如果由于线束与车身短路而引起电流过大，熔丝就会熔断，以保护线束。一般有管型和连锁型两种，如图1-2-4所示。

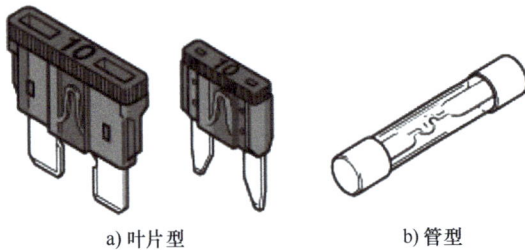

a) 叶片型　　　　　b) 管型

图 1-2-3　熔断器

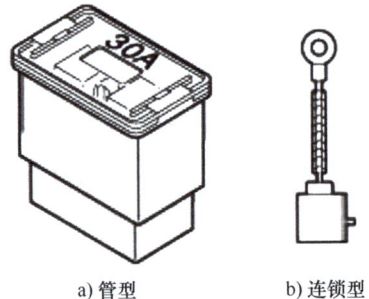

a) 管型　　　　b) 连锁型

图 1-2-4　熔丝

3）电路断路器。电路断路器用于诸如电动车窗、除雾器、风机电动机等熔断器保护不了的大电流负载。

当电流超过额定电流时，断路器内的双金属器件发热膨胀，断开电路。甚至电流低于额定电流值时，如电流反复地在短时或长时内流动，双金属器件的温度也会升高，断开电路。和熔断器不同，将电路断路器的双金属器件复位后，可以重复使用。电路断路器有两个类型：自动复位型，它可自动地复位；手动复位型，它依靠手动来复位。

2. 开关及继电器

除了操作控制系统，开关和继电器还断开或闭合电路，将灯光转换至通或断。

（1）开关　有些开关是手动操作，而另一些通过感测压力、油压或温度而自动地操作。开关可以分为手动开关、由温度或电流变化操作的开关和由液位改变操作的开关三种。

1）手动开关。手动开关有旋转式开关、按钮开关、交互转换开关及操纵杆式开关等类型。点火开关就是典型的旋转式开关。危险警告灯开关就是典型的按钮开关。门控电路中的门锁开关就是交互转换开关。转向盘下的组合开关就是典型的操纵杆式开关。

2）由温度或电流变化操作的开关。包括温度检测开关和电流检测开关等。

3）由液位改变操作的开关。液位警告开关就是典型的由液位改变操作的开关。

（2）继电器　继电器可以分为电磁继电器和铰链式开关继电器。

继电器可用小电流来通（ON）/断（OFF）承载大电流的电路。当使用继电器后，承载大电流的电路可被简化。继电器也可分为常开型和常闭型，如图1-2-5所示。

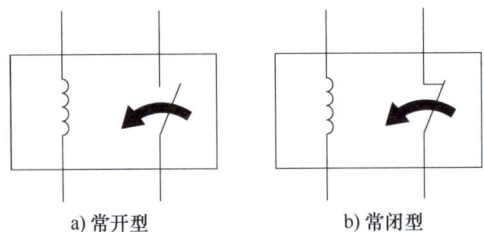

a) 常开型　　　　b) 常闭型

图 1-2-5　继电器的类型

二、汽车电路识图

汽车电路与普通电路不同，各系统电路的实际配线是指从蓄电池开始的电源点到各搭铁点的配线。对任何故障进行故障排除时，首先要了解故障电路的工作原理，了解对此电路供电电源的工作原理和搭铁的工作原理，了解后，可以开始对故障电路进行故障排除，找出故障原因。在实际维修操作中，一定要利用"继电器位置分布图"和"电路图"来找出各个零部件、接线盒和线束插接器、线束和线束插接器及系统电路的搭铁点。

以丰田卡罗拉轿车为例，汽车电路的识图方法如图 1-2-6 所示。

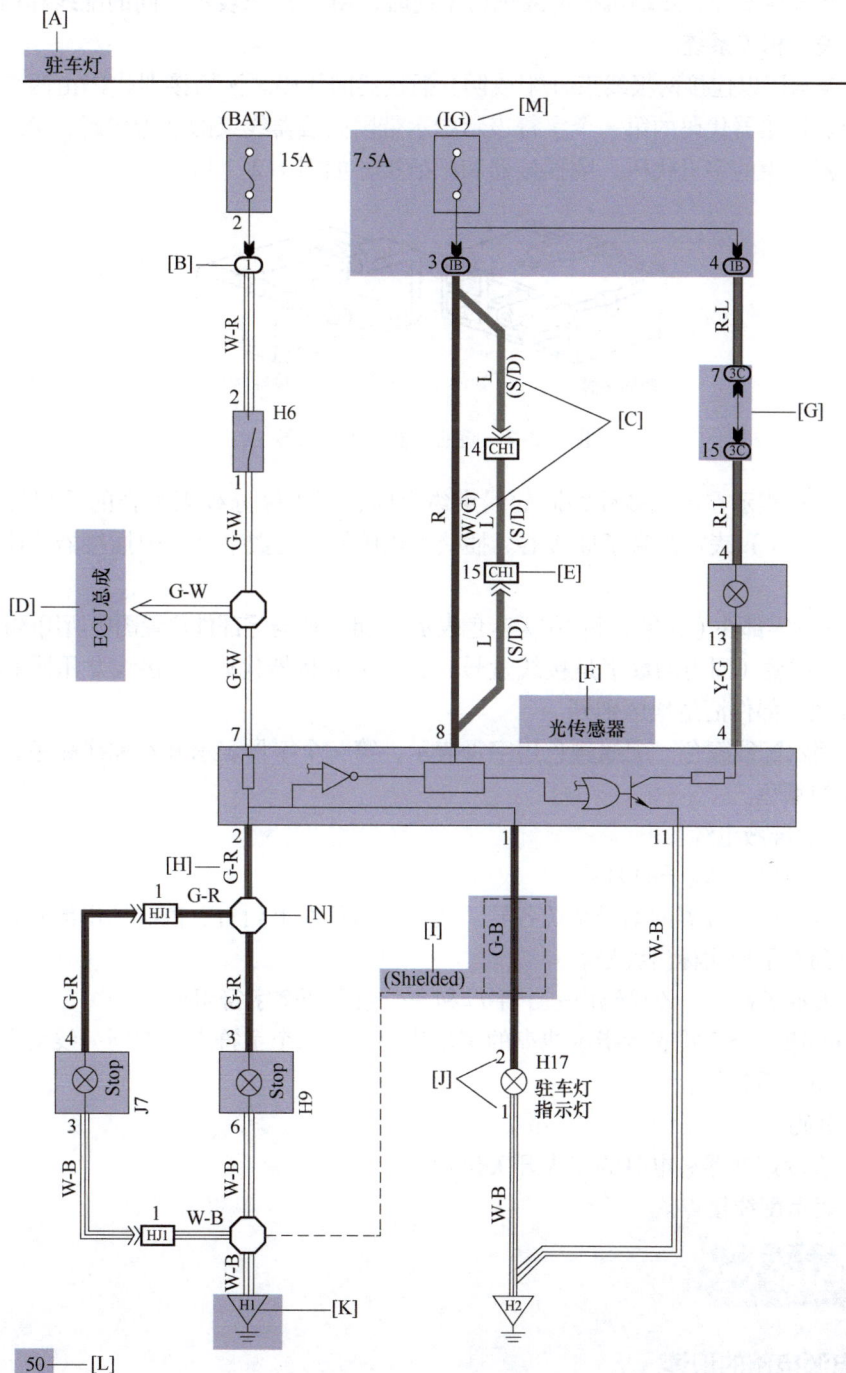

图 1-2-6　汽车电路的识图方法

图中各个标号的意义如下：

[A]：系统名称，也就是该电路图表示的电路名称。

[B]：表示继电器盒。无阴影表示且仅显示继电器盒号，以区别接线盒，例如图中位置表示1号继电器盒。

[C]：当车辆型号、发动机类型或规格不同时，用（ ）来表示不同的配线和插接器。

[D]：表示相关系统。

[E]：表示用以连接两根线束（阳或阴）插接器的代码。该插接器代码由两个字母和一个数字组成。插接器代码的第一个字符表示指示带阴插接器线束的字母代码，第二个字符表示带阳插接器线束的字母代码。阴插接器和阳插接器如图1-2-7所示。

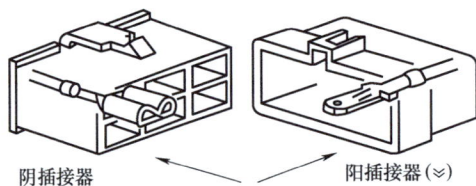

阴插接器　　　　　　　阳插接器(≫)

图1-2-7　阴插接器和阳插接器

第三个字母表示在出现多种相同的线束组合时，用于区分线束组合的系列号（如CH1和CH2）。符号（ ）表示阳端子插接器。插接器代码外侧的数字表示阳插接器或阴插接器的端子编号。

[F]：表示零部件（所有零部件用天蓝色表示）。此代码与零部件位置图中所用的代码相同。

[G]：接线盒（圈内的数字是接线盒号，旁边为插接器代码）。接线盒用阴影标出，以便将它与其他零部件清楚地区别开。

[H]：表示配线颜色。配线颜色用字母表示，第一个字母表示基本配线颜色，第二个字母表示条纹的颜色。

[I]：表示屏蔽电缆。

[J]：表示插接器端子的编号。

阳插接器和阴插接器的编号系统各异。阴插接器从左上到右下依次标出编号，阳插接器就要从右上到左下依次标出编号。

[K]：表示搭铁点。该代码由一个字母和一个数字两个字符组成。

该代码的第一个字符表示指示线束的字母代码，第二个字符表示在同一线束有多个搭铁点时做区别用的系列号。

[L]：页码。

[M]：表示熔断器通电时的点火开关位置。

[N]：表示配线接点。

🚗 实践技能 ⚙️

汽车电源电路的识读

以丰田卡罗拉轿车为例，卡罗拉轿车电源电路如图1-2-8所示。

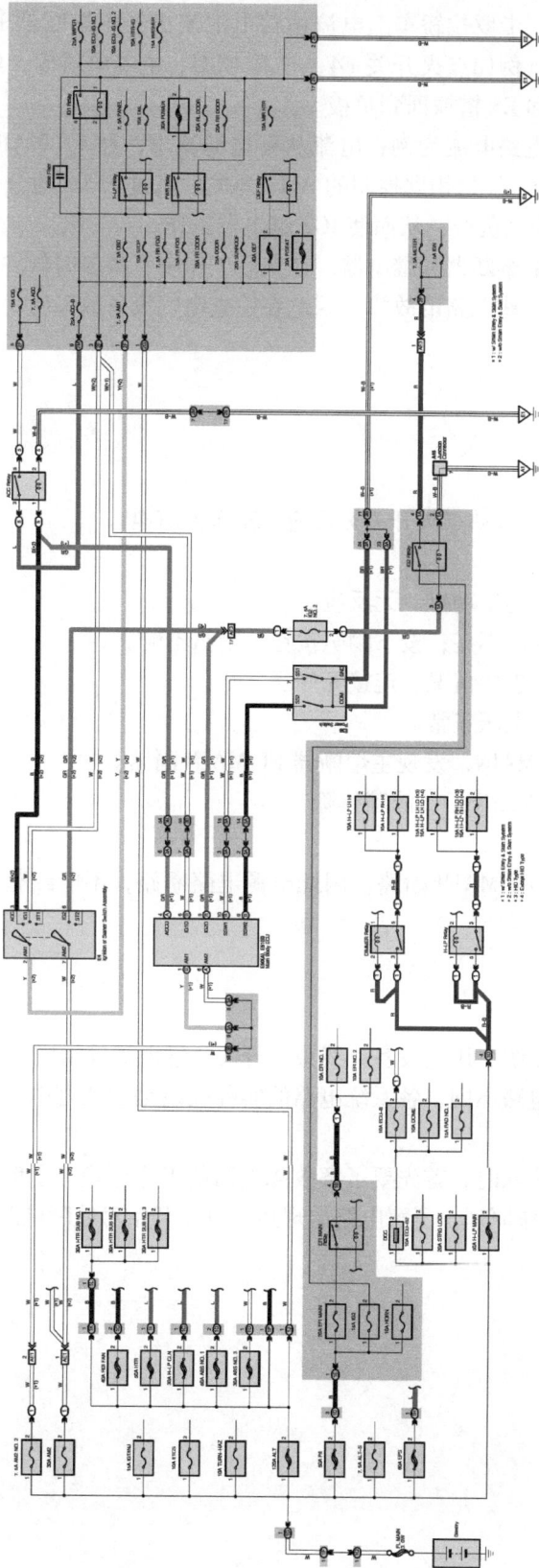

图 1-2-8　卡罗拉轿车电源电路

由图 1-2-8 可以看出，卡罗拉轿车上电流由蓄电池流出经主熔断器 FL MAIN 后，进入插接器 1 然后给整车供电，例如点火开关 E4、车身 ECU、主继电器等，经过各个用电设备后经搭铁点 A1、E1、E2 和 E5 搭铁回到负极。

以控制 IG2 继电器的电路电流为例：电流从蓄电池流出，经 FL MAIN 主继电器后，流过限流 30A 的 AM2 熔断器，经过钥匙控制的 AM2 开关后流过 7.5A 的分熔断器，然后流过 IG2 继电器线圈经搭铁后回到负极，从而使 IG2 继电器工作。

该电路中存在有很多的熔断器和继电器。在实际工作中，很多时候并不是某个系统的功能元件出现了问题，而是这些电路的故障。因此在检查电气设备故障时，应首先检查电路是否存在故障。

情境分析

1. 故障现象

一辆丰田卡罗拉轿车，转动点火开关无反应，整车没有电。

2. 故障诊断与排除

1）打开点火开关，起动发动机，无反应。

2）打开前照灯、前照灯不亮；按下喇叭按钮，喇叭不响。

3）检查蓄电池正负极连接情况，连接完好。

4）检查蓄电池电压，电压正常。

5）检查主熔断器 FL MAIN，发现主熔断器 FL MAIN 断路。

6）更换主熔断器 FL MAIN 后，故障排除。

3. 故障原因分析

经检查发现主熔断器 FL MAIN 断路，因此电源电路断路，不能给整车供电，故不能起动发动机。

学习小结

1）汽车电路由电源系统、用电设备、线束、开关、继电器等组成。

2）汽车电路与普通电路不同，各系统电路的实际配线是指从蓄电池开始的电源点到各搭铁点的配线。

3）对任何故障进行排除时，首先要了解故障电路的工作原理，了解对此电路供电电源的工作原理和搭铁点的工作原理，了解电路原理后，可以开始对故障电路进行故障排除，找出故障原因。

学习单元 1.3　常用检测仪器的使用

情境导入

一辆丰田卡罗拉轿车，将点火开关转动到 ACC 位，整车无电。经检查，点火开关 ACC 档位损坏，更换点火开关后故障排除。

学习目标

1. 能根据所要做的维修工作正确选择检测仪器。
2. 能自行查阅检测仪器的说明书等资料，了解仪器的使用方法。
3. 能正确地选择检测仪器并对需要检测的部位进行检测操作。
4. 能正确地记录、分析各种检查结果并做出初步的故障判断。

理论知识

在汽车电气设备的检修中，经常用到的设备有万用表、跨接线以及试灯等。

一、万用表

万用表有指针式万用表（模拟型）和数字式万用表（数字型），数字式万用表是经过历史慢慢发展来的。早期的万用表，使用磁石偏转指针的表盘，与经典的电流计相同；现代则采用 LCD 或 VFD（真空荧光显示器，Vacuum Fluorescent Display）提供的数字显示。万用表如图 1-3-1 所示。

数字式万用表是一种新型仪表，具有测量精度高、灵敏度高、速度快及数字显示等特点。20 世纪 80 年代后，随着单片机的广泛应用，新型袖珍数字式万用表越来越普及，并基本取代了指针式万用表。

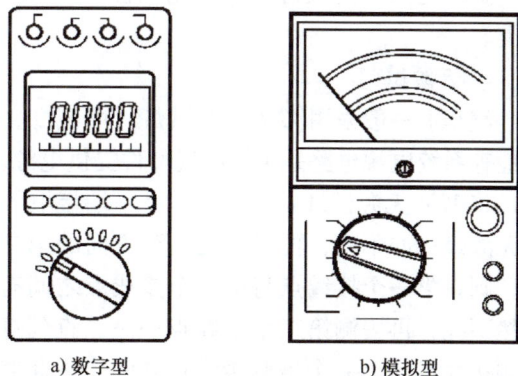

a) 数字型　　b) 模拟型

图 1-3-1　万用表

万用表测量电压、电流和电阻功能是通过转换电路部分实现的，而电流、电阻的测量都是基于电压的测量，也就是说数字式万用表是在数字直流电压表的基础上扩展而成的。转换器将随时间连续变化的模拟电压量变换成数字量，再由电子计数器对数字量进行计数得到测量结果，再由译码显示电路将测量结果显示出来。逻辑控制电路的协调工作，在时钟的作用下按顺序完成整个测量过程。

电流、电压和电阻的测量一般被视为万用表的基本功能。早期万用表制造厂商 AVO 的品牌，就是该设备能够测量的这三种度量单位的名称的缩写：A 安培、V 伏特、Ω 欧姆，所以早期的电工，一般还称万用表为三用表。

现代万用表已全部数字化，并被称为数字式万用表。在这种设备中，被测量信号被转换成电压并被前置放大器放大，然后由数字显示屏直接显示该值，这样就避免了模拟仪表在读数时因为视差的存在带来的偏差。

同样，精密的电子电路系统也提高了测量精度。旧的模拟仪表基本精度在5%～10%范围内，现代便携数字式万用表则可以达到±0.025%，而工作台设备更高达百万分之一的精度。

二、跨接线

跨接线主要用来测试电路是否发生断路。简单的跨接线是一根多股导线，它的两端分别接有鳄鱼夹或不同形式的插头，有多种样式，维修时应备有多种形式的跨接线，用以特定位置的测量。

跨接线虽然比较简单，但却是非常实用的工具，它经常用来短接电路，以检查电路是否有断路故障。如某电气部件不工作，可以将跨接线连接被测部件"－"接线点和搭铁，此时部件工作，说明部件搭铁电路断路；当搭铁电路良好，拆去与该部件相连的电源线，将跨接线连接在蓄电池"＋"极与被测部件的电源接线柱之间，此时部件工作，说明连接部件的电源电路有故障；如部件仍不能工作，说明部件有故障。

使用时应注意用跨接线将电源电压加至部件之前，必须确认被测试部件的电源电压多高；另外，跨接线不可错误地连接在被测试部件的"＋"插头与搭铁之间。

三、试灯

试灯也称为测试灯，主要用来测试电源部分是否有故障，分为无源试灯和有源试灯两类。

1. 无源试灯

汽车上一般采用12V无源试灯，由试灯、导线以及各种型号的端头组成，它主要是用来检查系统电源电路是否给电气部件提供电源。

将12V无源试灯一端搭铁，另一端接电气部件电源插头。如灯亮，说明电气部件的电源无故障；如不亮，再测接近电源方向的第二个接线点，如灯亮，则在第一个接线点与第二个接线点之间有断路故障；如灯仍然不亮，再去测第三个接线点……，直到灯亮为止，在最后被测接线点与上一个被测接线点之间出现断路故障。利用无源试灯测试熔丝是否熔断如图1-3-2所示。

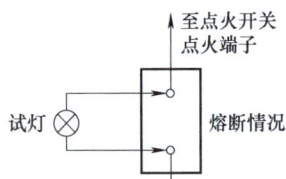

图1-3-2　无源试灯测试熔丝是否熔断

2. 有源试灯

有源试灯与12V无源试灯基本相同，它只是在手柄内加装2节1.5V干电池，用来检查电气电路断路和短路故障。

（1）断路检查　首先断开与电气部件相连接的电源线，将试灯一端搭铁，另一端依次接电路各接线点（从电路首端开始），如灯不亮，断路出现在被测点与搭铁之间；如灯亮，断路出现在此被测点与上一个被测点之间。

（2）短路检查　首先断开电气部件电路的电源线和搭铁线，试灯一端搭铁，另一端与余下电气部件电路相连接。如灯亮，表示有短路故障（搭铁）存在。然后逐步将电路中插接器脱开、开关断开、拆除部件等，直到灯灭为止，短路出现在最后开路部件与上一个开路部件之间。

实践技能

一、万用表的使用

数字式万用表相对来说，属于比较简单的测量仪器。使用前，应认真阅读有关的使用说明书，熟悉电源开关、量程开关、插孔和特殊插口的作用。

将 ON/OFF 开关置于 ON 位，检查 9V 电池，如果电池电压不足，将显示在显示器上，这时需更换电池。如果显示器没有显示，观察测试笔插孔旁边的符号，表示输入电压或电流不应超过指示值，这是为了保护内部电路免受损伤。测试之前，功能开关应置于所需要的量程。

1. 电压的测量

数字式万用表的一个最基本的功能就是测量电压。测量电压，通常是解决电路问题时第一步要做的工作。交流电压的波形可能是正弦（正弦波）或非正弦（锯齿波、方波等）。数字式万用表测量交流电压的能力由被测信号的频率限制。大多数数字式万用表可以精确测量 50~500Hz 的交流电压。但数字式万用表的交流测量带宽可到几十万 kHz。对于交流电压和电流来说，其频率范围应与数字式万用表规格书一致。

（1）直流电压的测量

1）将黑表笔插入 COM 插孔，红表笔插入 V/Ω 插孔。

2）将功能开关置于直流电压档 V- 量程范围，并将测试表笔连接到待测电源（测开路电压）或负载上（测负载电压降），红表笔所接端的极性将同时显示于显示器上，如图 1-3-3 所示。

3）查看读数，并确认单位。

在测量时应注意：

1）如果不知被测电压范围，将功能开关置于最大量程并逐渐下降。

2）如果显示器只显示"1"，表示过量程，功能开关应置于更高量程。

图 1-3-3　直流电压的测量

3）不要测量高于 1000V 的电压，有损坏内部电路的危险。

4）当测量高电压时，要格外注意避免触电。

（2）交流电压的测量

1）将黑表笔插入 COM 插孔，红表笔插入 V/Ω 插孔。

2）将功能开关置于交流电压档 V~ 量程范围，并将测试表笔连接到待测电源或负载上，测试连接图如图 1-3-3 所示，测量交流电压时，没有极性显示。

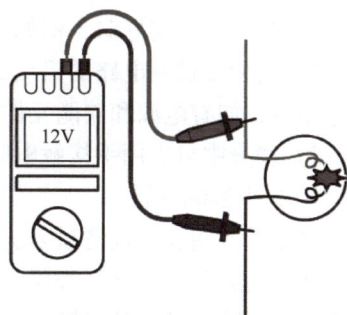

2. 电流的测量

（1）直流电流的测量

1）将黑表笔插入 COM 插孔，当测量最大值为 200mA 的电流时，红表笔插入 mA 插孔，当测量最大值为 20A 的电流时，红表笔插入 20A 插孔。

2）将功能开关置于直流电流档 A- 量程，并将测试表笔串联接入待测负载上，电流值显示的同时，将显示红表笔的极性。

直流电流的测量如图 1-3-4 所示。

在测量时应注意：

1）如果使用前不知道被测电流范围，将功能开关置于最大量程并逐渐下降。

2）表示最大输入电流为 200mA，过量的电流将烧坏熔丝，应再更换，20A 量程无熔丝保护，测量时不能超过 15s。

（2）交流电流的测量　测量方法与（1）相同，不过档位应该打到交流档位，电流测量完毕后应将红表笔插回 V/Ω 孔，若忘记这一步而直接测电压，表或电源会损坏。

图 1-3-4　直流电流的测量

3. 电阻的测量

将表笔插进 COM 和 V/Ω 孔中，把旋钮旋到 Ω 中所需的量程，用表笔接在电阻两端金属部位。

在测量时应注意：

1）如果被测电阻值超出所选择量程的最大值，将显示过量程"1"，应选择更高的量程，对于大于 1MΩ 或更高的电阻要几秒钟后读数才能稳定，这是正常的。

2）当没有连接好时，例如开路情况，仪表显示为"1"。

3）当检查被测电路的阻抗时，要保证移开被测电路中的所有电源，所有电容放电。被测电路中，如有电源和储能元件，会影响电路阻抗测试正确性。

4）测量中可以用手接触电阻，但不要把手同时接触电阻两端，防止触电。

4. 二极管的测量

数字式万用表可以测量发光二极管、整流二极管等。测量时，表笔位置与电压测量一样，将旋钮旋到二极管符号档；用红表笔接二极管的正极，黑表笔接负极，这时会显示二极管的正向压降。肖特基二极管的压降是 0.2V 左右，普通硅整流管（1N4000、1N5400 系列等）约为 0.7V，发光二极管约为 1.8～2.3V。调换表笔，显示屏显示"1"则为正常，因为二极管的反向电阻很大，否则此管已被击穿。

5. 晶体管的测量

表笔插位与电压测量一样，其原理同二极管。先假定 A 脚为基极，用黑表笔与该脚相接，红表笔与其他两脚分别接触；若两次读数均为 0.7V 左右，然后再用红表笔接 A 脚，黑表笔接触其他两脚，若均显示"1"，则 A 脚为基极，否则需要重新测量，且此管为 PNP 管。

6. 电容的测试

连接待测电容前，注意每次转换量程时，复零需要时间，有漂移读数存在不会影响测试精度。

1）将功能开关置于电容量程 C（F）。

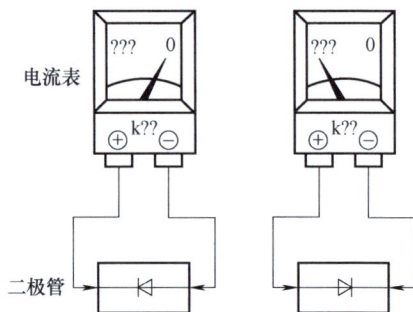

2）将电容器插入电容测试座中。

在测量时应注意：

1）仪器本身已对电容档设置了保护，故在电容测试过程中不用考虑极性及电容充放电等情况。

2）测量电容时，将电容插入专用的电容测试座中。

3）测量大电容时稳定读数需要一定的时间。

7. 通断测试

1）将黑表笔插入 COM 插孔，红表笔插入 V/Ω 插孔（红表笔极性为"＋"），将功能开关置于"蜂鸣"档，并将表笔连接到待测二极管，读数为二极管正向压降的近似值。

2）将表笔连接到待测电路的两端，如果两端之间的电阻值低于 70Ω，内置蜂鸣器发声。

二、点火开关的检查

汽车点火开关用于接通或切断起动机、点火和电器电路。

点火开关一般设有 0 或 LOCK、ACC、ON 以及 ST 四个位置。将点火开关转到 ACC 位，发动机关闭，其他车用电器可正常使用。将点火开关转到 0 或 LOCK 位，发动机熄火，拔出钥匙时转向盘会锁住。将点火开关转到 ST 位，起动机起动。将点火开关转到 ON 位，发动机起动工作。连接有插接器的点火开关如图 1-3-5 所示。

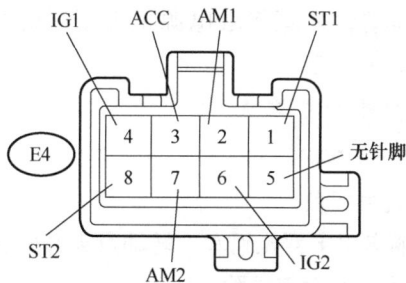

拔下插接器后点火开关上的插接器接口及各个端子的定义如图 1-3-6 所示。

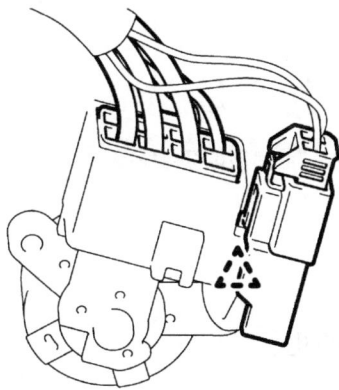

图 1-3-5 连接有插接器的点火开关   图 1-3-6 点火开关上的插接器接口及各个端子的定义

用万用表检测端子间电阻，检测方法如下：

（1）LOCK 状态下 用万用表测量各个端子之间的电阻值，应为 10kΩ 或者更大。

（2）ACC 状态下 在 ACC 状态下，检查 AM1 端子和 ACC 端子之间的电阻值，应小于 1Ω。

（3）ON 状态下 在 ON 状态下，发动机及全车电器都能运行，因此，检查 AM1 端子和 ACC 端子之间的电阻值，应小于 1Ω，AM1 端子和 IG1 端子之间的电阻值，应小于 1Ω，IG2 和 AM2 之间的电阻值，应小于 1Ω。

（4）ST 状态下 此时测量，ST1 端子和 AM1 端子间接通，电阻值小于 1Ω；ST1 端子和

IG1 端子间接通，电阻值小于 1Ω；IG2 端子和 AM2 端子间接通，电阻值小于 1Ω；ST2 端子和 IG2 端子间接通，电阻值小于 1Ω。

如发现异常，更换点火开关。

三、LED 试灯的制作

1. 所需材料

红、绿 LED 灯各一个，万用表表笔一只（带导线），电夹子一个，电阻若干，导线若干。

2. 制作过程

（1）计算 LED 灯的串联电阻　一般 LED 灯有相应的参数，分别为压降和功率，可以计算出其工作电流和电阻，即

$$I = P/U，R = U/I$$

然后计算 12V 下总电阻：

$$R_z = 12V/I$$

$R_z - R$ 即为需要给 LED 灯串联的电阻。

例如：高亮 5mm 草帽头 LED 压降大概 3.3 ~ 3.4V，电流 20mA。

限流电阻 = 12/0.02 - 3.3/0.02 = 435Ω。一般电阻有标准值，就近可取 470Ω 的电阻。

（2）按照电路图焊接　按照图 1-3-7 所示的电路图进行焊接。

焊接好后，即可进行试验。当电夹子夹于搭铁位置，表笔接触电源正极则绿灯亮，反之，则红灯亮。

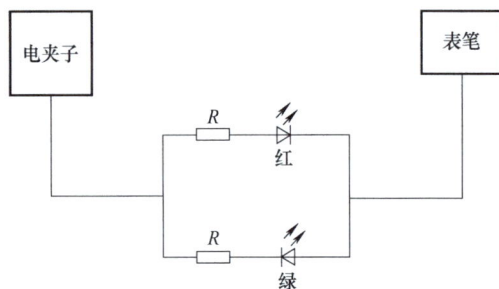

图 1-3-7　自制试灯电路图

情境分析

1. 故障现象

一辆丰田卡罗拉轿车，转动点火开关到 ACC 位，整车没有电。

2. 故障诊断与排除

1）打开点火开关，转动到 ACC 位，打开前照灯不亮。

2）转动到 ON 位，前照灯亮，排除蓄电池故障。

3）怀疑点火开关故障，拆卸点火开关检查。

4）在 LOCK 状态下，用万用表检测点火开关各个端子间电阻为无穷大。

5）在 ACC 状态下，用万用表检测 AM1 端子和 ACC 端子电阻为无穷大；在 ACC 状态下，开关损坏。

6）更换点火开关后，故障排除。

3. 故障原因分析

点火开关 ACC 位触点损坏，在 ACC 位 AM1 和 ACC 端子不能接通，因此整车没电。

学习小结

1）万用表测量电压、电流和电阻功能是通过转换电路部分实现的，而电流、电阻的测量都是基于电压的测量，也就是说数字式万用表是在数字直流电压表的基础上扩展而成的。

2）跨接线主要用来测试电路是否发生断路。简单的跨接线是一根多股导线，它的两端分别接有鳄鱼夹或不同形式的插头。

3）试灯也称为测试灯，主要用来测试电源部分是否有故障，分为无源试灯和有源试灯两类。

学习情境 2

蓄电池的检验与充电

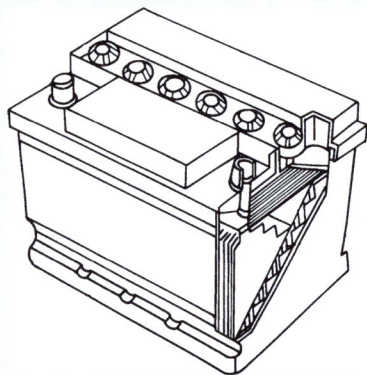

学习单元2.1 蓄电池技术性能的检测

情境导入

一辆丰田卡罗拉轿车，装备 1ZR-FE 发动机，放置一段时间，仪表不亮，车上用电器也不能使用，发动机不能起动。经检查，蓄电池壳体损坏导致内部电解液泄漏，更换蓄电池后上述故障现象消失。

学习目标

1. 能通过与客户交流、查阅蓄电池相关的维修技术资料等方式获取车辆信息。
2. 能根据蓄电池故障现象制订正确的维修计划。
3. 能正确地选择诊断设备对蓄电池进行电压、电解液比重等技术性能的检测。
4. 能正确地记录蓄电池的电压、电解液比重及液面高度，分析各种检测结果并做出故障判断。
5. 能进行蓄电池的更换。
6. 能进行维修场地的维护，注重场地环保。

理论知识

电池是将化学能转变为电能的一种低压直流电源，通常称为化学电源。一般将电池分为四大类：

第一类为原电池，又称为一次电池，如锌-二氧化锰电池等。

第二类为蓄电池，又称为二次电池，如铅-二氧化铅电池等。

第三类为储备电池，如镁-氯化银、锌-二氧化铅电池等。

第四类为连续电池，或称为燃料电池，如氢-空气、肼-空气电池等。

这里主要讲述蓄电池。

一、蓄电池的作用

蓄电池是一种将化学能转变为电能的装置，是汽车上的两个电源之一，它与发电机并联，组成汽车电源电路，如图 2-1-1 所示。其主要作用如下：

1）汽车发动机起动时，蓄电池向起动机、点火系统以及燃油喷射系统供电。

2）发电机发出的电压低于蓄电池工作电压时，由蓄电池向用电设备供电。

3）发动机中速或高速运转，发电机电压高于蓄电池的工作电压时，蓄电池将发电机的剩余电能存储起来。

4）当发电机过载时，协助发电机向用电设备供电。

5）发动机熄火停机时，蓄电池向电子时钟、汽车电子控制单元（ECU/ECM，也称为计算机、微机、电脑）、音响设备以及汽车防盗系统供电。

6）蓄电池相当于一个大电容器，能够吸收电路中出现的瞬时过电压，保护电子元件，保持汽车电气系统电压稳定。

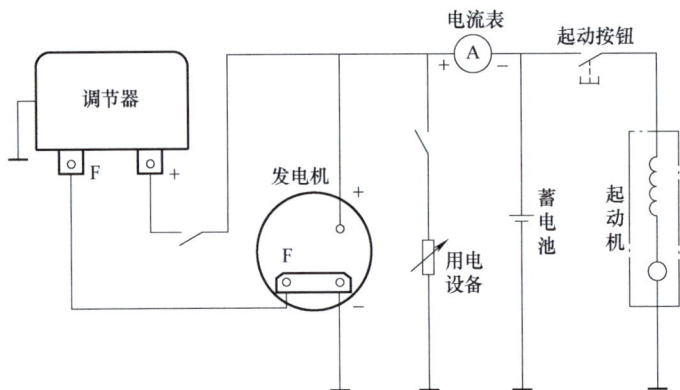

图 2-1-1　汽车电源电路

二、蓄电池的分类和要求

蓄电池的种类有很多，针对汽车用蓄电池，有其独特的要求。

1. 蓄电池的分类

汽车上主要使用铅酸蓄电池。铅酸蓄电池可以分为普通型、干荷电型、湿荷电型、免维护型和胶体型。丰田卡罗拉轿车 1ZR-FE 发动机装备有普通铅酸蓄电池，该类蓄电池在汽车上应用最广泛，其电极的主要成分为铅，电解液是稀硫酸溶液。

蓄电池一般安装于发动机舱内，具体安装位置根据车型和结构而定，原则上离起动机越近越好；少数蓄电池安装在行李舱内；极少数安装在后排乘客座椅下方；货车蓄电池的安装位置以空载时质量平衡为原则，一般装在车架前部的左侧或右侧；客车的蓄电池多装在车厢内或车体后部。

2. 汽车用蓄电池的要求

起动发动机时，蓄电池必须能在短时间（5～10s）内向起动机连续提供强大的起动电流：汽油发动机一般需要 200～600A；柴油发动机一般需要 500～1000A，甚至更大。所以，汽车用蓄电池的基本要求是容量大、内阻小，以保证蓄电池具有足够的起动能力。为了满足以上要求，汽车上广泛采用起动型铅酸蓄电池，它具有内阻小、起动性能好、电压稳定、成本低和原料丰富等优点。

三、蓄电池的结构

现代汽车用铅酸蓄电池由六只单格蓄电池串联而成，每只单格蓄电池的电压为 2V，串联后蓄电池的电压为 12V。目前国内外汽油机汽车均选用 12V 蓄电池；多数柴油机汽车电源电压设计为 24V，用两只 12V 蓄电池串联供电。

铅酸蓄电池是在盛有稀硫酸的容器内插入两组极板而构成的电能存储器，其构件主要由极板、隔板、电解液、外壳、联条和接线柱等组成，如图 2-1-2 所示。

1. 极板

极板是蓄电池的核心，由栅架和活性物质组成。在蓄电池充、放电过程中，电能与化学

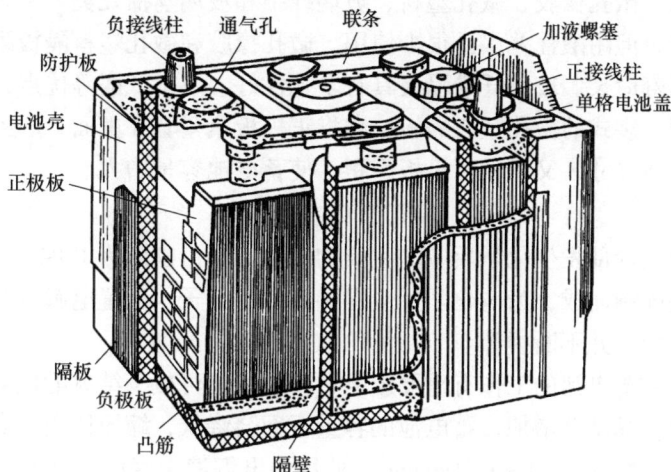

图 2-1-2　铅酸蓄电池的结构

能的转换通过正、负极板上的活性物质与电解液中的硫酸进行电化学反应来实现。

　　极板分为正极板和负极板两种。正极板上的活性物质是二氧化铅，呈棕红色；负极板上的活性物质是海绵状纯铅，呈青灰色。正、负极板上的活性物质分别填充在栅架上，如图 2-1-3 所示。

　　栅架一般由铅锑合金铸成，其作用是固结活性物质。在铅锑合金中，铅占 94%，锑占 6%。加入少量的锑是为了提高栅架的机械强度并改善浇注性能。

　　安装时各片正、负极板相互嵌合，中间插入隔板后装入蓄电池单格内便形成单格蓄电池。在每个单格蓄电池中负极板总比正极板多一片。因为正极板活性物质比较疏松，且正极板处的化学反应剧烈，反应前后活性物质体积变化较大，所以正极板夹在负极板之间，如图 2-1-4 所示。这样可使其两侧放电均匀，从而减轻正极板的翘曲和活性物质脱落。

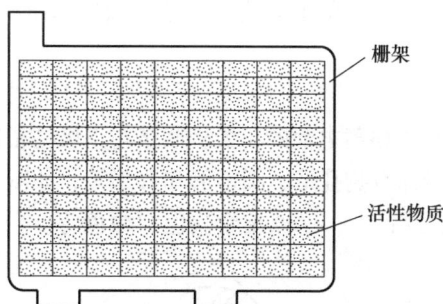

图 2-1-3　极板的结构

图 2-1-4　单格蓄电池极板组

2. 隔板

　　为了减小蓄电池内部尺寸，降低蓄电池的内阻，蓄电池内部正、负极板应尽可能靠近。但为了避免相互接触而短路，正、负极板间要用绝缘的隔板隔开。由于电化学反应在液体中进行，有离子迁移运动，为了使电解液渗透，隔板应具有多孔性和良好的耐酸性。因此常见

27

的隔板材料为木材、微孔橡胶、微孔塑料、玻璃纤维和玻璃丝棉几类。

木材价格便宜，但耐酸性差，已很少使用。微孔橡胶和微孔塑料隔板耐酸性好，成本较低，强度高，使用寿命长。玻璃纤维隔板具有多孔性好、成本低廉等优点，在使用中得以普及。近年来，出现了袋式的微孔塑料隔板，它将正极板紧紧套在里面，起到了良好的分隔作用，既减小了蓄电池尺寸，又增大了极板面积，使蓄电池容量增大。

3. 电解液

电解液是蓄电池内部发生化学反应的主要物质，一般由密度为 $1.84g/cm^3$ 的专用硫酸和蒸馏水按一定比例配制而成，为电化学反应提供必要的离子。配置电解液时，一定要把浓硫酸缓慢倒入蒸馏水中，并不断搅拌。

电解液的密度对蓄电池的工作有重要影响，密度大，可减少结冰的危险并提高蓄电池的容量；但密度过大，黏度会增加，蓄电池的容量反而会降低，缩短使用寿命。汽车用铅酸蓄电池的电解液密度一般为 $1.24 \sim 1.30g/cm^3$，使用中电解液密度应根据地区、气候条件和制造厂家的要求而定。

4. 外壳

蓄电池外壳用来盛放电解液和极板组，并使蓄电池构成一个整体。外壳的材料有硬质橡胶和聚丙烯塑料两种，由间壁将其分为三个或六个相互分离的单格，底部有凸起的筋条支撑极板组，凸筋之间用来容纳脱落的活性物质，以防极板短路。橡胶外壳的每一单格有一个小盖，塑料外壳采用整体盖。普通蓄电池每格的中间有一电解液加液孔，平时拧装一个螺塞，螺塞上有一个通气小孔，在使用时应保持其畅通，使蓄电池内化学反应产生的氢气（H_2）和氧气（O_2）能随时排出。

5. 联条

联条用于连接蓄电池各单格。各单格蓄电池串联连接，目的是为了提高蓄电池的供电电压。一个单格蓄电池的正极柱与相邻单格蓄电池的负极柱采用联条焊接。联条连接方式一般分为外露式、内部穿壁式或跨接式等。

为了减小蓄电池内阻和质量，现代蓄电池上采用单格蓄电池直接联条。各个单格蓄电池的极板通过单格蓄电池间壁以最短的距离相互连接，这样可减少由于外部影响造成短路的危险。

6. 接线柱

接线柱的作用是将蓄电池的电压引出，第一个单格蓄电池的正极板联条与正极柱相连，最后一个单格蓄电池的负极板联条与负极柱相连。接线柱有侧孔形、圆锥形和L形等，如图2-1-5所示。为了便于识别，正极柱标"＋"号，负极柱标"－"号或涂蓝色、绿色等。

a) 侧孔形　　　b) 圆锥形　　　c) L形

图2-1-5　铅酸蓄电池接线柱的外形

四、蓄电池的型号

按 JB/T 2599—2012《铅酸蓄电池名称、型号编制与命名办法》规定，国产蓄电池的型号由三部分组成，其排列及含义如下：

第 1 部分表示串联的单格蓄电池数，用阿拉伯数字表示。例如：3 表示 3 个单格，额定电压为 6V；6 表示 6 个单格，额定电压为 12V。

第 2 部分表示蓄电池的用途、结构特征代号，类型（主要用途）代号用字母表示，如"Q"表示起动型蓄电池；特征代号用字母表示，如"A"表示干式荷电，具有两种特征时按顺序将两个代号并列标志。

第 3 部分表示蓄电池的额定容量，我国目前规定采用 20h 放电率的容量安培小时数（A·h）。

此外，有的蓄电池在额定容量后面用一个字母表示其具有的特殊性能，如："Q"代表高起动率，"S"代表塑料槽，"D"代表低温起动性能好。

例如：6-QA-105D，其中

6—用阿拉伯数字表示串联的单格蓄电池数。

QA—用汉语拼音字母表示蓄电池的主要用途和类型，即起动用，干式荷电蓄电池。

105—数字表示 20h 放电率额定容量，105A·h。

D—汉语拼音字母表示蓄电池的特殊性能，即低温起动性能好。

实践技能

一、蓄电池技术性能的检查

蓄电池技术性能的检查主要针对蓄电池故障和蓄电池日常检查。

1. 故障点分析

当蓄电池发生故障时，可能的故障点如图 2-1-6 所示。

2. 故障现象

当出现故障后，会发生的故障现象如图 2-1-7 所示。

3. 技术性能的检查

蓄电池技术性能的检查主要有车上检查和拆卸之后的检查，包括外观检查、电解液量的检查、开路电压的检测和电解液比重的检测等。现以丰田卡罗拉轿车为例进行阐述。

（1）车上检查　如果蓄电池电量不足或发动机起动困难，首先检查蓄电池状况，执行以下检查程序：

1）检查蓄电池是否有损坏和变形。该检查主要采用目测的方式，通过目测确定以下内容：检查蓄电池壳体是否损坏，壳体损坏会导致酸液流出。流出的蓄电池酸液会对车辆造成严重损坏。应迅速用电解液稀释剂或肥皂液处理被电解液所接触的汽车零部件。

如果发现外观严重损坏、变形或有电解液泄漏，则更换蓄电池。

2）检查蓄电池端子。检查蓄电池电极（蓄电池导线插头）是否受损，蓄电池电极松动或腐蚀，将无法保证蓄电池接线端能接触良好。如果端子腐蚀，则清洁或更换端子。

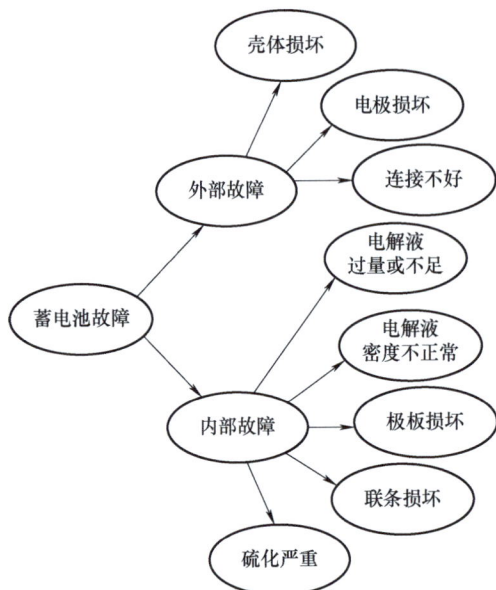

图 2-1-6　普通铅酸蓄电池的故障点

图 2-1-7　普通铅酸蓄电池的故障现象

检查蓄电池连接线是否完好连接，连接蓄电池接线端时，请使用车辆维修手册中规定的拧紧力矩。如果蓄电池接线端未正确插上和拧紧，可能导致电路接触不良，以致电气设备不能正常工作，无法确保汽车安全运行。

3）检测蓄电池电压。万用表设置到直流电压测量范围，将万用表黑色表笔与蓄电池负极端子相连，万用表红色表笔与蓄电池正极端子相连，检查蓄电池电压如图 2-1-8 所示。蓄电池电压通常约为 12.6V，在实际中电压在 10～14V 范围内都为正常。

如测量电压不在正常电压范围内，说明存在故障，是蓄电池故障还是车身电气故障则需进一步检查。

在起动发动机时检查蓄电池电压。如果电压低于 9.6V，对蓄电池重新充电或更换蓄电池。检查蓄电池电压前，关闭所有的电气系统。

（2）拆卸检测　将蓄电池从车上拆下后，进行以下检查。

1）检查各单格蓄电池的电解液液量。检查方法如下：

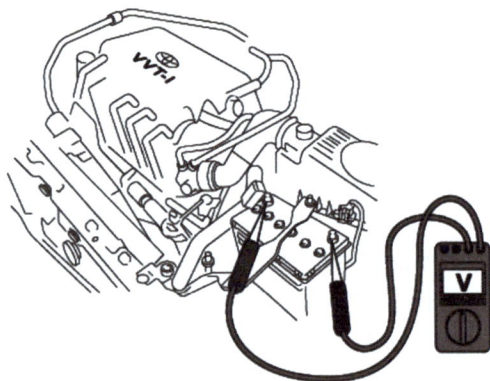

图 2-1-8　蓄电池电压的车上检查

检查每个单格蓄电池电解液的多少，电解液高度应介于标记"UPPER"（上）和标记"LOWER"（下）之间，如图 2-1-9 所示。

在"LOWER"以下需要添加蒸馏水。加注蒸馏水后要求对蓄电池重新充电并检查电解液比重。在 20℃ 时标准比重为 $1.25～1.29g/cm^3$，且每个单格蓄电池之间的密度差低于 $0.04g/cm^3$。要求读数时，眼睛要与密度计液体下表面平齐。

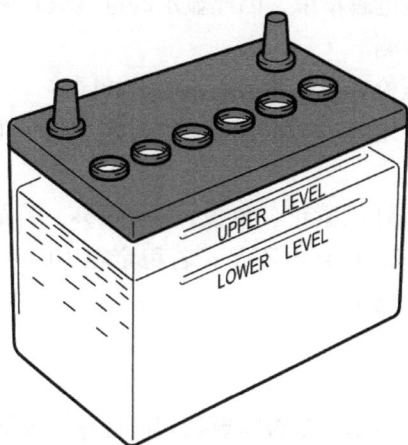

图 2-1-9　蓄电池电解液的高度

2）检测蓄电池静态电压。通过测量静态电压可以了解，是否应该对车辆蓄电池再充电。

所需要的专用工具和维修设备是万用表。用万用表测量蓄电池静态电压。测量结果和需采取的措施见表 2-1-1。

表 2-1-1　蓄电池电压测量值

测量值/V	需采取的措施
静态电压≥12.5	静态电压正常，不需要采取措施
静态电压<12.5	蓄电池充电

3）使用高率放电计测量。单格蓄电池高率放电计由一个 3V 电压表和一个定值负载电阻组成。

测量时，应将两叉尖紧压在单格蓄电池正、负极柱上（模拟起动大电流放电），保持 5s 左右，观察蓄电池所能保持的端电压。技术良好的蓄电池，单格蓄电池电压应在 1.5V 以上，并在 5s 内保持稳定。

若 5s 内下降到 1.7V，说明存电充足；下降到 1.6V，说明放电 25% 的额定容量；下降到 1.5V，说明放电 50% 的额定容量；若 5s 内电压迅速下降，或与其他单格蓄电池电压相差 0.1V 以上时，表明该单格蓄电池有故障，应进行修理。

二、免维护蓄电池的检测

一般免维护蓄电池都安装有电眼，也称为内装式密度计，内部装有一颗能反光的绿色塑料小球，随其浮升的高度变化，从玻璃观察孔中可以看到代表不同状态的颜色，因此通过电眼可以了解蓄电池电解液液位和充电状态。

在进行目检之前，小心地轻敲电眼，从而使可能会影响显示的气泡上升，保证电眼的颜色显示更加准确。电眼可能有三种不同的颜色显示：绿色表示蓄电池已充分充电；黑色表示蓄电池部分充电，充电状态小于 65% 或者放电；无色或者淡黄色表示电解液严重缺失，需更换蓄电池，且此时不得对蓄电池进行检测或充电、不得起动或辅助起动车辆。

由于电眼只安装在蓄电池电解槽中,因此显示的也就只是该电解槽的情况。要准确评估蓄电池状态,必须进行负荷检测。

免维护蓄电池的静态电压检查与普通铅酸蓄电池相同。

由于免维护蓄电池无法使用单格蓄电池高率放电计测量,因此只能用12V整体式高率放电计来测量。

测量时,用力将放电计触针压紧正、负极,保持15s,若蓄电池端电压能保持在9.6V以上,说明该蓄电池性能良好,但存电不足;若稳定在10.6～11.6V,说明蓄电池存电充足;若迅速下降,说明蓄电池已损坏。

三、蓄电池的更换

拆卸蓄电池前一定要了解该车型是否需要做相应处理,才能进行蓄电池的拆卸,以防对防盗系统、音响等造成影响,对于丰田卡罗拉轿车,拆卸蓄电池后将删除车辆中存储的信息。确定无影响后,进行拆卸操作。

拆卸蓄电池时必须首先拆卸负极电缆,后拆卸正极电缆。蓄电池安装时必须首先安装正极电缆,后安装负极电缆。

1. 断开和连接蓄电池电缆

1)关闭点火开关及所有用电器并拔出点火钥匙。

2)松开蓄电池负极电缆总成的紧固螺母,取下负极电缆总成。

3)打开蓄电池正极盖板。

4)松开蓄电池正极电缆总成的紧固螺母,将正极电缆拆下。

2. 蓄电池的拆卸

1)取下蓄电池压板。

2)将手柄向上翻起,取出蓄电池。

3. 蓄电池的安装

蓄电池的安装顺序与拆卸顺序相反,同时必须注意:

1)一定要先接正极电缆,再接负极电缆,以防工具掉落搭铁引起蓄电池短路,并用细砂纸清洁接线柱和接线头。

2)连接电缆总成上的接线柱夹头时,螺栓上应先涂凡士林或润滑剂,以防氧化生锈,便于以后拆装。

3)按规定力矩拧紧蓄电池压板螺栓和蓄电池正、负极电缆。

4)安装完毕后检查蓄电池是否牢固。如果蓄电池安装不牢固,由于振荡造成蓄电池损坏(爆炸危险),这会缩短蓄电池的使用寿命;如果蓄电池固定不正确,将导致蓄电池箱隔板的损坏;压板固定不正确会造成蓄电池壳体损坏(有可能出现电解液泄漏,后果严重)等故障。

💻 情境分析 ⚙️

1. 故障现象

一辆丰田卡罗拉轿车,装备1ZR-FE发动机,放置一段时间,仪表不亮,车上用电器也不能使用，发动机不能起动。

2. 故障诊断与排除

1）打开点火开关，发现仪表没电，起动发动机，起动机也不能工作。

2）打开前照灯开关，发现灯光不亮，由此怀疑蓄电池严重亏电。

3）打开发动机舱盖，打开蓄电池正极盖板。

4）用万用表检测蓄电池电压小于9V，可以判断为蓄电池严重亏电。

5）拆卸蓄电池，发现蓄电池壳体损坏导致电解液泄漏，更换新的蓄电池。

6）更换后发动机起动正常，灯光正常，故障排除。

7）整理工具，清洁场地。

3. 故障原因分析

蓄电池壳体损坏，导致内部电解液泄漏，不能产生化学反应，因此蓄电池不能正常给用电设备供电，因此会出现仪表不亮、用电器不能使用和起动机不工作的情况。

学习小结

1）蓄电池是一种将化学能转变为电能的装置，是汽车上的两个电源之一，它与发电机并联。

2）铅酸蓄电池是在盛有稀硫酸的容器内插入两组极板而构成的电能存储器，它主要由极板、隔板、电解液、外壳、联条和接线柱等组成。

学习单元2.2 蓄电池的充电

情境导入

一辆丰田卡罗拉轿车，装备1ZR-FE发动机，发动机起动无力、灯光暗淡。经过车主描述，发现该车长期放置不用。经检查，蓄电池电压低，电量不足。对蓄电池充电后，故障消失，正常起动。

学习目标

1. 能通过与客户交流、查阅相关维修技术资料等方式获取车辆信息。
2. 能根据故障现象判断出蓄电池需要进行充电操作并制订正确的维修计划。
3. 能正确地选择充电设备，基本了解充电电流的选择并进行充电操作。
4. 能正确地记录、分析蓄电池电压、密度、电解液高度。
5. 能针对不同的蓄电池制订不同的充电策略。

理论知识

汽车上一般用的是普通铅酸蓄电池，其基本工作状态是放电和充电。放电是指蓄电池在使用时将化学能转变为电能向用电设备供电；充电是指蓄电池将外部输入的电能转变为化学能存储在蓄电池的过程。

充电是延长蓄电池使用寿命的一个重要环节，对新蓄电池和维修后的蓄电池在使用前需要进行初充电；蓄电池的使用过程中，也要进行必要的充电。蓄电池在使用过程中要充电及时，经常处于满电的状态，对其使用寿命非常重要。

蓄电池是直流电源，必须用直流电源对其进行充电。充电时，充电电源的正极接蓄电池的正极，充电电源的负极接蓄电池的负极。

汽车上的充电设备是由发动机驱动的交流发电机，车下充电多采用硅整流充电机、晶闸管整流充电机和脉冲充电机等。

一、蓄电池的工作原理

铅酸蓄电池在充、放电过程中的化学反应是可逆的，其化学反应方程式可简化为

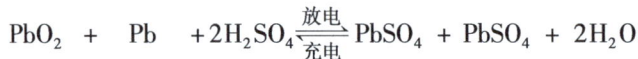

$$PbO_2 + Pb + 2H_2SO_4 \underset{充电}{\overset{放电}{\rightleftharpoons}} PbSO_4 + PbSO_4 + 2H_2O$$

正极板　负极板　电解液　　　正极板　负极板　电解液

1. 电位的建立

当接通外部电路负载，蓄电池放电时，正极板上的PbO_2与电解液反应生成Pb^{4+}，而Pb^{4+}有沉附于极板的倾向且远远大于溶解的倾向，因而在正极板上呈现正电位，平衡时约为$+2.0V$；负极板上Pb溶于电解液，生成Pb^{2+}而在负极板上留下两个电子，使负极板带负电，达到平衡时，使负极板具有负电位，约为$-0.1V$。因此，外部电路未接通，反应达到

相对平衡时，蓄电池中每个单格正负极板间的静止电动势为 2.1V。

2. 蓄电池放电

蓄电池的放电如图 2-2-1a 所示。负极板的 Pb 和 H_2SO_4 反应生成 $PbSO_4$ 沉附在负极板上。正极上的 PbO_2 和 H_2SO_4 反应生成 $PbSO_4$ 和 H_2O。放电过程中，电解液中的 H_2SO_4 逐渐减少，而化学反应中生成水导致水越来越多，所以电解液的密度是不断下降的。

3. 蓄电池充电

蓄电池的正常充电如图 2-2-1b 所示。在外加电场作用下，正负极板上的 $PbSO_4$ 还原为 PbO_2 和海绵状 Pb，电解液中 H_2SO_4 越来越多，电解液的密度不断上升。

充电时，将蓄电池接直流电源，电源电压高于蓄电池电动势时，在电场力的作用下，充电电流流入蓄电池正极，从负极流出，驱动电子从正极经外部电路流入负极。

当充电完成时，蓄电池内部开始电解水，从而形成大量气泡，至此蓄电池已经充满电。如图 2-2-1c 所示。

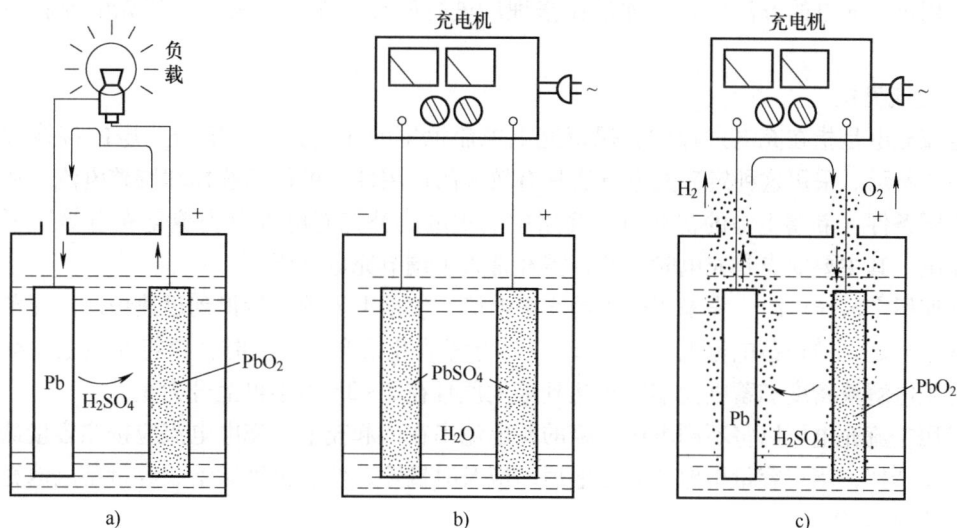

图 2-2-1 铅酸蓄电池反应原理图

蓄电池在定流充电过程中，端电压 U_s 和电解液相对密度 $\rho_{25℃}$ 随充电时间的变化规律称为蓄电池的充电特性。

图 2-2-2 为 6-QA-60 型干式荷电蓄电池以 3A 电流充电时的特性曲线图。在充电过程中，蓄电池的密度 $\rho_{25℃}$ 和静止电动势 E_s 与充电时间成直线关系增长，端电压 U_s 不断上升，并且总大于电动势 E。充电开始的瞬间，电动势 E 和端电压 U_s 迅速上升，接着进入稳定上升阶段，当 U_s 上升到 $2.3 \sim 2.4V$ 开始产生较多的气泡时，就表示接近充电终了。接着电压急剧上升到

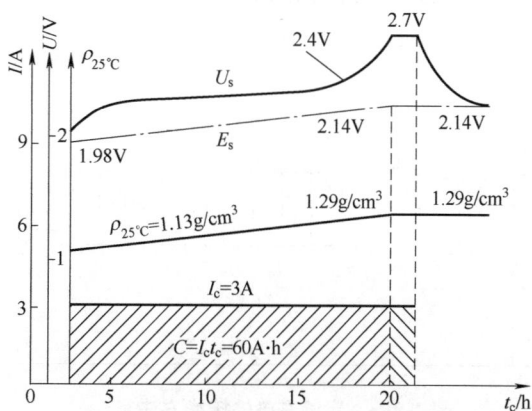

图 2-2-2 6-QA-60 型干式荷电蓄电池
以 3A 电流充电时的特性曲线图

2.7V，以后便不再上升，电解液呈现沸腾状态，这就是充电终了。如此时切断电源，U_s逐渐降低到静止电动势E_s的数值2.14V左右。

充电终了的特征如下：

1）蓄电池端电压和电解液密度上升到最大值且2~3h内不再上升。

2）蓄电池电解液中产生大量气泡，呈现"沸腾"状态。

3）电解液相对密度上升到最大值1.29g/cm³，在2~3h内不再增加。

二、蓄电池的充电方法

蓄电池的充电方法主要有定压充电、定流充电和脉冲快速充电三种。

目前汽车广泛应用的蓄电池类型是干式荷电蓄电池和免维护蓄电池，首次使用均无须充电，用户只需进行放电后的补充充电即可。放电后的蓄电池必须及时充电，否则影响蓄电池的使用寿命和电源的正常工作。补充充电一般分为两种，一种是汽车运行过程中的补充充电，采用定压充电的方法；另一种是在修理厂进行的补充充电，采用定流充电或脉冲充电方法。

1. 定流充电

定流充电是指在充电过程中，保持充电电流恒定的充电方法。定流充电的接线方法如图2-2-3所示。采用这种定流充电方法具有较大的适用性，可任意选择和调整电流，适用于各种不同条件（新蓄电池的初充电、使用中的蓄电池补充充电以及去硫化充电等）下的蓄电池充电。其主要缺点是充电时间长，需经常人工调节充电电流。

在使用定流充电时，先采用较大的充电电流，使蓄电池的容量得到迅速恢复。当蓄电池电量基本充足，单格蓄电池电压达到2.4V，电解液开始产生气泡时，再将充电电流减小一半，直到电解液密度和蓄电池端电压达到最大值且在2~3h内不再上升为止。

采用定流充电可以将不同电压等级的蓄电池串在一起充电，充电电流应按照容量最小的蓄电池来选择，当小容量蓄电池充足电后，应及时摘除，然后再继续给大容量蓄电池充电。

2. 定压充电

在充电过程中，加在蓄电池两端的充电电压保持恒定不变的充电方法，称为定压充电。定压充电的接线方法如图2-2-4所示。

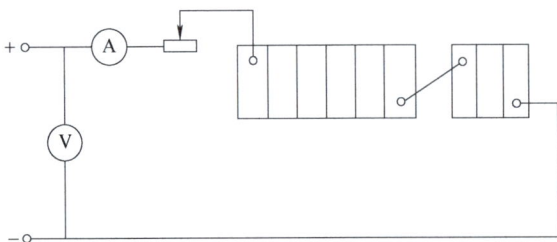

图2-2-3　定流充电的接线方法

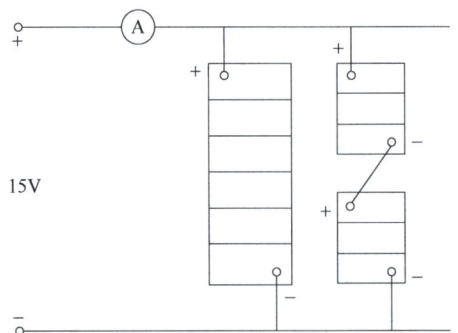

图2-2-4　定压充电的接线方法

定压充电的特点是充电开始，充电电流很大，随着蓄电池电动势的不断提高，充电电流逐渐减小。充电终了，充电电流将自动减小到零，因而不需要人照管。而且定压充电速度快、效率高，4~5h 内蓄电池就可获得本身容量的 90%~95%，可大大缩短充电时间，所以适合对不同容量蓄电池的补充充电。其主要缺点是不能调整充电电流，不能保证蓄电池充足电，因此不适合初充电和去硫化充电。

定压充电电压选择方法：一般每单格蓄电池约需 2.5V，即 6V 蓄电池需要充电电压约为 7.5V，12V 蓄电池需要充电电压约为 15V。

3. 脉冲快速充电

脉冲快速充电是铅酸蓄电池在充电技术上的新发展。其充电特点：先采用 0.8~1 倍额定容量的大电流进行定流充电，使蓄电池在较短的时间内充至额定容量的 50%~60%。当单格蓄电池电压升高到 2.4V，电解液开始冒气泡时，由充电机的控制电路进行自动控制，开始脉冲充电。首先停止充电 25~40ms，然后采用放电或反向充电，使蓄电池通过一个与充电电流方向相反的较大的脉冲电流（一般该电流为充电电流的 1.5~3 倍，时间为 150~1000μs），之后按正脉冲充电→前停充→负脉冲瞬间放电→后停充→正脉冲充电，循环进行至充足电为止。其充电电流波形如图 2-2-5 所示。

脉冲快速充电的优点是充电时间大大缩短（新蓄电池充电仅需 5h，补充充电需 1h），可以增加蓄电池的容量（充电过程中，化学反应充分，且加深了化学反应的深度，因此蓄电池的容量增加），去硫化效果好。

这种方法充电的缺点是由于充电速度快，排出的气体总量虽减少，但出气率高，对极板活性物质的冲刷力强，使活性物质易脱落，因而对极板的使用寿命有一定影响，故适用于蓄电池集中、充电频繁、要求应急的场合。

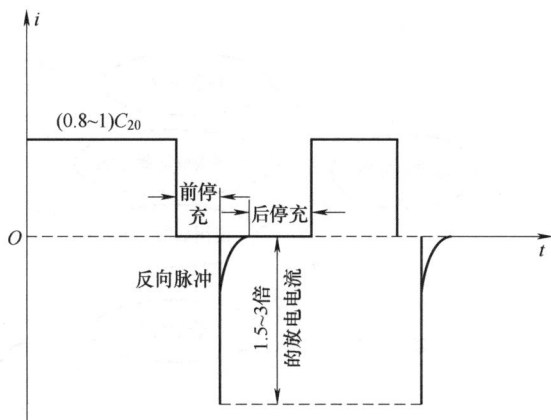

图 2-2-5 脉冲快速充电电流波形图

一般来讲，经快速充电的蓄电池只是提高了充电容量，并未充足电。若想充足，尚需用小电流或正常充电电流进行最后充电。多数快速充电设备都装有节温器，充电时将其插入蓄电池的注液口中。当电解液温度超过一定温度（通常为 50℃）时，设备会自动停电。

三、蓄电池充电的类型

对新蓄电池必须进行初充电，使用的蓄电池需进行必要的补充充电。为了保持蓄电池的容量和延长寿命，需进行过充电和循环锻炼充电；为了消除极板硫化故障，需进行去硫化充电等。根据不同的充电类型，选择相应的充电方法，如图 2-2-6 所示。

1. 初充电及充电步骤

对新蓄电池或更换极板的蓄电池在使用前进行的首次充电，称为初充电。

初充电的目的是还原普通极板在存放期间被氧化的活性物质。因此，初充电对蓄电池的使用性能影响很大，若充电不彻底，会导致蓄电池永久性的充电不足，致使蓄电池容量不足、寿命缩短。

初充电一般采用定流充电，初充电的一般步骤如下：

先按蓄电池制造厂的规定，加注一定密度的电解液（电解液加入前温度不得超过30℃）静置6～8h，再将液面调整到高于极板10～15mm。电解液温度低于25℃时才能进行充电。

接通充电电路，为了避免过热，第一阶段应选 $C_{20}/15$ 的电流，充电到电解液中开始冒气泡，单格蓄电池电压上升到2.4V为止；第二阶段将充电电流减半，继续充电到电解液剧烈放出气泡（沸腾），单格蓄电池电压达到2.7V，密度和单格蓄电池电压连续2～3h稳定不变为止，全部充电时间约为60～70h。

充电过程中应经常测量电解液温度，若温度上升到40℃，应将电流减半，如继续上升到45℃，应立即停止充电，并采用人工冷却（可采用强制通风或将蓄电池置于冷却水槽中），待冷至35℃以下再充电。充电过程中，如减小充电电流，应适当延长充电时间。

初充电临近完毕时，应测量电解液密度，如不符合规定，应用蒸馏水或密度为 $1.40g/cm^3$ 的电解液进行调整。调整后，应再充2h，若密度仍不符合规定，应再调整并充电2h，直至密度符合要求为止，然后将加液孔盖拧上，把蓄电池表面清洁干净。

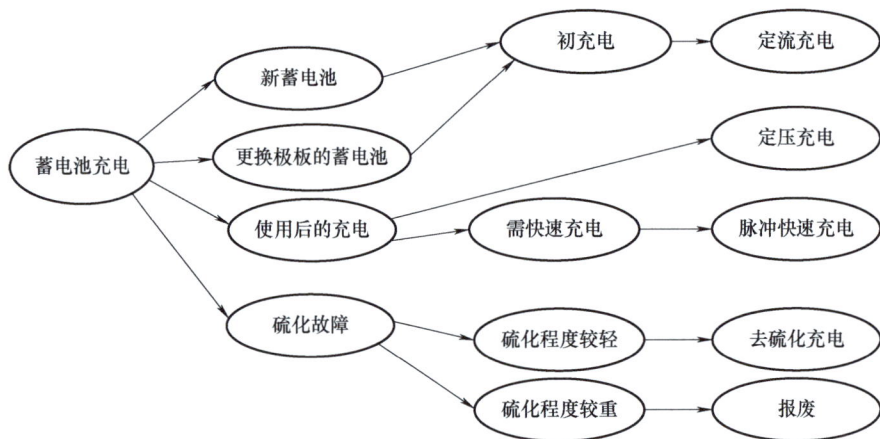

图2-2-6　充电类型和方法

2. 补充充电及充电步骤

蓄电池使用后的充电，称为补充充电。蓄电池在汽车上由发电机进行的定压充电，由于不能保证蓄电池彻底充足，而使蓄电池容量下降时，为了防止产生硫化，每隔两个月应进行一次补充充电。

蓄电池存电不足的特征如下：

1）电解液密度下降到 $1.20g/cm^3$ 以下。

2）冬季放电超过额定容量的25%，夏季放电超过额定容量的50%。

3）灯光暗淡、起动无力、喇叭沙哑。

补充充电过程和方法与初充电基本相同，充电第一阶段以 $C_{20}/10$ 的电流充到冒气泡，电压达到2.4V；第二阶段将电流减半，充到"沸腾"，单格蓄电池电压达到2.7V，电解液密度上升到最高值，且2～3h保持不变，即充电结束。平时补充充电一般需要13～17h。

3. 脉冲快速充电及充电步骤

脉冲快速充电前，应先检查电解液密度，并根据其全充电状态时的密度值计算蓄电池的剩余容量，以确定初充电时间，并将充电设备上的定时器调到相应时间上。

多数快速充电设备都装有温度传感器，将其插入蓄电池加液口中，当电解液温度超过50℃时，设备会自动停充。

4. 去硫化充电及充电步骤

蓄电池产生硫化故障后，其内阻将显著增大，开始充电时充电电压较高（严重硫化者高达 2.8V 以上），温升也较快。对严重硫化的蓄电池，只能报废；对硫化程度较轻的蓄电池，可以通过去硫化充电予以消除。

这种消除硫化的充电工艺称为去硫化充电，去硫化充电的步骤如下：

1）首先倒出蓄电池内的电解液，用蒸馏水冲洗两次后，再加入足够的蒸馏水。

2）接通充电电路，将电流调到初充电第二阶段电流值进行充电。当密度升到 1.15g/cm³ 时，倒出电解液，换加蒸馏水再次充电，直到密度不再增加为止。

3）以 20h 放电率放电至单格蓄电池电压降到 1.75V 时，再进行上述充电，充后又放电，如此充、放电循环，直到输出容量达到额定容量值的 80% 以上后，即可投入使用。

🚗 实践技能 ⚙️

一、蓄电池的充电

卡罗拉轿车的充电分为预充电和充电两个阶段。

1. 预充电工作

充电之前，首先进行密度的测量，一般采用密度计，还要进行蓄电池电解液液面高度的检查，如果液面不在标准液面范围内，就要进行电解液高度的调整。低于标准液面，就要添加蒸馏水；如果液面高度超出了上液面，在充电过程中产生的气体量会增加且电解液可能会溢出。切勿添加自来水。

2. 蓄电池充电

蓄电池的充电过程如下：

（1）拆下蓄电池通气孔塞　去除掉插头，以释放出蓄电池充电时产生的气体。

（2）连接蓄电池充电器的充电夹　首先确保蓄电池充电器外侧的无熔丝断路器、定时开关和电流调节器都关闭了。当充电夹是在开启（ON）的状态下被连通的，就会有大电流流出，产生火花，因此注意要确保充电夹在关闭（OFF）状态下连通。然后将蓄电池充电器软线上的红色（＋）夹子连接到蓄电池的正极（＋），蓄电池充电器软线上的黑色（－）夹子连接到蓄电池的负极（－）。

如果在车上对蓄电池进行充电，必须将其盖好，防止蓄电池电解液喷溅，并提前将蓄电池正负极端子拆下。

（3）蓄电池的充电　蓄电池的充电有两种方式，即常规充电和快速充电。

1）常规充电：首先将定时器设置为慢速，设定充电电流，充电电流必须设约为蓄电池容量的 1/10，并不时地检查电解液密度和电池温度。

2）快速充电：首先将定时器设定为20min左右，然后设定充电电流约为蓄电池容量的2/3，并不时地检查电解液密度和电池温度。

（4）完成充电　当蓄电池里产生的气体不断增加，蓄电池电解液的密度在1.25 ~ 1.28g/cm³范围内且蓄电池终端电压为15 ~ 17V时，停止充电。

（5）清洗蓄电池并除去水分　充电时气体的释放会使蓄电池电解液溢出从而造成腐蚀，因此必须用水将电解液清洗然后将水分完全擦去。

（6）检查密度和电解液高度　用密度计测量蓄电池电解液密度，并确保电解液高度在允许范围内。

3. 免维护蓄电池的充电

免维护蓄电池比传统蓄电池产生的气体少，电解液蒸发量也较少。在充电过程中，产生的气体很少。因此无须拆下通气孔塞，保证安全的基础上直接连接充电器进行充电，具体同普通蓄电池，如图2-2-7所示。

4. 充电过程中的故障

如发现下列情况，可能出现了短路等故障，请立即停止充电：

1）蓄电池已经充电，但是电压和密度没有改变。

2）没有产生气体，温度急速上升。在充电过程中要注意蓄电池电解液温度不能超过45℃，如超过，必须减小充电电流或暂时停止充电。

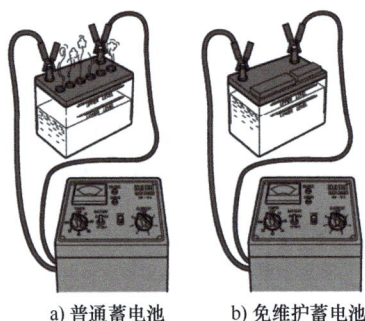

a) 普通蓄电池　　b) 免维护蓄电池

图2-2-7　普通蓄电池与免维护蓄电池充电的对比

二、充电时的注意事项

充电时一定要注意规范操作，以保证整个过程的安全。一般要遵循以下原则：

1）严格遵守充电规范。

2）配制和注入电解液时，要严格遵守安全操作规则和器皿的使用规则。

3）充电时，应先接好蓄电池线，导线连接必须可靠，防止发生火花；停止充电时，应先切断充电机交流电源。

4）充电过程中，要经常测量各个单格蓄电池的电压和密度，及时判断充电程度和技术状况。

5）充电时要打开蓄电池加液孔盖，使氢气、氧气顺利逸出，并保持充电场所通风良好，以免发生事故。

6）初充电工作应连续进行，不可长时间中断。

7）充电过程中，要注意测量各个单格蓄电池的温升，以免温度过高影响铅酸蓄电池的使用性能，也可采用风冷和水冷的方法来降温。

8）充电场所要安装通风设备，严禁用明火取暖，充电机和蓄电池应隔室放置。

情境分析

1. 故障现象

一辆丰田卡罗拉轿车，装备1ZR-FE发动机，发动机起动无力、灯光暗淡。请根据故障

现象制订正确的维修计划，并排除故障。

2. 故障诊断与排除

1）打开点火开关，起动发动机，发动机起动无力。

2）打开前照灯开关，发现灯光暗淡，怀疑蓄电池亏电。

3）打开发动机舱盖，拆下蓄电池盖板。

4）用万用表检测蓄电池电压为 10.8V，可以判断为蓄电池电压不足。

5）用蓄电池检测仪检测剩余电量，显示电量不足。

6）连接蓄电池充电器，给蓄电池充电。

7）充电后发动机起动正常，灯光正常，故障排除。

8）整理工具，清洁场地。

3. 故障分析

由于丰田卡罗拉轿车长期放置不用，导致蓄电池亏电，引起发动机起动无力、灯光暗淡。

学习小结

1）蓄电池的基本工作状态是放电和充电。蓄电池的充电是延长蓄电池使用寿命的重要环节，蓄电池放电后必须充电才能使用，对新蓄电池和维修后的蓄电池在使用前要进行初充电；蓄电池的使用过程中，还要进行必要的补充充电，以延长其使用寿命。

2）蓄电池的放电是蓄电池正负极板和电解液进行化学反应的结果，充电是放电的逆反应。

3）蓄电池的充电方法有定流充电、定压充电和脉冲快速充电三种，在实际使用中应根据具体情况选择适当的充电方法。

4）根据蓄电池充电的目的不同，蓄电池的充电可分为初充电、补充充电脉冲快速充电和去硫化充电等。

学习情境 3

发电机的检修

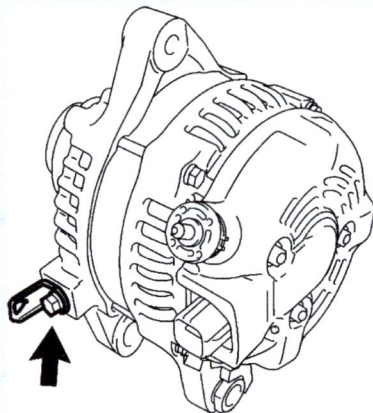

学习单元 3.1   发电机的拆检

情境导入

一辆丰田卡罗拉轿车，起动发动机，发电机部位有噪声。经检查，发电机产生噪声，更换发电机后，噪声消失，故障排除。

学习目标

1. 能通过与客户交流、查阅相关的维修技术资料等方式获取车辆信息。
2. 能根据发电机故障现象制订正确的维修计划。
3. 能正确地选择诊断设备对发电机进行发电电压技术性能检测，分析检测结果并做出故障判断。
4. 能进行发电机的拆解、故障判断、装复和整体更换。
5. 能进行维修场地的维护，注重场地环保。

理论知识

发电机的作用是将发动机的部分机械能转变为电能，向除起动机以外的所有用电设备供电，并能及时对蓄电池进行补充充电。

以丰田卡罗拉轿车用发电机为例，它包含发电机和电压调节器两大部分。对于发电机，自 20 世纪 50 年代，汽车上普遍采用的是硅整流发电机。目前国内外生产的汽车用硅整流发电机的结构基本相同，都是由三相同步交流发电机和硅二极管整流器两大部分组成的。

一、三相同步交流发电机的结构

图 3-1-1 为卡罗拉轿车用三相同步交流发电机的组件图。三相同步交流发电机的作用是产生三相交流电。由图 3-1-1 可以看出，三相同步交流发电机主要由发电机转子总成、发电机线圈总成、发电机驱动端端盖总成、发电机电刷架总成、发电机后端盖、带轮及其他连接件组成。

1. 发电机转子总成

一般转子总成是三相同步交流发电机的旋转磁场部分，它由转子轴、两块爪形磁极、磁轭、励磁绕组和集电环等部件构成，如图 3-1-2 所示。

1）转子轴用优质钢车削而成，中部有压花，一端有半圆键槽和米制螺纹。

2）导磁用的磁轭用软磁材料的低碳钢制成，压装在转轴的中部。

3）励磁绕组用高强度漆包铜线绕一定匝数而成，套装在磁轭上，两个线头分别穿过一块磁极的小孔与两个集电环焊固。

4）磁极为爪形，又称为鸟嘴形，用低碳钢板冲压或用精密铸造浇铸而成。两块磁极各具有数目相等的爪极。国产 JF 系列交流发电机都做成六对磁极，爪极互相交错压装在励磁绕组和磁轭的外面。

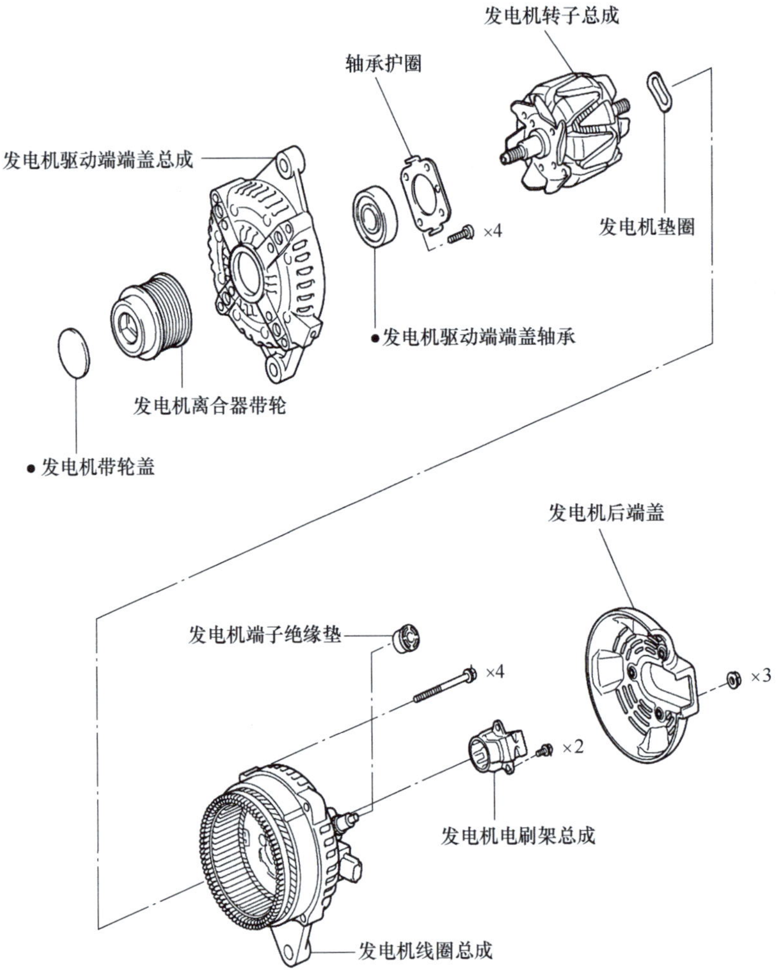

发电机转子总成

轴承护圈

发电机驱动端端盖总成

发电机垫圈

×4

发电机驱动端端盖轴承

发电机离合器带轮

●发电机带轮盖

发电机后端盖

发电机端子绝缘垫

×4

×3

×2

发电机电刷架总成

发电机线圈总成

图 3-1-1   卡罗拉轿车用三相同步交流发电机的组件图

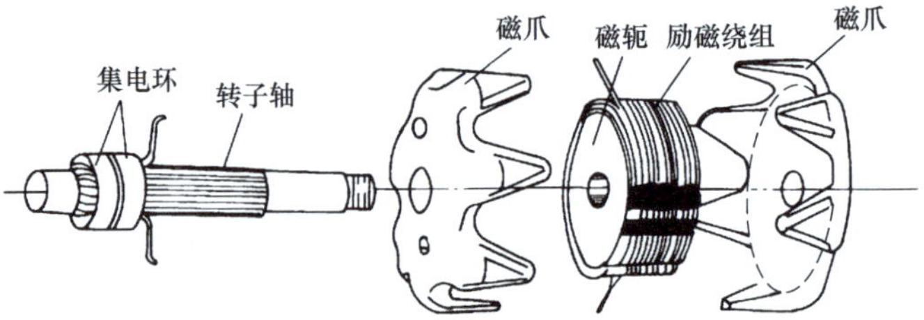

集电环   转子轴

磁爪   磁轭   励磁绕组   磁爪

图 3-1-2   交流发电机转子总成

　　5）集电环由导电性能优良的铜制成，两个集电环之间及与转轴之间均用云母绝缘。集电环与装在后端盖上的电刷相接触。

　　当电刷与直流电源接通时，励磁绕组中便有励磁电流流过，产生磁场，使一块爪极被磁化为 N 极，另一块爪极为 S 极，从而形成了六对相互交错的磁极。

对于丰田卡罗拉轿车发电机，转子总成上带有风扇，用于降低运转过程中转子的温度，如图 3-1-3 所示。

2. 发电机线圈总成

发电机线圈总成又称为定子或电枢，由定子铁心和定子绕组组成，其作用是产生三相交变电动势。

定子铁心一般由一组相互绝缘且内圆带有嵌线槽的环状硅钢片或低碳钢片叠成，定子槽内嵌有三相对称绕组。绕组

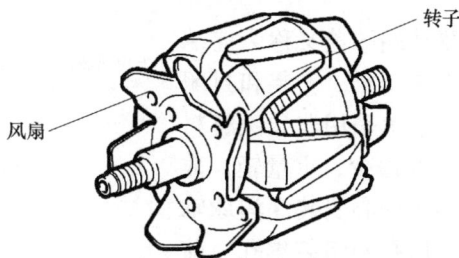

图 3-1-3 丰田卡罗拉轿车交流发电机转子总成

是用高强度漆包线在专用模具上绕制的。为了在三相绕组中产生大小相等、频率相同，且相位相差 120° 的对称电动势，每相绕组的线圈个数及每个线圈的匝数都是完全相同的。

三相绕组的连接方法可分为星形联结和三角形联结两种，如图 3-1-4 所示。

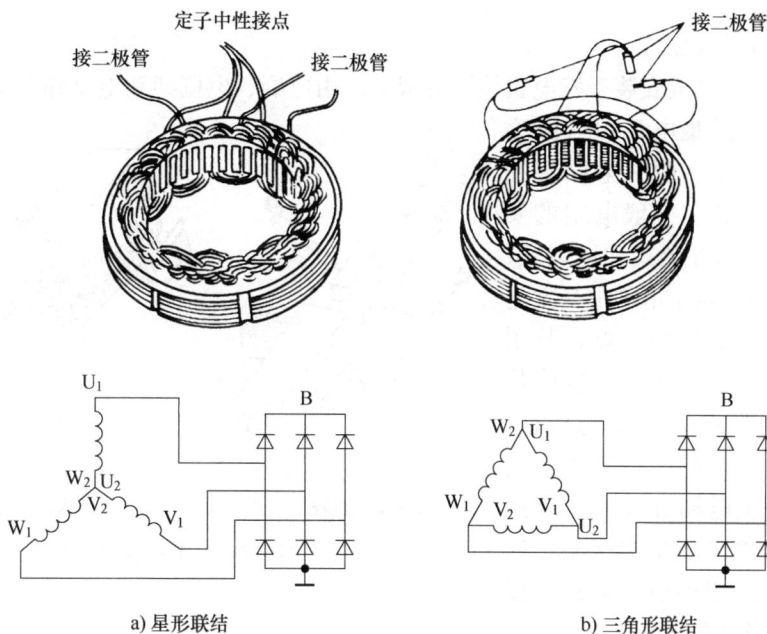

a) 星形联结　　　　　　　　　　　b) 三角形联结

图 3-1-4 三相绕组的连接方法

星形联结是每相绕组的一根线头都接至公共接点，另外三根线头分叉成Y形，如图 3-1-4a 所示。所以，星形联结又称为Y联结。星形联结有低速发电性能好的优点，所以目前车用发电机多采用星形联结。

三角形联结使三相绕组的首尾线头彼此相接，就像三角形，如图 3-1-4b 所示。三角形联结的优点是发电机内部损失小，在高转速时能产生较大的输出电流，因此主要用在高转速时要求有高输出功率的交流发电机上。三角形联结的缺点是低转速时，输出电压

较低。

3. 发电机驱动端端盖总成

发电机驱动端端盖总成包括发电机驱动端端盖和发电机驱动端端盖轴承，如图 3-1-5 所示。

发电机驱动端端盖又称为前端盖，作用是支撑转子，安装和封闭内部构件。前端盖采用非导磁材料铝合金制成，漏磁少，重量轻，散热性能好。端盖中心安装深沟球轴承，外围有通风孔和组装螺孔。前端盖有突出的安全臂和调整臂，用于将发电机安装于发动机机体上并进行传动带张紧力的调整。

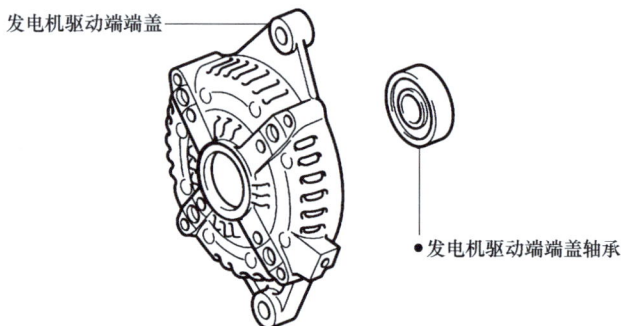

图 3-1-5　发电机驱动端端盖总成

发电机驱动端端盖轴承为深沟球轴承，用于安装发电机转轴，保证转子正常运转。

4. 发电机电刷架总成

发电机电刷架总成安装于发电机线圈总成上，由电刷、电刷架和电刷弹簧组成。电刷的作用是将电源通过集电环引入励磁绕组，由石墨制成。两只电刷装在电刷架中的导孔内。一般电刷的安装方式有两种，即外装式和内装式，如图 3-1-6 所示。两个电刷中与发电机外壳绝缘的称为绝缘电刷，其引线接到发电机后端盖外部的接线柱"F"上，成为发电机的磁场接柱；另一个电刷是搭铁的，称为搭铁电刷。电刷架内装电刷和弹簧，利用弹簧的弹力与集电环紧密接触，它由酚醛玻璃纤维塑料模压而成，或用玻璃纤维增强尼龙制成。

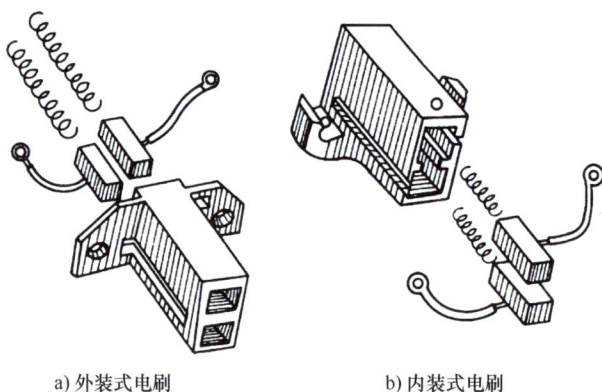

a) 外装式电刷　　　　　　　　b) 内装式电刷

图 3-1-6　电刷及电刷架

5. 发电机后端盖

发电机后端盖起固定转子、定子、整流器和电刷组件的作用。

6. 带轮

带轮通常用铸铁或铝合金制成，可分为单槽和双槽两种，卡罗拉轿车上采用的是单槽式。带轮利用半圆键装在风扇外侧的转轴上，用弹簧垫片和螺母紧固。

二、三相同步交流发电机的工作原理

交流发电机产生交流电基于电磁感应原理：交流发电机转子通电产生磁场，由于转子的旋转使穿过定子绕组的磁通量发生变化，在定子绕组内产生交流感应电动势，如图 3-1-7 所示。

当励磁绕组有电流通过时，励磁绕组便产生磁场，转轴上的两个爪极分别被磁化为 N 极和 S 极。当转子旋转时，磁极交替地在定子铁心中穿过，形成旋转的磁场，磁力线和定子绕组之间产生相对运动，使通过定子绕组的磁通量发生变化，在定子绕组中产生交流感应电动势，这就是交流发电机的工作原理。

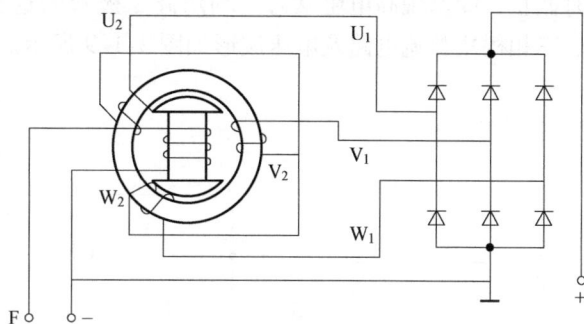

图 3-1-7 交流发电机的工作原理

三、发电机整流器及整流原理

1. 发电机整流器

汽车上采用的是直流电，而三相同步交流发电机发出的为三相交流电，因此需要将其转化为直流电输出。整流器的作用是把交流发电机产生的三相交流电转变成直流电并向外输出，整流器一般由六只整流二极管和散热板组成。

交流发电机用的整流二极管分为正极二极管和负极二极管两种。正极二极管的中心引线为正极，外壳为负极，管壳底部一般有红字标记。

三只正极二极管的外壳压装或者焊接在铝合金散热板的三个孔中，共同组成发电机的正极。由固定散热板的螺栓通至外壳外（元件板与外壳绝缘），作为交流发电机的输出接线柱 "B" 接线柱（也有标 "+" 或 "电枢" 字样的），如图 3-1-8 所示。

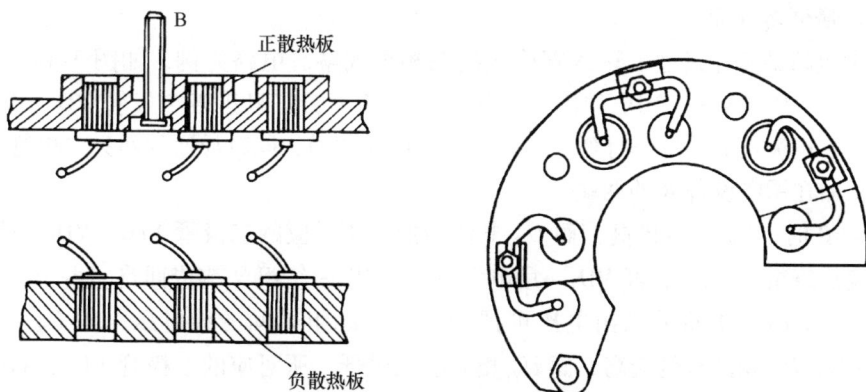

图 3-1-8 散热板二极管（压装型大功率二极管）的安装

负极二极管的中心引线为负极，外壳为正极，管壳底部一般有黑字标记。三只负极二极管的外壳压装或焊接在另一散热板上（此板与后端盖相接），或者直接压装在后端盖的三个孔中，和发电机的外壳共同组成发电机的负极。

2. 整流原理

硅二极管整流器是利用二极管的单向导电性，将交流电转变为直流电。

定子绕组中所感应出的交流电，要靠二极管组成的整流器改变为直流电。硅二极管具有单向导电性。当给二极管加上正向电压时导通，即呈现低电阻状态；当给二极管加一反向电压时截止，即呈现高电阻状态。利用硅二极管的这种单向导电性就可以把交流电变为直流电。三相桥式整流电路及电压波形如图3-1-9所示。

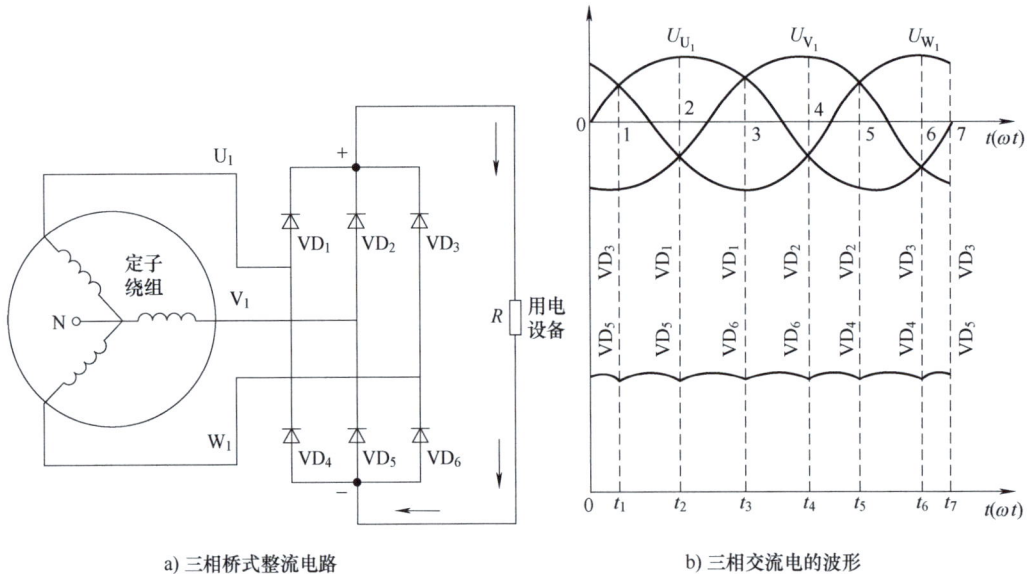

a) 三相桥式整流电路　　　　　　　　b) 三相交流电的波形

图3-1-9　三相桥式整流电路及电压波形

（1）二极管的导通原则　当三只正极二极管负极端连接在一起时，在某一瞬间正极端电位（电压）最高者导通；当三只负极二极管正极端连接在一起时，在某一瞬间负极端电位（电压）最低者导通。

（2）发电机的整流过程　以六管构成的三相桥式整流电路为例，如图3-1-9所示。三只负极二极管 VD$_4$、VD$_5$、VD$_6$ 的阳极并接在负极板上，三只正极二极管 VD$_1$、VD$_2$、VD$_3$ 的阴极并接在正极板上。每个时刻有两只二极管同时导通，同时导通的两只二极管总是将发电机的电压加在用电设备 R 的两端。

如当 $t=0$ 时，U_{W_1} 电位最高，而 U_{V_1} 电位最低，所对应的二极管 VD$_3$、VD$_5$ 均处于正向导通。电流从绕组 W 出发，经 VD$_3$→用电设备 R→VD$_5$→绕组 V 构成回路。由于二极管的内阻很小，所以此时发电机的输出电压可视为 W、V 绕组之间的线电压，即 $U_{W_1} - U_{V_1}$。在 $t_1 \sim t_2$ 时间内，U_{U_1} 相的电位最高，而 U_{V_1} 相的电位最低，所对应的二极管 VD$_1$、VD$_5$ 处于正向导通。同理，交流发电机的输出电压也可视为 U、V 绕组之间的线电压，即 $U_{U_1} - U_{V_1}$。以此类推，在负载上便可获得一个比较平稳的直流脉动电压，该电压值约为三相交流电线电压的 1.35 倍。

由以上分析可知：在三相桥式整流电路中，三只正极二极管和三只负极二极管都是轮流工作的，所以流过每只二极管的平均电流 I_D 仅为负载电流 I_f 的 1/3。

（3）中性点电压　有些交流发电机带有中心抽头，它是从三相绕组的中性点引出来的，其接线柱标记为"N"，也可称为中性点。中性点对发电机外壳（搭铁）之间的电压称为中性点电压，其数值等于发电机输出电压的一半。

中性点电压用途很广，常用来控制充电指示灯和各种用途的继电器，如控制空调继电器、磁场继电器等。

（4）励磁方式　除了永磁式交流发电机不需要励磁外，其他形式的交流发电机都必须给励磁绕组通电才会有磁场产生而发电，否则发电机将不能发电。向交流发电机的励磁绕组供电使其产生磁场称为励磁。交流发电机励磁方式有自励和他励两种。

在发电机转速较低时（发动机未达到怠速），自身不能发电，需要蓄电池供给发电机励磁绕组电流，使励磁绕组产生磁场来发电，这种由蓄电池供给磁场电流发电的方式称为他励。随着转速的提高（一般在发动机达到怠速时），发电机定子绕组的电动势逐渐升高并能使整流器二极管导通，当发电机的输出电压大于蓄电池电压时，发电机就能对外供电了。当发电机能对外供电时，就可以把自身发的电供给励磁绕组，这种自身供给磁场电流发电的方式称为自励。

丰田卡罗拉轿车将整流器整合在了发电机线圈总成上。

四、交流发电机的型号

根据我国汽车行业标准 QC/T 73—1993《汽车电气设备产品型号编制方法》的规定，汽车交流发电机型号由产品代号、电压等级代号、电流等级代号、设计序号、变型代号五部分组成，如图 3-1-10 所示。

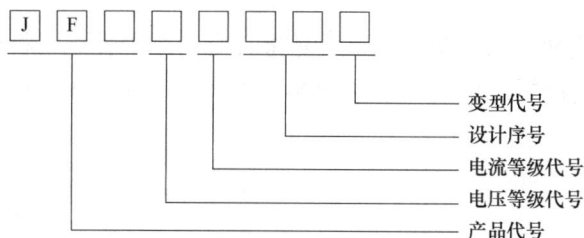

图 3-1-10　汽车交流发电机型号

1. 产品代号

产品代号用中文字母表示，JF——普通交流发电机，JFZ——整体式交流发电机，JFB——带泵交流发电机，JFW——无刷交流发电机。

2. 电压等级代号

电压等级代号用一位阿拉伯数字表示，1——12V 系统，2——24V 系统。

3. 电流等级代号

电流等级代号也用一位阿拉伯数字表示，其含义见表 3-1-1。

表 3-1-1　电流等级代号

代号	1	2	3	4	5	6	7	8	9
电流等级/A	≤19	≥20～29	≥30～39	≥40～49	≥50～59	≥60～69	≥70～79	≥80～89	≥90

4. 设计序号

设计序号用 1～2 位阿拉伯数字表示，表示产品设计的先后顺序。

5. 变型代号

交流发电机以调整臂位置作为变型代号，从驱动端看，调整臂在左边用 Z 表示，调整臂在右端用 Y 表示，调整臂在中间不加标记。

五、交流发电机的分类

1. 按总体结构分

1）普通交流发电机。这种发电机既无特殊装置，也无特殊功能特点，使用时需要配装电压调节器，如东风 EQ1090 型载货汽车用 JF132 型交流发电机、解放 CA1091 型载货汽车用 JF1522A 型交流发电机等。

2）整体式交流发电机。发电机和调节器制成一个整体的发电机，如一汽奥迪、上海桑塔纳等轿车用 JFZ1813Z 型交流发电机。

3）带泵交流发电机。发电机和汽车制动系统用真空助力泵安装在一起的发电机，如 JFWBZ27 型交流发电机等。

4）无刷交流发电机。不需要电刷的发电机。

5）永磁交流发电机。转子磁极为永久磁铁制成的发电机。

2. 按整流器结构分

（1）六管交流发电机　六管交流发电机的整流器由六只硅二极管组成，这种形式应用最为广泛，如东风 EQ1090 车用的 JF132 型、解放 CA1091 型车用 JF1522A、JF152D 型交流发电机等。

（2）八管交流发电机　八管交流发电机是指具有两个中性点二极管的交流发电机，其整流器总成共有八只二极管，如图 3-1-11 所示，丰田卡罗拉轿车上的发电机即为八管交流发电机。

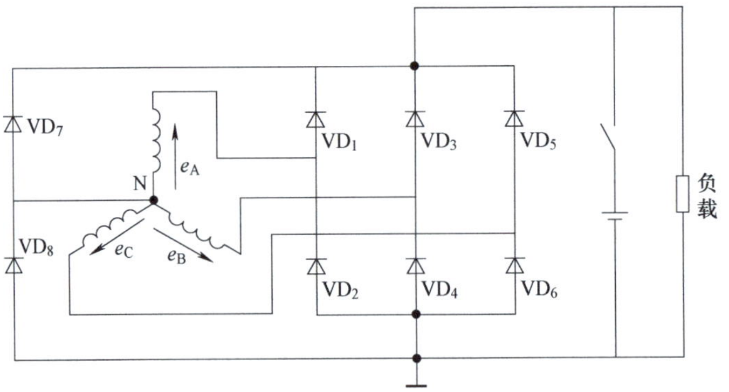

图 3-1-11　八管交流发电机整流电路

（3）九管交流发电机　九管交流发电机是指具有三个磁场二极管的交流发电机，其整流器总成共有九只二极管，如图 3-1-12 所示，如北京 BJ1022 型轻型车用的 JFZ14L 型交流发电机。

（4）十一管交流发电机　十一管交流发电机是指具有中性点二极管和磁场二极管的交流发电机，其整流器总成共有十一只二极管，如图 3-1-13 所示。奥迪、桑塔纳轿车用 JFZ1813Z、JFZ1913Z 型交流发电机就是采用该类整流器。

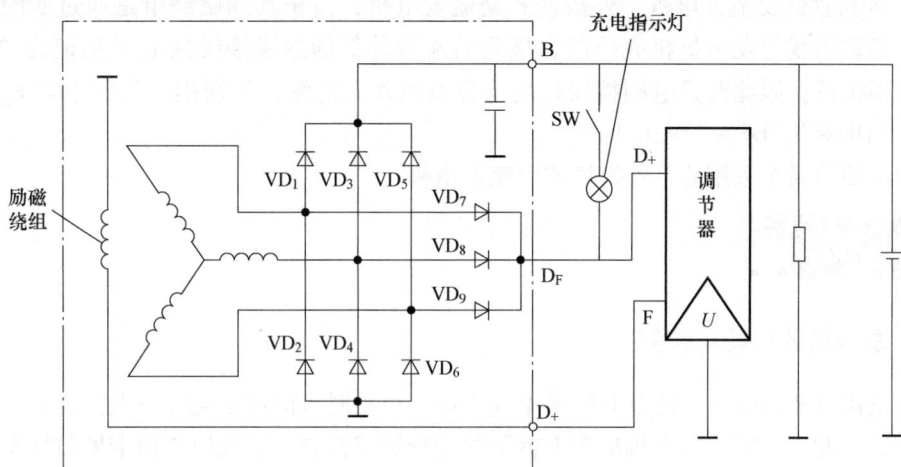

图 3-1-12　九管交流发电机整流电路

3. 按励磁绕组搭铁形式分

（1）内搭铁式交流发电机　内搭铁式交流发电机，其励磁绕组直接在发电机内部搭铁，引线用螺钉固定在后端盖上（标记为"－"）直接搭铁。两只电刷的引线中一根与后盖上的磁场接线柱"F"（或磁场）相连接，另一根直接与发电机外壳上的接线柱"－"（或"搭铁"）连接，如图 3-1-14a 所示。

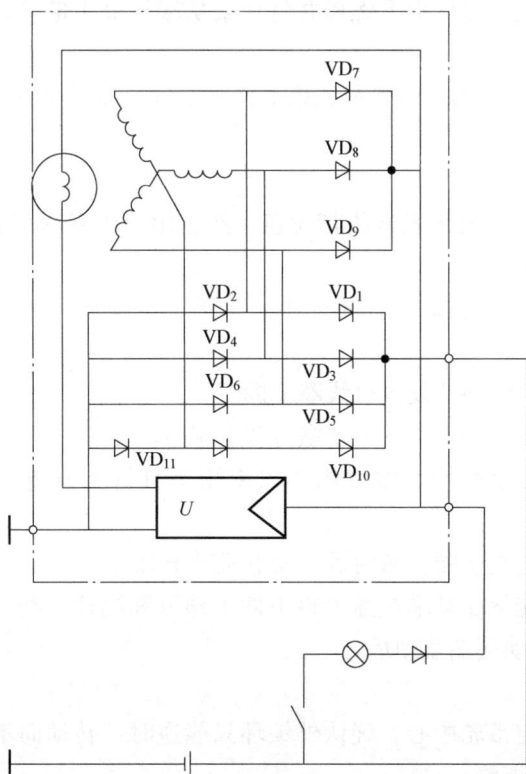

图 3-1-13　十一管交流发电机整流电路

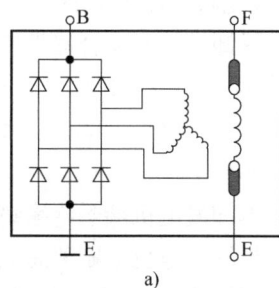

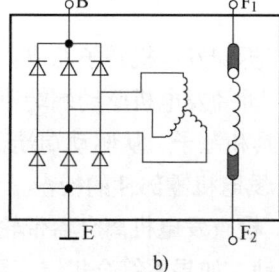

图 3-1-14　内搭铁与外搭铁

（2）外搭铁式交流发电机　外搭铁式交流发电机，由于其励磁绕组是通过所配的调节器搭铁，搭铁引线与发电机机壳绝缘，接到后端盖外部的绝缘接线柱上（标记为"F－"）通过调节器搭铁，因此两只电刷接线柱均与发电机外壳绝缘，分别用"F₁"和"F₂"表示（有的用"DF＋""DF－"表示）。

丰田卡罗拉轿车采用的是外搭铁式交流发电机。

实践技能

一、发电机的拆解与装配

发电机出现故障时，不能及时给蓄电池充电，严重时可能使蓄电池亏电而损坏，导致车辆不能起动。此时，需将发电机从车上拆下并进行拆解检修。下面以丰田卡罗拉轿车发电机为例讲述拆解过程。

1. 拆卸发电机总成

1）断开蓄电池负极所连接的电缆。

2）拆卸右后发动机舱底罩。

3）拆卸散热器上的空气导流板。

4）拆卸气缸盖罩。

5）拆卸多楔带。

6）拆卸发电机总成。首先拆下端子盖，然后拆下螺母并将线束从端子 B 上断开，再断开插接器和线束卡夹。

接下来可以拆下两个螺栓和发电机总成，拆下螺栓和线束卡夹支架后，即可取下发电机总成。

2. 发电机总成的拆解

1）拆卸发电机离合器带轮：用螺钉旋具拆下发电机带轮盖，然后用丰田专用工具 SST 和台虎钳配合将发电机的带轮从转子轴上拆下。

2）拆卸发电机后端盖：将发电机总成放在离合器带轮上，拆下三个螺母和发电机后端盖。

3）拆卸发电机端子绝缘垫：将端子绝缘垫从发电机线圈上拆下。

4）拆卸发电机电刷架总成：从发电机线圈上拆下两个螺钉和电刷架。

5）拆卸发电机线圈总成：先拆下四个螺栓，然后用丰田专用工具拆下发电机线圈总成。

6）拆卸发电机转子总成：先拆下发电机垫圈，然后拆下发电机转子总成。

7）拆卸发电机驱动端端盖轴承：首先从驱动端端盖上拆下四个螺钉和挡片。利用丰田专用工具和锤子，从驱动端端盖中敲出驱动端端盖轴承。

3. 发电机零部件的检查

1）检查发电机离合器带轮：首先固定带轮中心，确认外锁环只能逆时针转动而不能顺时针转动。如果不符合规定，更换离合器带轮。

2）检查发电机电刷架总成：利用游标卡尺测量电刷的外露长度。标准外露长度为

9.5～11.5mm，当外露长度小于4.5mm时，更换电刷架总成。

3）检查发电机转子总成：首先检查发电机转子是否断路，一般用欧姆表测量集电环之间的电阻。

规定电阻值为2.3～2.7Ω，如果不符合则需更换发电机转子总成。然后检查转子是否对搭铁短路，一般用欧姆表测量其中一个集电环与转子之间的电阻，标准电阻为1MΩ或更大，如果不符合则需更换发电机转子总成。再检查并确认发电机转子轴承有没有变粗糙或磨损，如有必要则更换发电机转子总成。最后用游标卡尺测量集电环直径，标准直径为14.2～14.4mm，当直径小于14.0mm时，更换发电机转子总成。

4）检查发电机驱动端端盖轴承：检查并确认轴承没有变粗糙或磨损，如有必要更换发电机驱动端端盖轴承。

4. 发电机的装配

1）安装发电机驱动端端盖轴承：用专用工具和压力机，压入一个新的发电机驱动端端盖轴承，然后将挡片上的凸舌嵌入驱动端端盖上的切口中，以安装挡片，然后安装四个螺钉，转矩为2.3N·m。

2）安装发电机转子总成：将驱动端端盖放在离合器带轮上，将发电机转子总成安装到驱动端端盖上。将发电机垫圈放在发电机转子上。

3）安装发电机线圈总成：使用专用工具和压力机，慢慢地压入发电机线圈总成，然后以5.8N·m的力矩安装四个螺栓。

4）安装发电机电刷架总成：将两个电刷推入发电机电刷架总成的同时，在电刷架孔中插入一个直径1.0mm的销，如图3-1-15所示。用两个螺钉以1.8N·m的力矩将电刷架总成安装到发电机线圈上，然后将销拔出即可。

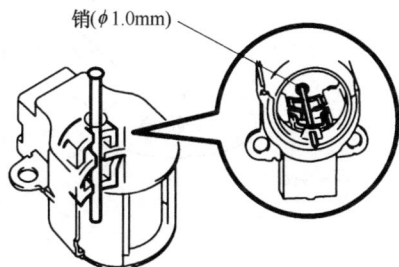

5）安装发电机端子绝缘垫：将端子绝缘垫安装到发电机线圈上，一定要注意端子绝缘垫的安装方向。

销(φ1.0mm)

图3-1-15　电刷架安装中的销

6）安装发电机后端盖：用4.6N·m的力矩将发电机后端盖安装到发电机线圈上。

7）安装发电机离合器带轮：只需要将离合器带轮暂时安装到转子轴上，然后用专用工具和台虎钳将离合器带轮安装上，使用专用工具力矩为84N·m。

5. 发电机的装复

1）安装发电机总成。用螺栓安装线束卡夹支架，转矩为8.4N·m，然后用两个螺栓暂时安装发电机总成。用螺母将线束安装到端子B并安装端子盖，转矩为9.8N·m，然后安装插接器和线束卡夹。

2）安装多楔带。

3）调整多楔带。

4）检查多楔带。

5）安装2号气缸盖罩。

6）安装散热器上空气导流板。

7）安装发动机后部右侧底罩。

8）将电缆连接到蓄电池负极。

至此，发电机解体、检查、装配并装复完成。

二、发电机机械故障分析

1. 故障点分析

当发电机机械部分出现故障时，可能的故障点如图3-1-16所示。

2. 故障现象

以上故障点主要引起的故障现象如图3-1-17所示。

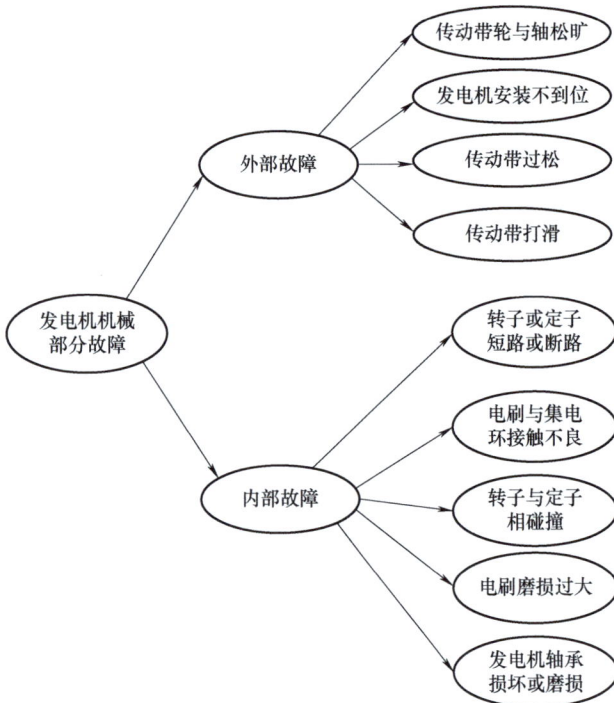

图3-1-16　发电机机械部分的故障点

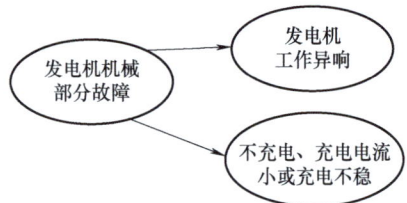

图3-1-17　发电机机械部分故障现象

三、发电机异响的检查过程

发动机在正常运行中，也可能出现发电机异响。对该故障的检查流程如图3-1-18所示。

情境分析

1. 故障现象

一辆丰田卡罗拉轿车，起动发动机，发电机部位有噪声。经检查，发电机产生噪声。

2. 故障诊断与排除

1）静态下检查多楔带是否松动。用手指按压发现多楔带张紧力足够，并未松动。

2）目测检查多楔带是否磨损，经检查未磨损。

3）检查发电机离合器带轮是否磨损，经检查未磨损。

4）在发电机离合器带轮工作时检查噪声，发现有噪声。

5）将发电机拆下并进行拆解。

6）按照发电机拆解和零部件检查步骤进行操作。

7）发现发电机驱动端端盖轴承磨损，轴承内圈发生晃动。

8）更换发电机，实车检测，发现故障消失，无噪声。

9）整理工具，清洁场地。

3. 故障原因分析

经拆解发现，发电机轴承驱动端端盖轴承磨损严重，产生噪声。

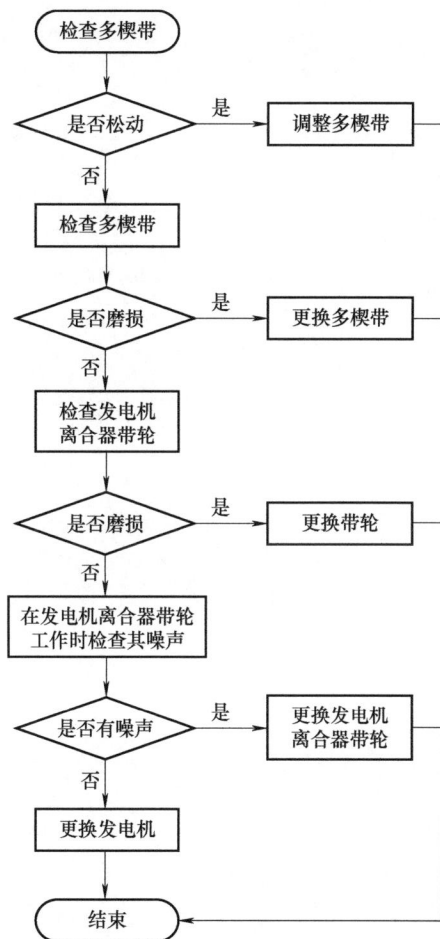

图 3-1-18 发电机异响检查流程

学习小结

1）发电机的作用是将发动机的机械能转换为电能，供给汽车上的用电设备使用。

2）三相同步交流发电机的作用是产生三相交流电。它主要由发电机转子总成、发电机线圈总成、发电机驱动端端盖总成、发电机电刷架总成、发电机后端盖、带轮及其他连接件组成。

3）交流发电机产生交流电的基本原理是电磁感应原理，具体地说交流发电机是利用产生磁场的转子旋转，使穿过定子绕组的磁通量发生变化，在定子绕组内产生交流感应电动势。

4）定子绕组中感应出的交流电，要靠二极管组成的整流器整流为直流电。利用硅二极管的单向导电性就可以把交流电变为直流电。

学习单元 3.2　发电机电压调节器的检测

情境导入

一辆丰田卡罗拉轿车，在车辆使用过程中，车灯特别亮，易烧坏灯泡。更换新发电机后，上述故障现象消失。

学习目标

1. 能通过与客户交流、查阅相关的维修技术资料等方式获取车辆信息。
2. 能根据发电机故障现象制订正确的维修计划。
3. 能正确地选择诊断设备对发电机进行发电电压技术性能检测，分析检测结果并做出故障判断。
4. 能进行发电机内搭铁、外搭铁的判断，并对电压调节器进行检测。
5. 能进行维修场地的维护，注重场地环保。

理论知识

一、交流发电机的工作特性

1. 输出特性

交流发电机的输出特性也称为负载特性或输出电流特性。输出特性是指在发电机保持输出电压一定时，发电机的输出电流与转速之间的关系。

一般对标称电压为 12V 的硅整流发电机，其输出电压恒定在 14V，对标称电压为 24V 的发电机，其输出电压恒定在 28V。通过试验可以测得输出特性曲线，如图 3-2-1 所示。

由输出特性可以看出发电机在不同转速下的输出功率情况：

1）发电机只需在较低的空载转速 n_1 时，就能达到额定输出电压值，表明交流发电机具有低速充电性能好的优点。空载转速 n_1 是选择发电机与发动机传动比的主要依据。

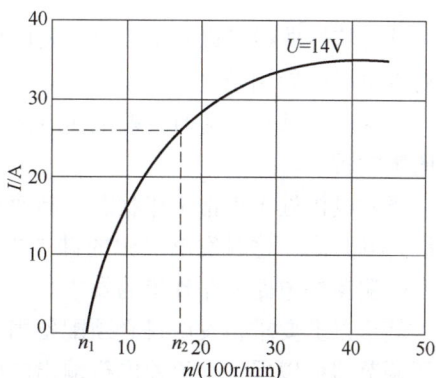

图 3-2-1　交流发电机输出特性曲线

2）发电机转速升至满载转速值 n_2 时，即可输出额定功率的电能，表明交流发电机具有发电性能优良的特点。满载转速 n_2 是判断在用发电机技术性能优劣的重要指标之一。

3）当转速升到某一定值后，发电机输出电流就不再随转速的升高和负荷的增多而继续增大。表明交流发电机具有自身控制最大输出电流的功能，不需要设置电流限制器。

对于空载转速值 n_1 和满载转速值 n_2，发电机出厂技术说明书中均有规定。使用中，只要测得这两个数据，与设计值相比较，即可判断发电机性能是否良好。

2. 空载特性

交流发电机的空载特性是指在无负荷（即 $I = 0$）时，发电机端电压与转速之间的变化规律。根据试验结果，可以绘出空载特性曲线，如图 3-2-2 所示。

从空载特性曲线可以看出，随着转速的升高，端电压上升较快，由他励转入自励发电时，即能向蓄电池进行补充充电。空载特性是判定交流发电机充电性能是否良好的重要依据。

3. 外特性

交流发电机的外特性是指转速保持一定时，发电机的端电压与输出电流之间的关系。在经不同恒定转速的试验后，可以绘出一组相似的外特性曲线，如图 3-2-3 所示。

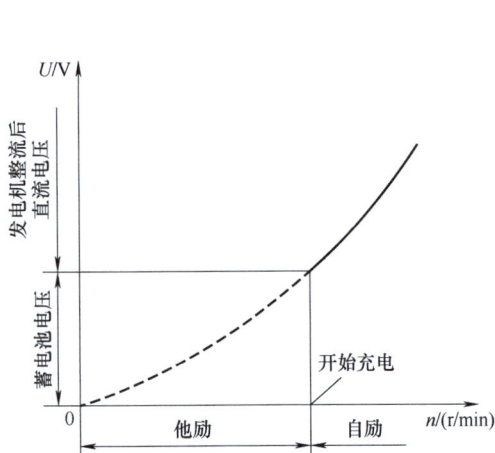

图 3-2-2 交流发电机的空载特性曲线

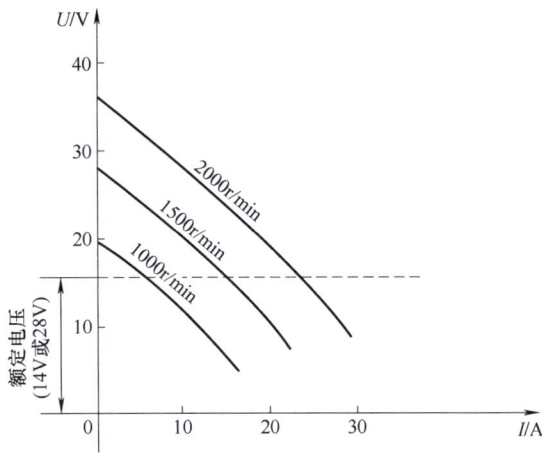

图 3-2-3 交流发电机外特性曲线

从外特性曲线可以看出，交流发电机的转速越高，端电压也越高，输出电流也越大。转速对端电压的影响较大。

当保持在某一转速时，端电压均随输出电流的增大而相应下降，端电压受转速和负荷变化的影响较大。

当发电机处于正常工作状态、高速运转时，如果突然失去负荷，其端电压会沿着外特性曲线急剧升高，这时发电机中的硅二极管以及调节器中的电子元件将有被击穿的危险。因此，应避免外电路短路现象的发生。

基于以上要求，发电机必须配备用来调节电压的装置，该装置称为发电机电压调节器。电压调节器可以保证交流发电机输出电压不受转速和用电设备变化的影响，使其保持稳定，以满足用电设备的需要。

二、发电机电压调节器的工作原理

由交流发电机的工作原理可知，交流发电机三相绕组产生的相电动势有效值为

$$E = Cn\Phi$$

交流发电机所产生的感应电动势 E 与转子转速 n 和磁极磁通 Φ 成正比，C 为结构常数。

可知：当转速 n 升高时，E 增大，发电机输出的端电压升高，当转速升高到一定值时，输出端电压达到限定值。

对于励磁发电机，要想使发电机的输出电压不再随转速的升高而上升，只能通过减小磁通 Φ 来实现。又因磁极磁通 Φ 与励磁电流 I_f 成正比，所以减小磁通 Φ 也就是减小励磁电流 I_f。如图 3-2-4 所示：当发电机转速升高时，调节器通过减小发电机励磁电流 I_f 来减小磁通 Φ，使发电机的输出电压 U_B 保持不变；当发电机的转速降低时，调节器通过增大发电机的励磁电流 I_f 来增加磁通 Φ，使发电机的输出电压保持不变。

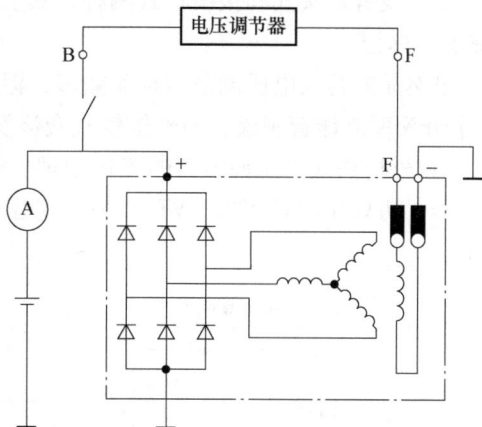

图 3-2-4　交流发电机电压调节器的工作原理图

三、交流发电机电压调节器的分类

1. 电磁振动式电压调节器

电磁振动式电压调节器又称为触点式电压调节器或机械式电压调节器，如图 3-2-5 所示。

电磁振动式电压调节器根据发电机发电电压控制触点 K_1 和 K_2 的断开与闭合，控制流过发电机励磁线圈的励磁电流大小，从而控制发电机发出的电压高低。

电磁振动式电压调节器因带有触点，结构复杂，电压调节精度低，触点火花对无线电干扰大，逐渐被淘汰。

2. 晶体管式电压调节器

晶体管式电压调节器的优点是可通过较大的励磁电流，适合于功率较大的发电机。电压调节精度高，对无线电干扰小，体积小，无运动件，耐振动，故障少，可靠性高。

晶体管式电压调节器结构简单，故障少，工作可靠；用晶体管开关取代了电磁振动式电压调节器的机械部件和触点，不存在机械惯性和电磁惰性，开关时间短，速度快，响应好，可使发电机输出电压稳定，脉动小；无触点火花，寿命长。

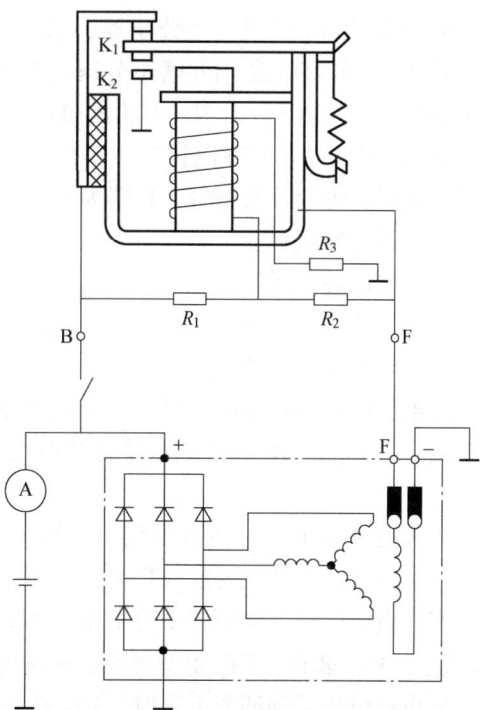

图 3-2-5　电磁振动式电压调节器

晶体管式电压调节器是利用晶体管的开关特性来控制发电机的励磁电流，使发电机的输出电压保持稳定。晶体管式电压调节器一般由 2～4 个晶体管，1～2 个稳压二极管和一些电阻、电容、二极管等组成，焊接在印制电路板上，然后用铝合金外壳或钢板外壳封闭而成。

引出线有插头式和接线板式两种，其上分别标有"＋"（点火）、"－"（搭铁）和"F"（磁场）标记。

虽然晶体管式电压调节器种类繁多，但其工作原理基本相同。晶体管式电压调节器大多采用 NPN 型晶体管制成，与外搭铁式交流发电机匹配。

1）外搭铁式电压调节器的工作原理。外搭铁式电压调节器的基本电路由三只电阻 R_1、R_2、R_3，两只晶体管 VT_1、VT_2，一只稳压二极管 VS 和一只二极管 VD 组成，如图 3-2-6 所示。

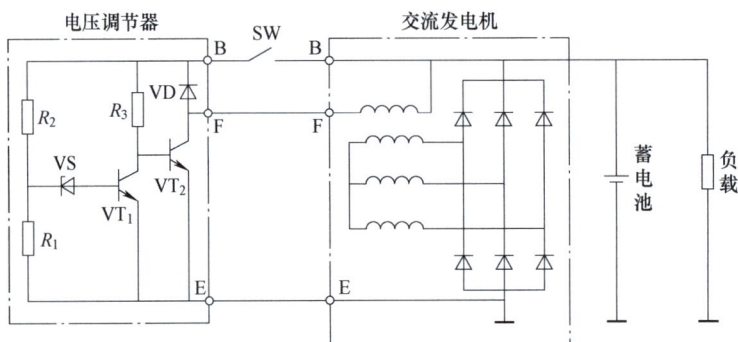

图 3-2-6 外搭铁式电压调节器的工作原理图

电阻 R_1 和 R_2 组成一个分压器，稳压二极管 VS 是感受器件，串联在 VT_1 的基极电路中，并通过 VT_1 的发射结并联于分压电阻 R_1 的两端，以感受发电机的输出电压；VT_2 是大功率晶体管（NPN 型），和发电机的磁场绕组串联，起开关作用，用来接通与切断发电机的励磁电路；VT_1 是小功率晶体管（NPN 型），用来放大控制信号；VD 是续流二极管；磁场绕组由接通转为断开状态时（F 端为 ＋，B 端为 －），经二极管 VD 构成放电回路，防止晶体管 VT_2 被击穿损坏。

其工作原理如下：

点火开关 SW 接通，发电机电压 U_B ＜蓄电池端电压时，VT_1 截止，VT_2 导通，此时由蓄电池供给磁场电流。随着发动机的起动，发电机转速升高，发电机他励发电，电压上升。

发电机电压虽然升高，但如果蓄电池端电压 ＜发电机输出电压 U_B ＜调节上限时，VT_1 继续截止，VT_2 继续导通。此时的磁场电流由发电机供给，发电机电压随转速升高迅速升高。

当发电机电压升高到等于调节上限 U_2 时，电压调节器开始工作。电阻 R_1、R_2 分压，$U_{R_1} = U_{VS} + U_{be1}$，VS 导通，$VT_1$ 导通，VT_2 截止，磁场电路被切断，发电机输出电压迅速下降。当发电机电压下降到等于调节下限 U_1 时，电阻 R_1、R_2 分压减小，当 $U_{R_1} ＜ U_{VS} + U_{be1}$，VS 截止，$VT_1$ 截止，VT_2 重新导通，磁场电路重新被接通，发电机电压上升。

发电机电压升到调节上限时，VT_2 就截止，磁场电路被切断，输出电压下降；降到等于调节下限 U_1 时，磁场电路被接通，发电机电压上升，周而复始，发电机输出电压被控制在一定范围内。

因为晶体管 VT_2 的状态转换（导通和截止）频率很高，所以配装电压调节器的发电机的输出电压上限 U_2 和下限 U_1 的差值很小，因此发电机的输出电压波动也非常小，再加上电容的滤波，所以发电机的输出电压很稳定。

2）内搭铁式电压调节器的工作原理。内搭铁式电压调节器基本电路的特点是晶体管 VT_1、VT_2 采用 PNP 型，发电机的励磁绕组连接在 VT_2 的集电极和搭铁端之间，与外搭铁式电路显著不同，但电路工作原理和结构与外搭铁式电压调节器类似，如图 3-2-7 所示。

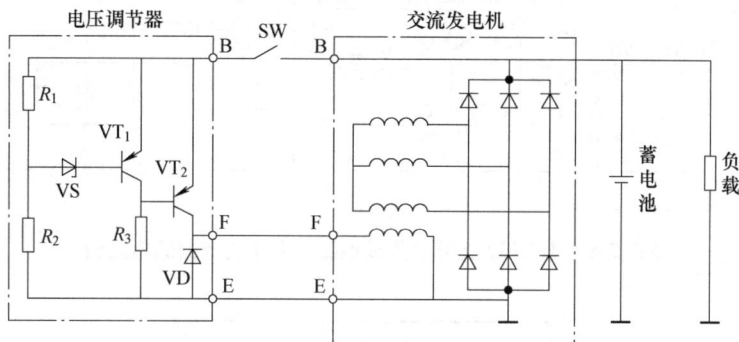

图 3-2-7　内搭铁式电压调节器的工作原理图

3. 集成电路式电压调节器

集成电路式电压调节器也称为 IC 电压调节器，它具有体积小、重量轻、调压精度高（为 ±0.3V，而电磁振动式电压调节器为 ±0.5V）、耐振动、耐高温、寿命长，可以直接装在交流发电机内，接线简单等优点，所以被广泛用于现代汽车交流发电机上。

集成电路式电压调节器有两种类型，即全集成电路电压调节器和混合集成电路电压调节器，全集成电路是把晶体管、二极管、电阻和电容等同时印制在一块硅基片上；混合集成电路是指由厚膜或薄膜电阻与集成的单片芯片或分立元件组装而成，目前使用最广泛的是厚膜混合集成电路电压调节器。

（1）集成电路式电压调节器的工作原理　集成电路式电压调节器的基本工作原理与晶体管式电压调节器完全一样，都是根据发电机的电压信号（输入信号），利用晶体管的开关特性控制发电机的励磁电流，进而实现稳定发电机输出电压的目的。集成电路式电压调节器也有内、外搭铁之分，而且以外搭铁式居多。

（2）集成电路式电压调节器实例　JFT152 型混合集成电路式电压调节器体积很小，通过安装板可直接安装在交流发电机的电刷架上。它由外壳、安装板和电路板三部分组成，如图 3-2-8 所示。

现在有的轿车采用车载计算机直接控制交流发电机励磁电路，控制发电机的输出电压，因而省去了电压调节器。

四、卡罗拉轿车发电机及电压调节器

卡罗拉轿车发电机上采用的就是集成电路式电压调节器，其电路图如图 3-2-9 所示。

从图 3-2-9 可以看出，卡罗拉轿车发电机主要由三相同步交流发电机、硅二极管整流器和集成电路式电压调节器组成。三相同步交流发电机采用星形联结，发出的电压经过硅二极管整流后高电位接蓄电池正极并给集成电路式电压调节器进行供电，整流后的低电位直接搭铁。集成电路式电压调节器可以通过控制三相同步交流发电机的励磁电流来控制发电的电

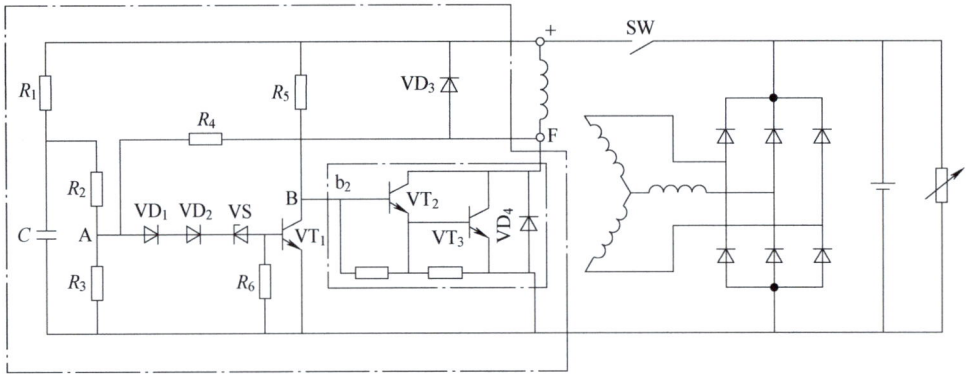

图 3-2-8　JFT152 型混合集成电路式电压调节器的电路图

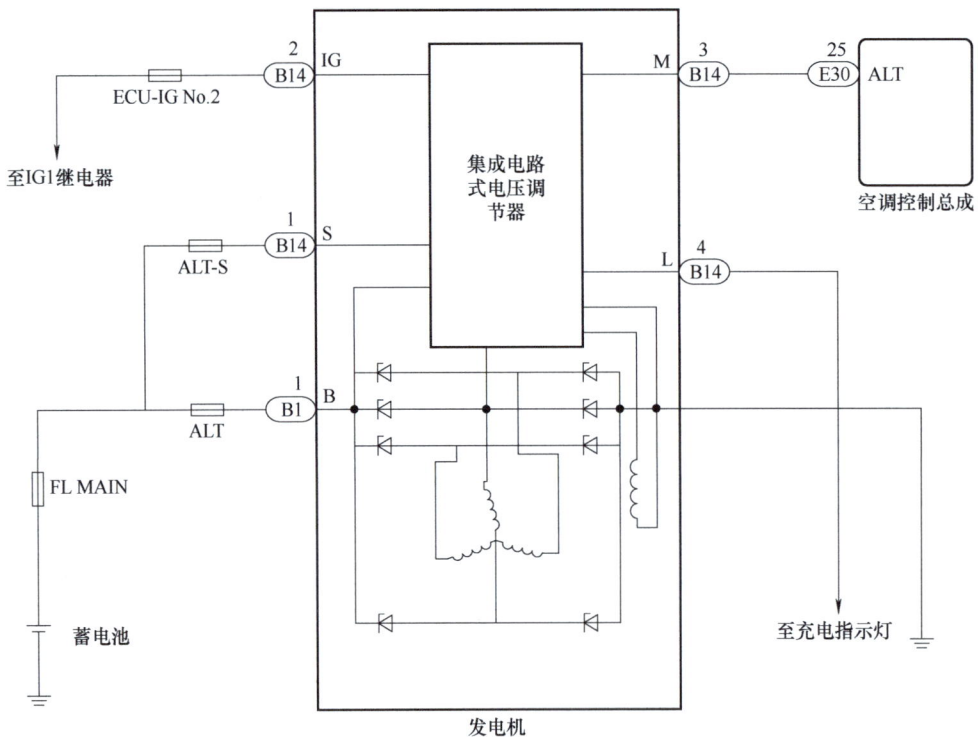

图 3-2-9　卡罗拉轿车发电机及电压调节器

压，使其稳定在 14.7V 左右，并给充电指示灯信号，使其将充电系统的状况反应在仪表板上。

五、电压调节器的型号

根据 QC/T 73—1993《汽车电气设备产品型号编制方法》的规定，汽车交流发电机电压调节器的产品型号由以下五部分组成：

1	2	3	4	5

第 1 部分为产品代号。交流发电机电压调节器的产品代号有 FT 和 FTD 两种，分别表示发电机电压调节器和电子式发电机电压调节器（字母 F、T、D 分别为发、调、电的汉语拼音第一个字母）。

第 2 部分为电压等级代号。该代号与交流发电机相同，电压等级代号用一位阿拉伯数字表示。1 表示 12V 系统，2 表示 24V 系统，6 表示 6V 系统。

第 3 部分为结构形式代号。用 1 位阿拉伯数字表示。1 表示单联（触点式），2 表示双联（触点式），3 表示三联（触点式），4 表示晶体管式（电子式），5 表示集成电路式（电子式）。

第 4 部分为设计序号。按产品设计先后次序，用 1~2 位阿拉伯数字表示。

第 5 部分为变型代号。用汉语拼音大写字母 A、B、C……顺序表示（不能用 O 和 I）。

例如，TT126C 表示 12V 双联电磁振动式电压调节器，第 6 次设计，第 3 次变型。

实践技能

一、电压调节器的检测

晶体管式电压调节器因为有内搭铁和外搭铁之分，所以应先判断其搭铁形式，然后检测电压调节器的好坏，可用试灯或万用表进行检测。

1. 电压调节器搭铁类型的判别

对于 12V 的电压调节器，用一个 12V 的蓄电池和两个 12V、2W 的小灯泡按图 3-2-10 所示接线。

如果接在 "－E" 与 "F" 接线柱之间的灯泡发亮，而接在 "＋B" 与 "F" 接线柱之间的灯不亮，即 HL$_2$ 亮，HL$_1$ 不亮，该电压调节器为内搭铁式；反之，HL$_2$ 不亮，HL$_1$ 亮，该电压调节器为外搭铁式。如果电压调节器是四个引出端（D＋、B、F、D－），试验时，可将 D＋ 与 D－ 短接，再进行

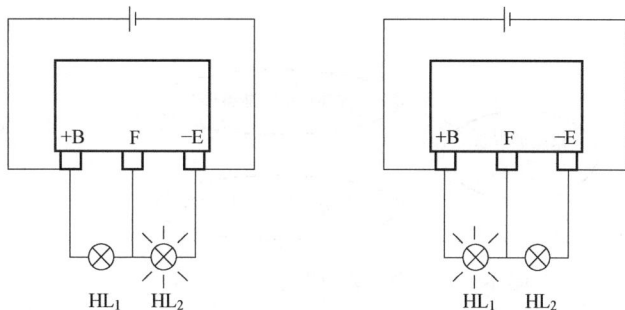

图 3-2-10　判断晶体管式电压调节器搭铁类型

测试；如电压调节器有五个引出端（D＋、B、F、D－、L），将 L 端悬空，并将 D＋ 与 B 短接，再按上述方法试验即可。

2. 电压调节器好坏的判别

准备一个输出电压为 0~30V，电流为 3~5A 的可调稳压电源，电路连接好后，由 0V 逐渐调高直流电源电压，此时一个小灯泡的亮度应随电压升高而增强，当电压调高到电压调节器电压值（12V 系统为 13.5~14.5V，24V 系统为 27~29V）或者略高于电压调节器电压值时，若亮的灯变暗，两个灯亮度相近，则电压调节器是好的；若一个灯始终发亮，或两个小灯始终同样亮，则电压调节器是坏的。

晶体管式电压调节器出现故障后，一般更换新件。

3. 集成电路式电压调节器的检测

1）集成电路式电压调节器技术状态好坏的检测方法与晶体管式电压调节器相同。

2）集成电路式电压调节器管压降的检测：电压调节器管压降大小说明其质量优劣，如管压降过大（大于1.5V），磁场电流就会减小，功率管的耗散功率就会增大，不仅会使发电机输出功率降低，而且会使电压调节器的使用寿命大大缩短。

图3-2-11为桑塔纳轿车用电压调节器管压降的检测电路。

接通开关S，调节可变电阻R使电流表的读数为4A时，电压表的读数不应大于1.5V。

集成电路式电压调节器出现故障后，只能更换。有些车的集成电路式电压调节器与电刷组件做成一个总成，不可分离，只能与电刷组件一同更换。

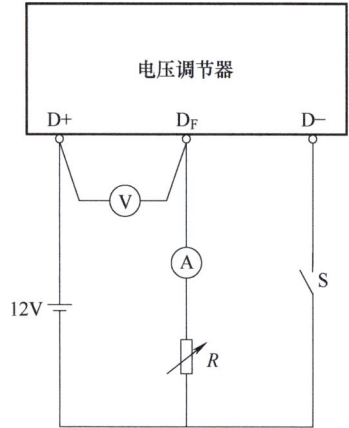

图3-2-11　桑塔纳轿车用
电压调节器管压降的检测电路

二、电压调节器故障分析

电压调节器一般的故障点如图3-2-12所示。

电压调节器出现故障时，会出现不充电、充电电流过小、充电电流过大和充电不稳等现象，如图3-2-13所示。

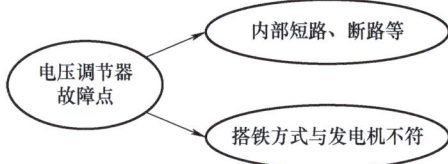

图3-2-12　电压调节器故障点

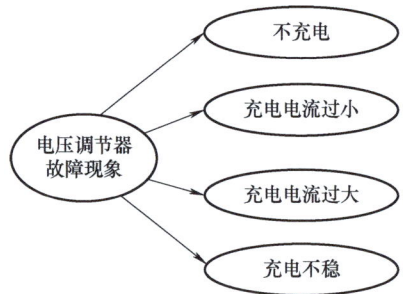

图3-2-13　电压调节器故障现象

情境分析

1. 故障现象

一辆丰田卡罗拉轿车，在车辆使用过程中，车灯特别亮，易烧坏灯泡。

2. 故障诊断与排除

1）打开点火开关，起动发动机，保持中转速以上运转。

2）用万用表测量发电机输出电压，发现电压为15.5V。

3）关闭发动机，拆卸发电机。

4）拆解发电机，并检测磁场线圈是否搭铁，经检测，未搭铁。

5）按照集成电路式电压调节器的检查方法进行检查，发现电压表的读数为15.5V，判断其损坏。

6）更换发电机，发动机中高速运行，用万用表检测发电机输出电压为 14.5V。

7）检查灯光，正常，故障排除。

8）整理工具，清洁场地。

3. 故障原因分析

经拆解发现，丰田卡罗拉轿车发电机电压调节器损坏，导致车上充电电流大，电压高，因此车灯亮，且易烧坏。

学习小结

1）晶体管式电压调节器利用晶体管的开关特性来控制发电机的励磁电流，使发电机的输出电压保持稳定。

2）晶体管式电压调节器因为有内搭铁和外搭铁之分，所以应先判断其搭铁形式，然后检测电压调节器的好坏，可用试灯或万用表进行检测。

学习单元3.3 充电指示灯常亮故障诊断

情境导入

一辆丰田卡罗拉轿车，发动机起动后，充电指示灯常亮。经检查发现发电机不发电，从而使充电指示灯常亮。更换发电机后，故障排除。

学习目标

1. 能通过与客户交流、查阅相关维修技术资料等方式获取车辆信息。
2. 能自行查阅与故障有关的资料。
3. 能正确地选择诊断设备对电源系统电路及各个部件进行检查。
4. 能正确地记录、分析各种检查结果并做出故障判断。
5. 能进行针对充电指示灯常亮的故障进行零部件的更换。

理论知识

一、充电指示灯及其控制电路

目前，国内许多汽车的仪表板上都装有充电指示灯，以指示发电机的工作情况。但是由于控制方式不同，显示的意义也有所不同。大多数汽车接通点火开关时，充电指示灯亮，而发动机起动后，交流发电机工作正常时，充电指示灯熄灭。发动机正常工作时，充电指示灯不熄灭或突然发亮，表示充电系统有故障。

一般充电指示灯典型控制电路有以下四种：

1. 通过充电指示灯继电器控制

国产 FT126 型电压调节器电路就是通过充电指示灯继电器进行控制的。如图 3-3-1 所示，图中 K_2 为继电器动触点，控制充电指示灯的亮、灭。

起动时，接通点火开关 S，充电指示灯 HL 亮，表示不充电。起动后，发电机电压升高，当电压达到充电电压时，由他励转为自励，在发电机中性点电压作用下，线圈 Q 的吸力使继电器动作，K_1 闭合，K_2 断开，充电指示灯熄灭，表示发电机工作正常。同时，K_1 闭合，电压调节器线圈通电，使发电机输出电压保持在一定范围内。

2. 通过起动复合继电器控制

为了在发动机起动后，使起动机自动停转并保证不再接通起动机电路，有些汽车采用了起动复合继电器。东风小霸王厢式货车就是采用的这种控制方式，如图 3-3-2 所示。K_2 为了保护继电器动断触点，除对起动机进行锁止外，还用来控制充电指示灯的亮、灭。Q_2 为了保护继电器电磁线圈，承受发电机中性点电压；充电指示灯 HL 亮表示不充电。

起动时，保护继电器触点 K_2 闭合，充电指示灯亮，起动后电压升高到一定值后，K_2 断开，充电指示灯灭，表明发电机工作正常。当运行中充电系统有故障，中性点电压低于一定

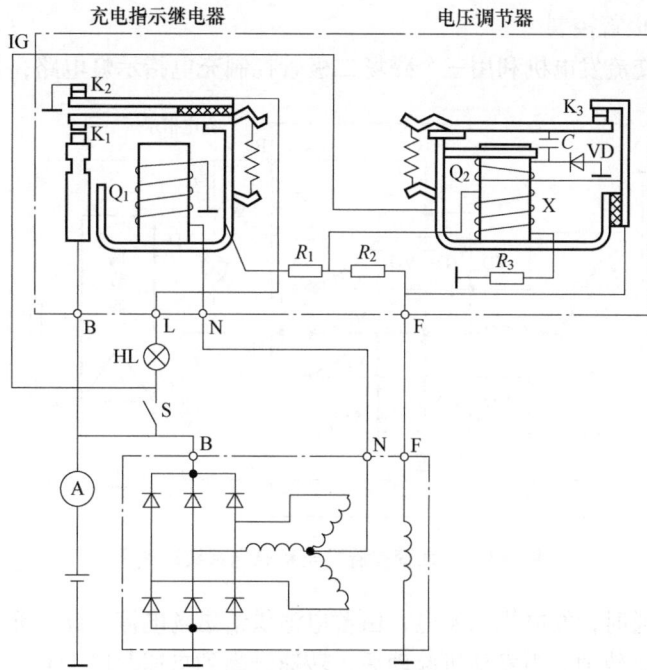

图 3-3-1　FT126 型电压调节器的电路图

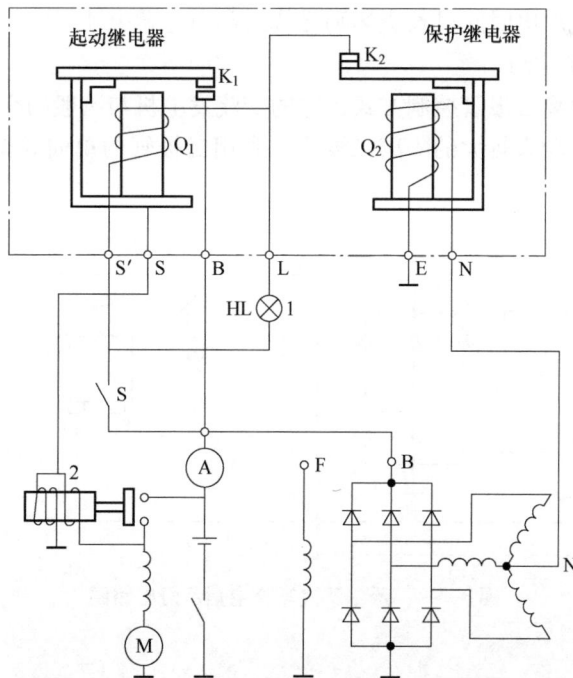

图 3-3-2　起动复合继电器充电指示灯控制电路图

值时，K₂ 闭合，充电指示灯亮。

3. 通过磁场二极管控制

九管和十一管交流发电机利用三个磁场二极管控制充电指示灯电路，如图 3-3-3 所示。

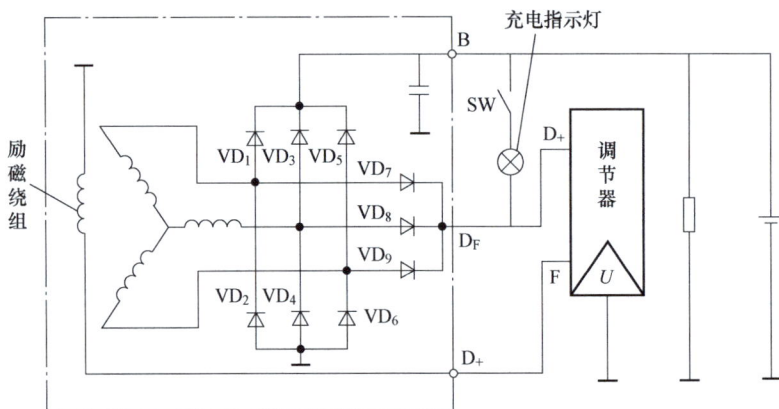

图 3-3-3　九管交流发电机充电系统电路图

当点火开关接通时，发电机未发电，由蓄电池供给磁场电流。此时充电指示灯亮，表示蓄电池放电，发电机他励。当发动机起动后，转速升高到怠速及以上时，发电机应能正常发电并对外输出，此时，磁场电流由发电机供给，发电机自励发电。若没有熄灭，说明发电机不发电或充电指示灯电路有故障。发动机熄火后，由于发电机不再发电，如果没有关断点火开关，蓄电池会通过磁场电路向励磁绕组放电，充电指示灯会再次发亮，可提醒驾驶人关断点火开关，避免蓄电池放电时间过长烧坏励磁绕组和引起蓄电池亏电。

4. 通过隔离二极管控制

沃尔沃汽车采用隔离二极管控制方式，它的交流发电机与一般的交流发电机相同，仅在充电电路中增加了一个功率较大的隔离二极管，利用二极管的单向导电性控制充电指示灯，其电路如图 3-3-4 所示。

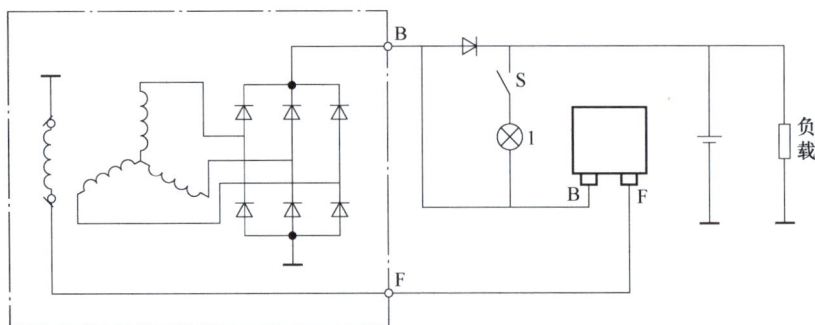

图 3-3-4　沃尔沃汽车充电指示灯电路图

其工作原理如下：

接通点火开关时，电流从蓄电池正极→点火开关 S→充电指示灯 1→电压调节器接线柱"B"→磁场接线柱"F"→励磁绕组→搭铁→蓄电池负极，构成回路，充电指示灯亮，并使发电机有较小的励磁电流。当发电机转速升高，输出电压超过蓄电池电压时，发电机自励，同时充电指示灯因两端电压差趋于零而熄灭。

二、丰田卡罗拉轿车充电指示灯电路

丰田卡罗拉轿车充电指示灯电路图如图 3-3-5 所示。

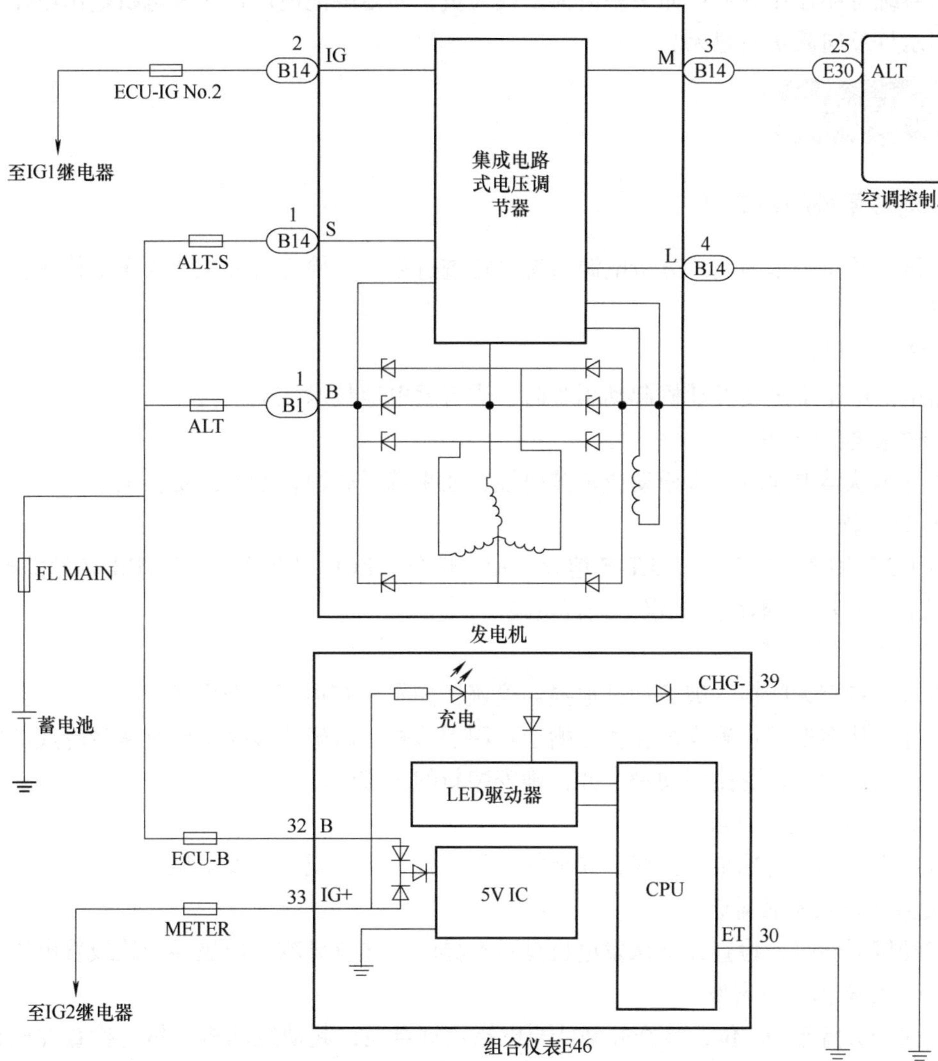

图 3-3-5　丰田卡罗拉轿车充电指示灯电路图

由图 3-3-5 可知，充电指示灯是一个发光二极管，具有单向导电性。其一端连接 IG2 继电器；另一段连接发电机集成电路式电压调节器输出端和 LED 驱动器。IG2 继电器的接通与断开受点火开关控制，当起动发动机后 IG2 继电器闭合，IG + 接线柱连接蓄电池正极，此处电位为蓄电池电位。充电指示灯有以下两种工作状态：

1. 自检状态

当闭合点火开关时，CPU 控制 LED 驱动器输出低电平使充电指示灯点亮，当汽车完成自检后，如电源系统无故障，CPU 控制 LED 驱动器输出高电平使充电指示灯熄灭。此过程是车辆自检过程。

2. 正常工作状态

当自检完毕后充电指示灯的亮或灭，取决于 IG + 接线柱处电压和发电机输出电压间的差值：如果差值为正，即蓄电池电压高于发电机发出的电压，此时充电指示灯亮起，警告驾驶人充电系统可能存在故障；如果差值为零或为负，即蓄电池电压低于发电机输出电压，此时充电指示灯反向截止而熄灭。

实践技能

一、电源系统的检查

以丰田卡罗拉轿车为例，分析电源系统的检查过程，该检查过程主要为车上检查，具体过程如下：

1. 检查蓄电池

当蓄电池电量不足或发动机起动困难时，进行蓄电池技术性能检查。

2. 检查蓄电池端子

检查并确认蓄电池端子未松动或未被腐蚀，如果端子腐蚀，清洁或更换端子。

3. 检查熔丝

测量 ECU- IG No. 2 熔丝、ALT- S 熔丝、ALT 熔丝、ECU- B 熔丝盒 METER 熔丝的电阻，标准电阻小于 1Ω，如不符合规定，进行更换。

4. 检查多楔带

检查多楔带有无磨损、破裂和其他损坏痕迹，如发现有损坏，需更换。

检查并确认多楔带正确安装在楔形槽中：用手检查，以确认多楔带没有从带轮底部的凹槽中滑脱，如已滑脱，更换多楔带，并正确安装新的多楔带。

5. 目测检查发电机配线

检查并确认配线情况是否良好，如果状态不正常，维修或更换发电机线束。

6. 检查发电机是否异响

当发动机运转时，检查并确认发电机是否有异响。如有异响，应更换带轮或发电机。

7. 检查充电指示灯电路

将点火开关置于 ON 位，检查并确认充电指示灯点亮；起动发动机，然后检查并确认灯已经熄灭。

8. 检查不带负载的充电电路

将电压表和电流表连接至充电电路，将发动机转速保持在 2000r/min，检查电流表和电压表的读数，标准电流为 10A 或更小，标准电压为 13.2 ~ 14.8V。如果不符合规定，更换发电机。

9. 检查带负载的充电电路

保持发动机转速在 2000r/min，打开远光灯将暖风鼓风机开关转至 HI 位置，检查电流表的读数，标准电流为 30A 或更大，如果电流表读数小于标准电流，更换发电机。

至此，电源系统的检查完毕。

二、充电指示灯故障点分析

充电指示灯故障可分为充电指示灯不亮、充电指示灯常亮、行驶时充电指示灯时亮时灭三种。

1. 充电指示灯不亮

当接通点火开关后充电指示灯不亮故障点分析如图 3-3-6 所示。

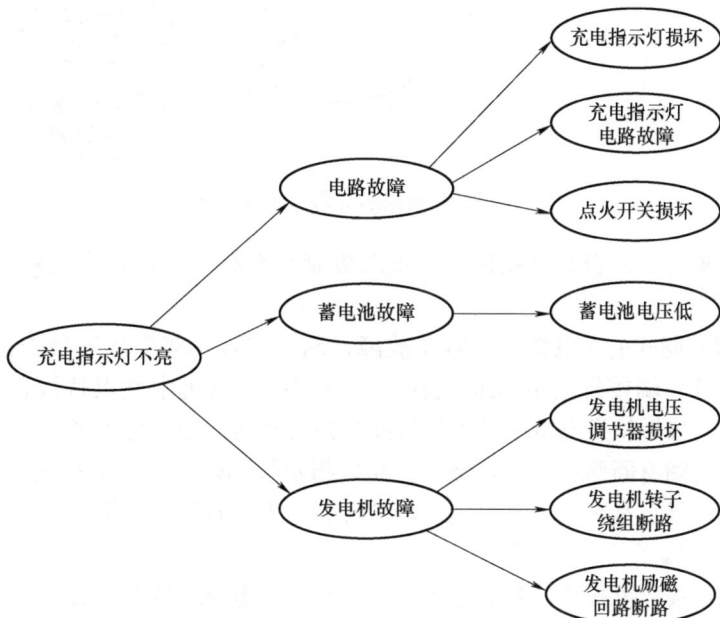

图 3-3-6 充电指示灯不亮故障点分析

发现充电指示灯不亮后，首先检查充电指示灯电路连接有无松脱，并重新连接好松脱部位；如无松脱，接通点火开关，可用试灯逐段进行检查；试灯一端搭铁，另一端接点火开关输入端，试灯不亮表明点火系统输入端之前断路或短路；该段灯亮表示正常。再将试灯接点火开关输入端，灯不亮表明点火开关损坏；灯亮表明点火开关正常。再将试灯接 "IG +" 接线柱检查，试灯不亮表明充电指示灯电路断路、短路或充电指示灯自身坏掉；灯亮表明发电机内部损坏、转子绕组断路或电压调节器损坏，根据以上检查结果，予以排除或更换新件。

2. 充电指示灯常亮

丰田卡罗拉轿车充电指示灯常亮故障点分析如图 3-3-7 所示。

对于丰田卡罗拉轿车充电指示灯常亮，首先检查发电机外部故障，检查无故障后，用万用表测量发电机输出电压，输出电压低则为发电机故障，输出电压正常，则检查 LED 驱动器是否故障。

对于其他形式的充电指示灯电路，检查如下：

（1）九管交流发电机充电指示灯常亮故障诊断 发动机起动后充电正常而指示灯不熄

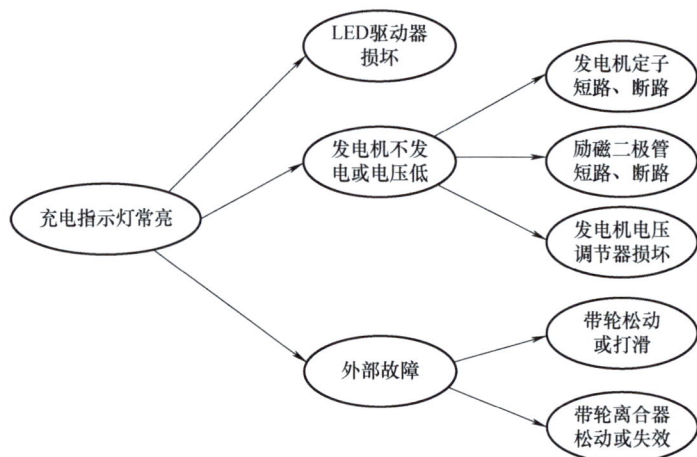

图 3-3-7　充电指示灯常亮故障点分析

灭，应检查发电机定子是否有单相搭铁，正二极管是否有一只短路或励磁二极管是否有短路、断路。

（2）继电器控制式的充电指示灯常亮故障诊断　先按不充电故障检查方法检查，若充电正常，可用试灯一端接发电机 B 接线柱；另一端接发电机中性点接线柱；若试灯微亮，充电指示灯熄灭，应拆检发电机中的中性接线柱是否断路；若试灯不亮，说明中性抽头到充电指示灯继电器线圈有断路；若试灯微亮，充电指示灯不熄灭，应拆检充电指示灯继电器，看弹簧是否过硬，触点是否烧结或脏污；若试灯亮，表明有负二极管击穿。

3. 行驶时充电指示灯时亮时灭

可按照充电不稳故障检查。若充电正常，可检查充电指示灯继电器至发电机中性接线柱引线是否接触不良，有关插接器是否松动。

三、驾驶时充电指示灯亮的检查

以丰田卡罗拉轿车为例，当驾驶时充电指示灯亮应进行如下操作：

1. 检查发电机带轮多楔带是否松动

起动发动机目视检查多楔带是否抖动过大，停车后用手指向下拉多楔带，检查多楔带是否松动，如松动需更换多楔带。未松动，进行下一步操作。

2. 检查发电机离合器带轮锁止

起动发动机并目视检查离合器带轮是否松动。正常情况下离合器带轮不松动，如离合器带轮松动，将发电机离合器带轮紧固到规定转矩。

3. 检查发电机离合器带轮的锁止功能

首先进行就车检查，在发动机起动的情况下目视检查并确认发电机转子的工作情况，如未发现故障，拆下发电机带轮盖，用专用工具固定发电机转子，然后顺时针转动离合器带轮，检查并确认外锁环锁止。如不能锁止，更换发电机离合器带轮。

如经以上操作，未发现异常，则判断故障在发电机侧。

4. 检查发电机输出电压

用万用表检查发电机输出电压，判断为发电机故障后，更换发电机。

情境分析

1. 故障现象

一辆丰田卡罗拉轿车，发动机起动后，充电指示灯常亮。请根据故障现象制订正确的维修计划，并排除故障。

2. 故障诊断与排除

1）打开点火开关，起动发动机，充电指示灯亮。

2）停机后打开发动机舱盖，对发电机进行检查。

3）检查发动机多楔带和带轮，发现多楔带及带轮工作正常。

4）起动发动机，用万用表检测发电机输出电压，电压为零，判定为发电机损坏。

5）经检测发电机不发电，更换发电机后，故障消除。

6）整理工具，清洁场地。

3. 故障原因分析

经拆解发现发电机接励磁绕组的电刷磨损严重，与集电环之间不导通，使发电机无法励磁，导致发电机不发电，从而使充电指示灯常亮。

学习小结

1）大多数汽车接通点火开关时，充电指示灯亮，而发动机起动后，交流发电机工作正常时，充电指示灯熄灭。发动机正常工作时，充电指示灯不熄灭或突然发亮，表示充电系统有故障。

2）充电指示灯故障可分为充电指示灯不亮、充电指示灯常亮、行驶时充电指示灯时亮时灭三种。

3）当接通点火开关后充电指示灯不亮，主要有电路故障、蓄电池故障和发电机故障三类。

起动系统的检修

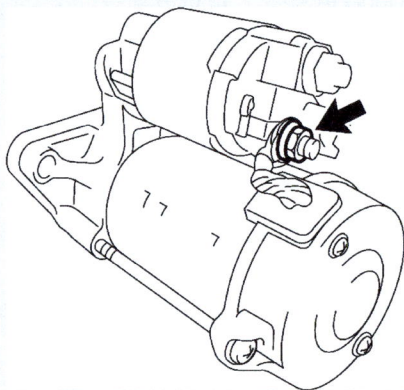

学习单元4.1　起动机的拆检

情境导入

　　一辆丰田卡罗拉轿车,当点火开关转动到起动位置时,可听到明显的齿轮撞击声,发动机难以起动。经检查,起动机发生故障,更换起动机后故障排除,正常起动。

学习目标

1. 能通过与客户交流、查阅相关维修技术资料等方式获取车辆信息。
2. 能正确理解起动系统的功能,掌握起动系统的检修步骤。
3. 能正确地记录、分析各种起动机的运转情况,分析起动机的故障原因。
4. 能按照正确的操作规范进行起动机的更换。
5. 能正确地检查起动机故障的修复质量。
6. 能根据环保要求,正确处理损坏的零部件。

理论知识

一、起动系统的作用及组成

　　起动系统的作用是供给发动机曲轴起动转矩,使发动机曲轴达到必需的起动转速,以便使发动机进入自行运转状态。当发动机进入自行运转状态后,起动系统立即停止工作。

　　发动机常用的起动方式有人力起动、辅助汽油机起动和电力起动机起动等。

　　大多数车型已经取消人力起动,只有部分车型将人力起动作为后备使用。

　　辅助汽油机起动是以小型汽油机为动力来起动发动机,只在早期生产的大型拖拉机和少数重型柴油汽车上采用。

　　电力起动机起动是由直流电动机通过传动机构将发动机起动,具有操作简单、起动迅速可靠、重复起动能力强等优点。目前,绝大多数汽车都采用电力起动机起动。

　　电力起动系统由蓄电池、起动机和起动控制电路等组成,如图4-1-1所示。起动机安装在汽车发动机飞轮壳的座孔上,用螺栓紧固;起动控制电路包括起动按钮或开关、起动继电器等。

　　起动机在点火开关或起动按钮控制下,将蓄电池的电能转化为机械能,通

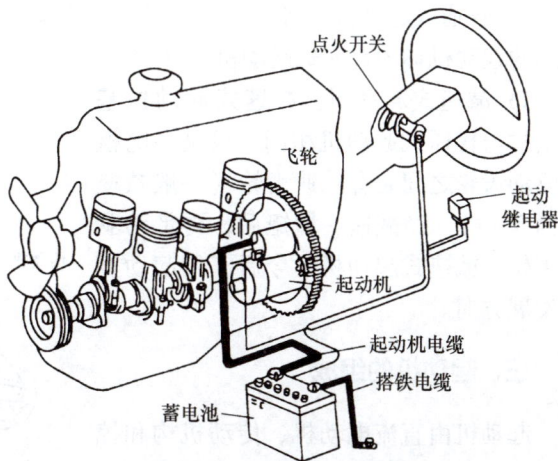

图 4-1-1　起动系统的组成

过飞轮齿圈带动发动机曲轴转动。为了增大转矩便于起动，起动机与曲轴的齿轮连接有较大的传动比：汽油机起动机与曲轴的传动比一般为 13～17，柴油机一般为 8～10。

二、起动机的分类

车用起动机有以下多种分类方式：

1. 按励磁方式分

1）励磁式起动机：励磁式起动机靠励磁绕组和磁极铁心建立磁场，结构稍显复杂，但输出转矩和功率都很大，故应用极为广泛。

2）永磁式起动机：永磁式起动机以永磁材料作为磁极，取消了励磁式起动机中的励磁绕组和磁极铁心，结构简化，体积小，重量轻，并节省了金属材料。但永磁式起动机的功率一般较小，使用范围在一定程度上受到限制。

2. 按控制机构分

1）机械控制式起动机：机械控制式起动机由驾驶人利用脚踏（或手动）直接操纵机械式起动开关接通或切断起动电路，通常称为直接操纵式起动机。

2）电磁控制式起动机（也称为电磁操纵式起动机）：电磁控制式起动机由驾驶人旋动点火开关或按下起动按钮，通过电磁开关接通或切断起动电路。

3. 按啮合方式分

1）惯性啮合式起动机：惯性啮合式起动机的离合器靠惯性力的作用产生轴向移动，使驱动齿轮啮入或退出飞轮齿圈。由于可靠性差，现代汽车已不再使用。

2）强制啮合式起动机：强制啮合式起动机靠人力或电磁力经拨叉推移离合器，强制性地使驱动齿轮啮入或退出飞轮齿圈。因其具有结构简单、动作可靠和操纵方便等优点，故被现代汽车普遍采用。

3）电磁啮合式（转子移动式）起动机：电磁啮合式起动机靠电动机内部辅助磁极的电磁力，吸引转子做轴向移动，将驱动齿轮啮入飞轮齿圈，起动结束后再由回位弹簧使转子回位，让驱动齿轮退出飞轮齿圈，多用于大功率柴油机上。

4. 按传动机构分

1）普通式起动机：将电动机转子产生的起动力矩直接通过离合器、驱动齿轮传给飞轮齿圈的起动机称为普通式起动机。

2）减速式起动机：减速式起动机基本结构与普通式起动机相同，只是在电枢和驱动齿轮之间装有减速齿轮（一般减速比为 3～4），经减速、增矩后，再带动驱动齿轮。减速式起动机是今后车用起动机的发展方向。

三、起动机的组成

起动机由直流电动机、传动机构和控制机构三大部分组成，如图 4-1-2 所示。

直流电动机的作用是将蓄电池输入的

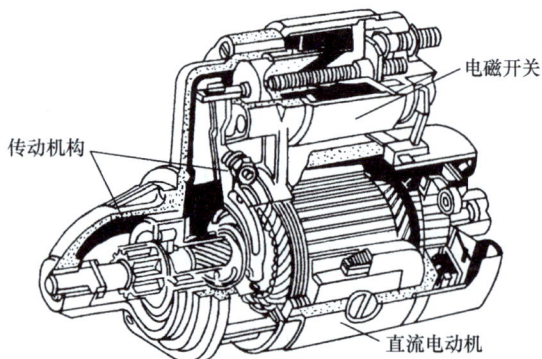

图 4-1-2　起动机的组成

电能转换为机械能，产生电磁转矩；传动机构的作用是利用驱动齿轮啮入发动机飞轮齿圈，将直流电动机的电磁转矩传给与发动机曲轴连接的飞轮，发动机起动后及时切断曲轴与直流电动机之间的动力传递，防止发动机反拖直流电动机；控制机构的作用是接通或切断起动机与蓄电池之间的主电路，并驱动小齿轮进入或退出啮合。有些起动机控制机构还有副开关，能在起动时将点火线圈附加电阻短路，以增大起动时的点火能量。

四、起动机用直流电动机

直流电动机是将电能转变为机械能的装置。

1. 直流电动机的工作原理

直流电动机根据载流导体在磁场中受到电磁力的作用而发生运动的原理工作。

如图 4-1-3 所示，在直流电动机的电刷 A、B 上外加直流电压，这时线圈中将有电流流过，其流向由电刷 B 经 d—c—b—a 到电刷 A，于是，载流导体在磁场中受到电磁力作用形成力矩（称为电磁转矩）使线圈转动。

由左手定则可以确定，电磁转矩使线圈顺时针转动。当线圈转过 180°时，线圈中的电流虽然改变了方向，即从 a 到 d，但线圈在磁场中的位置也相应发生了改变，电磁转矩方向也就不变，使线圈仍按原来的顺时针方向继续旋转。

为了增大电磁转矩并提高直流电动机转动的平稳性，直流电动机都采用了多组线圈和相应的换向片，同时用两对或数对磁极产生磁场。

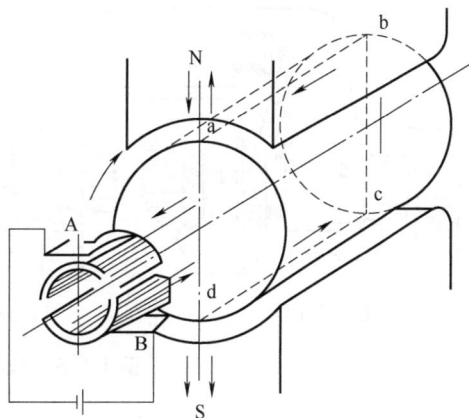

图 4-1-3　直流电动机的工作原理图

2. 直流电动机的组成

起动机的直流电动机主要由定子、转子、换向器、电刷及端盖等组成，如图 4-1-4 所示。定子也称为磁极，作用是产生磁场，分永磁式和励磁式两种；转子也称为电枢，作用是产生电磁转矩；电刷压紧在换向器上，实现换向的作用。端盖上有拨叉座和驱动齿轮行程调整螺钉，还有支撑拨叉的轴销孔。

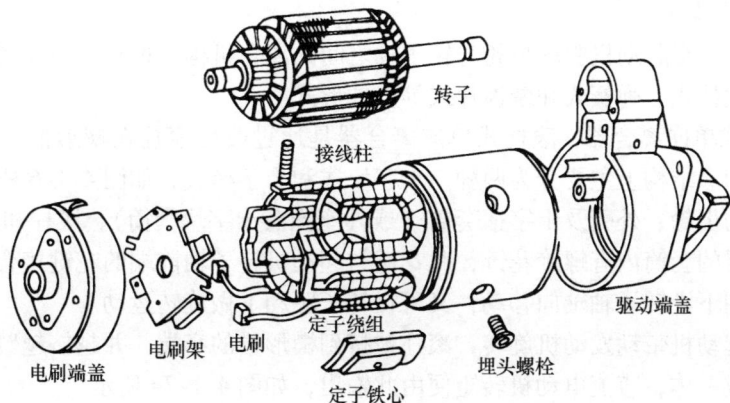

转子　接线柱　电刷架　电刷　定子绕组　埋头螺栓　驱动端盖　电刷端盖　定子铁心

图 4-1-4　起动机用直流电动机的结构

对于励磁式直流电动机，给定子通电励磁后，定子产生磁场；外部通过电刷给转子通电后，转子上的线圈在定子产生的磁场中受到力的作用后旋转，从而使直流电动机旋转。

五、起动机传动机构

起动机的传动机构安装在直流电动机转子的延长轴上，起动发动机时将驱动齿轮与转子轴连成一体，使发动机起动。在发动机起动后，驱动齿轮的转速超过转子轴的正常转速时，传动机构应使驱动齿轮与转子轴自动脱开，防止直流电动机超速。

1. 起动机的传动过程

一般起动机的传动机构包括驱动齿轮的单向离合器，减速式起动机的传动机构还包括减速装置。驱动齿轮与飞轮的啮合一般是靠拨叉强制拨动完成的，如图4-1-5所示。

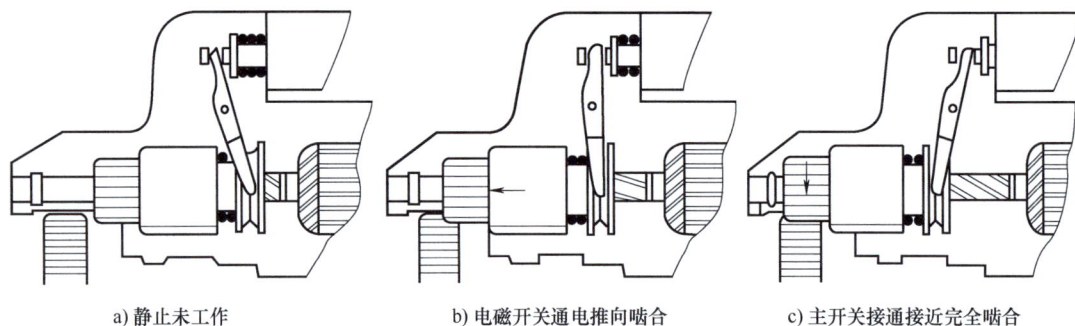

a) 静止未工作　　　　　　　b) 电磁开关通电推向啮合　　　　　　　c) 主开关接通接近完全啮合

图4-1-5　起动机驱动齿轮啮合过程

起动机不工作时，驱动齿轮处于图4-1-5a所示的位置；当需要起动时，拨叉在人力或电磁力的作用下，将驱动齿轮推出，与飞轮齿圈啮合，如图4-1-5b所示；待驱动齿轮与飞轮齿圈接近完全啮合时，起动机主开关接通，起动机带动发动机曲轴转动，如图4-1-5c所示。

发动机起动后，如果驱动齿轮仍处于啮合状态，单向离合器打滑，小齿轮在飞轮带动下空转，直流电动机处于空载下旋转，避免了被飞轮反拖高速旋转的危险。

起动完毕后，起动机拨叉在回位弹簧的作用下回位，带动驱动齿轮退出飞轮齿圈的啮合。

2. 超速保护装置

超速保护装置是起动机驱动齿轮与转子轴之间的离合机构，也称为单向离合器。常用的单向离合器有滚柱式、弹簧式和摩擦片式等多种形式。

（1）滚柱式单向离合器　滚柱式单向离合器是通过改变滚柱在楔形槽中的位置实现传动接合和分离的。结构上主要分为两种，十字块式和十字槽式，如图4-1-6所示。滚柱式单向离合器由驱动齿轮、外壳及十字槽套筒（或外座圈及十字块套筒）、滚柱和弹簧等组成。

单向离合器的套筒内有螺旋花键，此花键与起动机转子轴前端的花键接合。单向离合器既可在拨叉作用下沿转子轴轴向移动，又可在转子驱动下做旋转运动。

起动时，起动机带动发动机旋转，滚柱被挤到楔形槽的窄端，并越挤越紧，使十字块与驱动小齿轮形成一体，直流电动机转矩便由此输出，如图4-1-7a所示。

发动机起动后，当飞轮线速度超过驱动小齿轮线速度时，飞轮便带转子旋转，此时滚柱

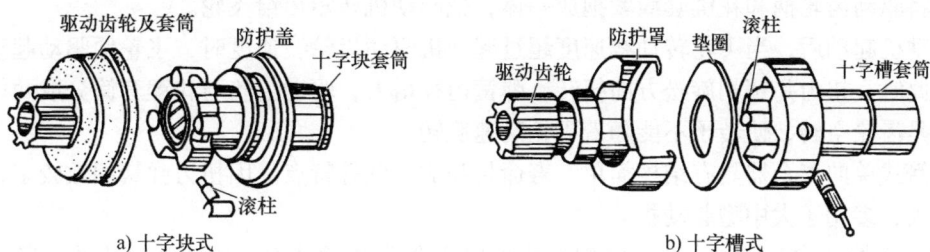

图 4-1-6　滚柱式单向离合器

a) 十字块式　　　　b) 十字槽式

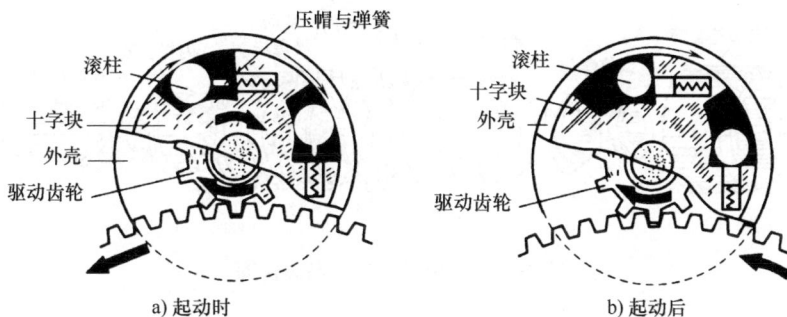

图 4-1-7　滚柱式单向离合器的工作原理图

a) 起动时　　　　b) 起动后

被推到楔形槽宽端，出现了间隙。十字块和驱动小齿轮便开始打滑，如图 4-1-7b 所示，于是齿轮空转，起到了保护转子的作用。

滚柱式单向离合器工作时属于线接触传力，所以不能传递大转矩，一般用于小功率（2kW 以下）的起动机上，否则滚柱易变形、卡死，造成单向离合器分离不彻底。由于它结构简单，目前广泛应用于汽油发动机上。

丰田卡罗拉轿车所用的起动机上采用的是滚柱式单向离合器，如图 4-1-8 所示。

（2）弹簧式单向离合器　弹簧式单向离合器是通过扭力弹簧的径向收缩和放松来实现接合和分离的，如图 4-1-9 所示。

驱动齿轮与花键套筒间采用浮动的圆弧定位键相连接。齿轮后端传力圆柱表面的花键套筒外圆柱面上包有扭力弹簧。扭力弹簧两端各有 1/4 的圆内径较小，并分别箍紧在齿轮柄和套筒上，扭力弹簧外装有保护套。

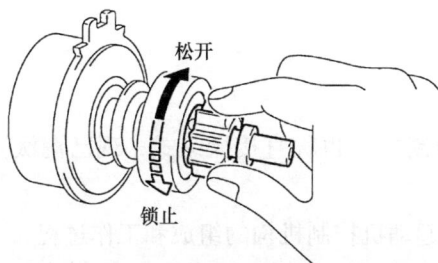

图 4-1-8　卡罗拉轿车起动机单向离合器

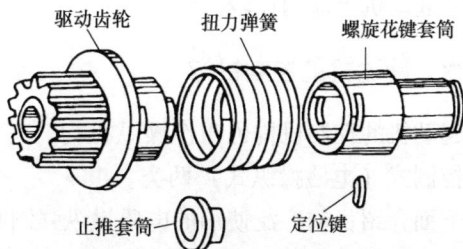

图 4-1-9　弹簧式单向离合器

当起动机带动发动机转动时，扭力弹簧朝卷紧方向扭转，弹簧内径变小。扭力弹簧借助摩擦力将驱动齿轮柄和花键套筒紧抱成一体，把起动机转矩传给飞轮。

发动机起动后，当飞轮转动线速度超过起动机驱动齿轮线速度时，飞轮便驱动起动机小齿轮。此时，扭力弹簧朝旋松方向扭转，弹簧内径增大，驱动齿轮与花键套筒分成两体而打滑，于是齿轮空转，使转子不能随着飞轮高速旋转。

弹簧式单向离合器具有结构简单、寿命长和成本低等特点。因扭力弹簧圈数较多，轴向尺寸较大，多用于大中型起动机。

（3）摩擦片式单向离合器 摩擦片式单向离合器是通过主、从动摩擦片的压紧和放松来实现接合和分离的，如图4-1-10所示。

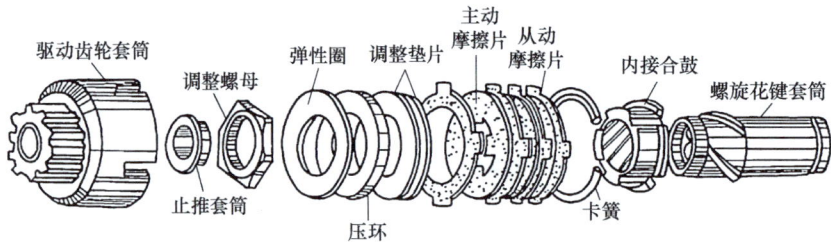

图4-1-10　摩擦片式单向离合器

离合器的花键套筒通过四条内螺纹与转子花键轴相连接，花键套筒又通过三条外螺纹与内接合鼓相连接。主动摩擦片内齿卡在内接合鼓的切槽中，组成了离合器的主动部分。外接合鼓和驱动齿轮是一个整体，带凹坑的从动摩擦片外齿卡在外接合鼓的切槽中，形成了离合器的从动部分。主、从动摩擦片交错安装，并通过特殊螺母、弹性圈和压环纤维，在压环和摩擦片之间装有调整垫片。

当起动机带动发动机曲轴转动时，内接合鼓沿花键套筒上的螺旋花键向飞轮方向旋进，将摩擦片压紧，把起动机转矩传给发动机。

发动机起动后，当飞轮以较高的转速带动驱动齿轮旋转时，内接合鼓沿螺旋花键退出，摩擦片打滑，使齿轮空转而转子不跟着飞轮高速旋转。

当直流电动机超载时，弹性圈在压环凸缘的压力作用下弯曲变形，当弯曲到内接合鼓的左端顶住了弹性圈的中心部分时，即限制了内接合鼓继续向左移动，离合器便开始打滑，从而避免因负荷过大而烧毁直流电动机，实现了过载保护。

摩擦片式单向离合器传递的最大转矩可通过增减调整垫片进行调整。但结构较复杂，在大功率起动机上应用比较广泛。

六、起动机的控制机构

起动机的控制机构也叫作操纵机构，有机械控制式（也称直接操纵式，现已淘汰）和电磁控制式（电磁操纵式）两类。

下面介绍目前广泛使用的电磁操纵强制啮合式起动机控制机构的组成和工作过程。

电磁操纵强制啮合式起动机电路原理图如图4-1-11所示。

控制机构由电磁开关、拨叉等组成；电磁开关由吸拉线圈、保持线圈、活动铁心、主开关接触盘及回位弹簧等组成；其中，吸拉线圈与直流电动机串联，保持线圈与直流电动机并

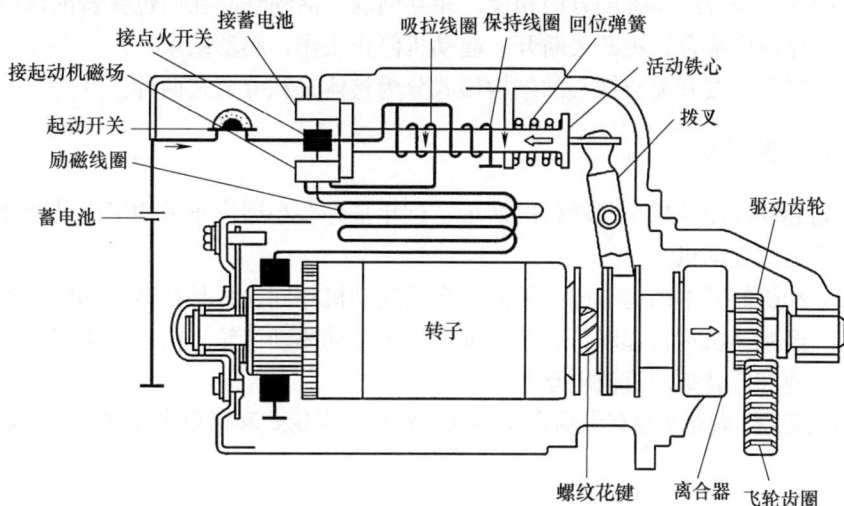

图 4-1-11 电磁操纵强制啮合式起动机电路原理图

联；活动铁心可驱动拨叉运动，又可推动接触盘推杆。工作过程如下：

1）起动机不工作，此时驱动齿轮处于与飞轮齿轮脱开啮合位置，电磁开关中的接触盘与各接触点分开。

2）将起动开关接通时，蓄电池经起动控制电路向起动机电磁开关通电，其电流回路如图 4-1-12 所示。

此时，吸拉线圈和保持线圈磁场方向相同。活动铁心在电磁力的作用下克服回位弹簧力向内移动，压动推杆使起动机主开关接触盘与接触点靠近，与此同时带动拨叉将驱动小齿轮推向啮合；当驱动小齿轮与飞轮齿圈接近完全啮合时，接触盘已将接触点接通，起动机主电路接通，直流电动机产生强大转矩通过接合状态的单向离合器传给发动机飞轮齿圈。主开关接通后，吸拉线圈被主开关短路，电流消失，活动铁心在保持线圈电磁力的作用下保持在吸合位置。

3）发动机起动后，飞轮倒拖起动机驱动齿轮时，单向离合器打滑，避免转子绕组高速条件下被甩散的危险。

4）松开起动开关时，起动控制电路断开，但电磁开关内吸拉线圈和保持线圈通过仍然闭合的主开关得到电流，其电流回路如图 4-1-13 所示。

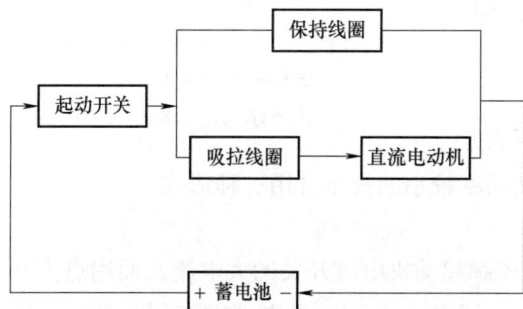

图 4-1-12 起动开关接通时电流回路

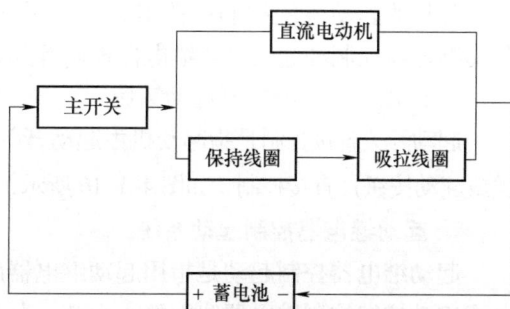

图 4-1-13 起动电路断开时电流回路

因吸拉线圈和保持线圈磁场方向相反，相互削弱，活动铁心在回位弹簧的作用下迅速回位，驱动小齿轮退出啮合，主开关断开，起动机停止工作，起动结束。

常见的电磁开关按开关与铁心的结构形式分为整体式和分离式两种。

七、减速式起动机

为了提高起动性能并减小起动机的质量，近年来许多小型汽车采用了内装减速装置的起动机，称为减速式起动机。

减速式起动机的基本结构与电磁强制啮合式起动机相同，只是在转子和驱动齿轮之间装有减速机构。经减速机构将起动机转速降低后，再带动驱动齿轮。由于应用了减速机构，可采用小型、高速和低转矩的直流电动机。

起动机的减速机构常见的有内啮合齿轮式、外啮合齿轮式和行星齿轮式三种，如图 4-1-14 所示。

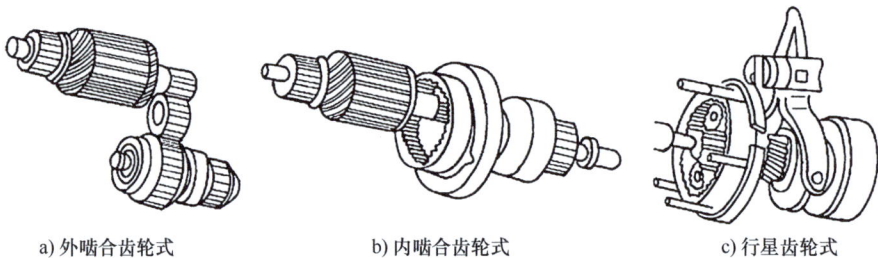

a) 外啮合齿轮式   b) 内啮合齿轮式   c) 行星齿轮式

图 4-1-14   减速机构的结构形式

减速式起动机的直流电动机转速高达 15000 ~ 20000r/min，在同样输出功率条件下比普通起动机的质量减小 20% ~ 40%，体积约减小一半，转矩增高。这不仅提高了起动性能，而且也相对减轻了蓄电池的负担。

丰田卡罗拉发动机采用的起动机就是行星齿轮式减速式起动机，如图 4-1-15 所示。

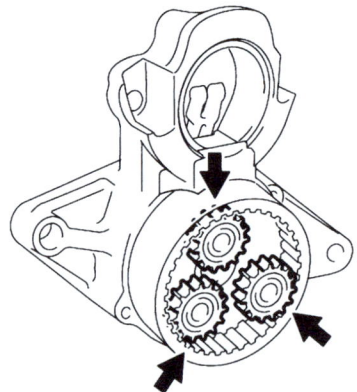

**图 4-1-15   丰田卡罗拉
发动机行星齿轮
式减速式起动机**

八、起动系统控制电路

常见的起动系统控制电路有起动开关直接控制、起动继电器控制和起动复合继电器控制等几种。

1. 起动开关直接控制起动系统

起动开关直接控制是指起动机由起动开关（点火开关或起动按钮）直接控制，如图 4-1-16 所示，起动功率较小的汽车常用这种形式。

2. 起动继电器控制起动系统

起动继电器控制起动是指用起动继电器触点控制起动机电磁开关的大电流，而用点火开关或起动按钮控制继电器线圈的小电流，如图 4-1-17 所示。起动继电器的作用就是以小电流控制大电流，保护点火开关，减少起动机电磁开关电路压降。

装备有自动变速器的汽车，在自动变速器上都装有空档起动开关，只有变速杆处于停车档和空档时才能接通。有一些装备有手动变速器的汽车，在起动继电器线圈搭铁端串联常开状态的离合器开关，只有踩下离合器踏板时才能起动。

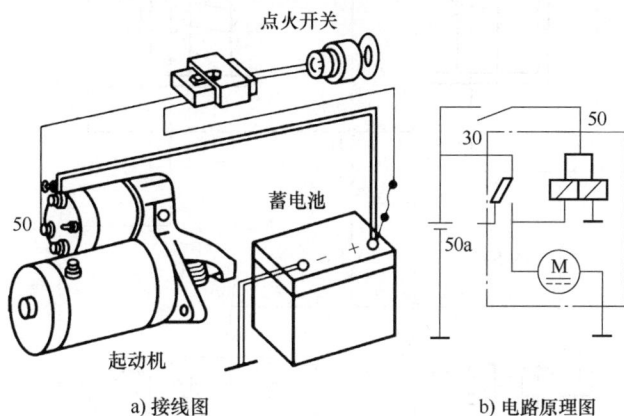

a) 接线图　　　　b) 电路原理图

图 4-1-16　起动开关直接控制的起动系统电路图

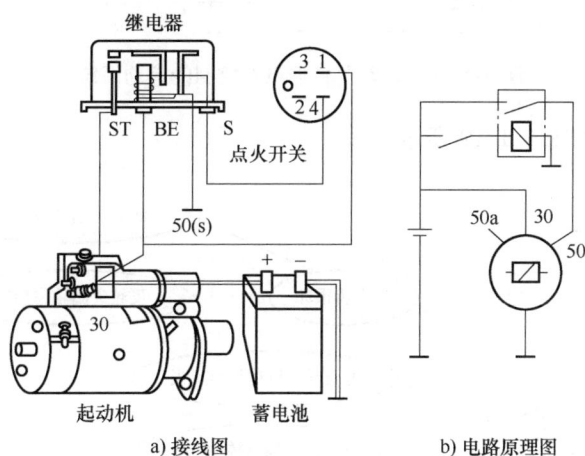

a) 接线图　　　　b) 电路原理图

图 4-1-17　起动继电器控制的起动系统电路图

3. 起动复合继电器控制的起动系统

起动复合继电器由起动继电器和保护继电器两部分组成，如图 4-1-18 所示。起动继电器的触点是常开的，在起动时关闭，控制起动机电磁开关。

保护继电器的触点是常闭的，起动时断开，控制充电指示灯和起动继电器线圈的搭铁。保护继电器磁铁线圈一端搭铁，另一端接发电机的中性点，承受中性点电压。

实践技能

一、起动机异响

当接通起动开关时，有时会发出"咔、咔"的异响，主要原因是起动齿轮啮合不当引

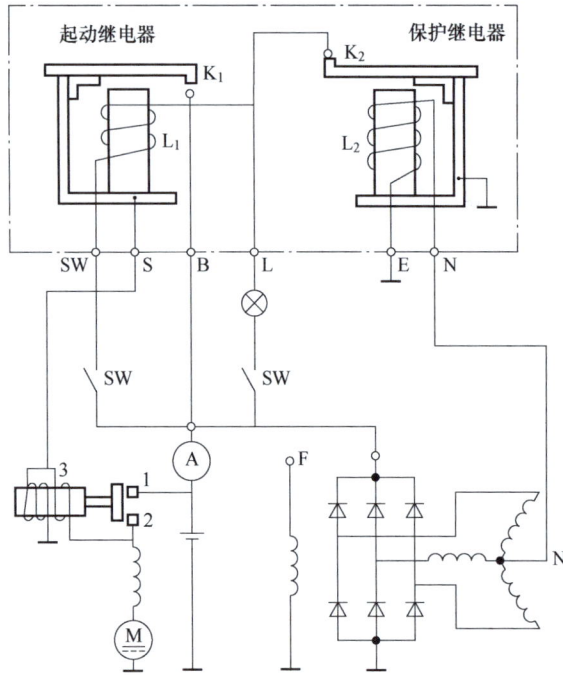

图4-1-18 起动复合继电器控制的起动系统

起的故障，故障原因如图4-1-19所示。

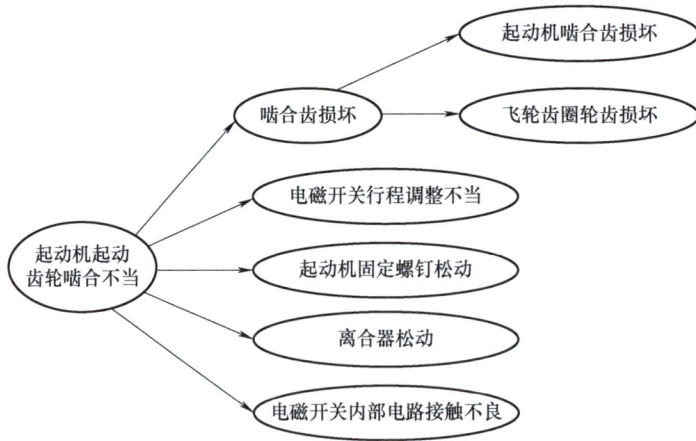

图4-1-19 起动机齿轮啮合不当的故障原因

对于这类异响，一般的检查步骤如图4-1-20所示。

二、起动机的测试与更换

1. 起动机的拆卸

1）从蓄电池负极端子断开电缆。断开蓄电池的负极电缆之前，应对储存在ECU等器件内的信息做记录。

2）拆下起动机电缆：由于起动机电缆直接与电磁相连，因此带有一个防短路盖，所以要首先拆下防短路盖，然后拆下起动机电缆定位螺母，最后断开起动机端子 30 的起动机电缆。

3）断开起动机插接器：按压插接器的卡销，然后握住插接器机身断开插接器。

4）拆卸起动机：拆下起动机安装螺栓，然后滑动起动机将其拆下。

2. 起动机的整体测试

起动机的测试有牵引测试、保持测试、检查小齿轮间隙、小齿轮返回测试和无负荷测试五种。检查起动机操作时，可直接用蓄电池供电，但每次检查时间限定为 3～5s，以防止蓄电池给起动机长时间供电会烧坏线圈。上述五个测试应连续进行，因此这样可检查起动机的连续操作。

（1）牵引测试　牵引测试的目的是测试电磁起动开关是否正常，接线图如图 4-1-21 所示。

为了防止起动机转动，从端子 C 断开励磁线圈引线，将蓄电池正极（+）端子连接到端子的 50 上，将蓄电池（-）端子连接到起动机机体和端子 C（测试引线 A）上，检查小齿轮是否露出，如图 4-1-22 所示。

转动点火开关使其处于"起动"位置，然后让电流流入牵引线圈和保持线圈，检查小齿轮是否伸出。如果小齿轮没有伸出，更换电气起动机开关总成。若正常伸出，进行下一步检查。

（2）保持测试　保持测试的目的是测试保持线圈是否正常，接线图如图 4-1-23 所示。

在牵引测试后，当小齿轮伸出时，从端子 C 断开测试引线 A，从端子 C 断开流入牵引线圈的电流，让电流仅流入保持线圈，如图 4-1-24 所示。

如果小齿轮无法保持伸出状态，请更换电磁起动机开关总成。如正常，进行下一步检查。

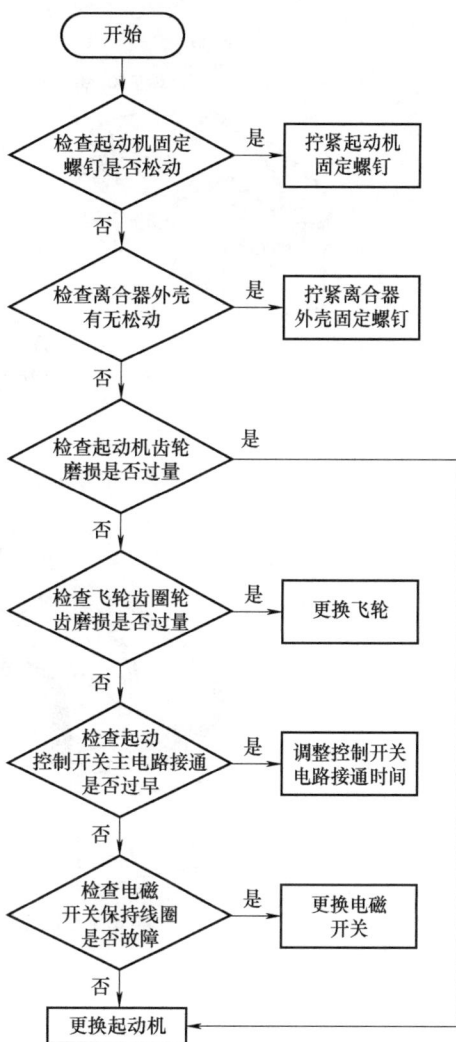

图 4-1-20　起动机齿轮啮合不当异响的故障检查

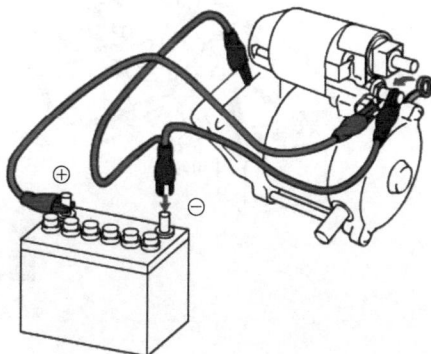

图 4-1-21　起动机牵引测试接线图

85

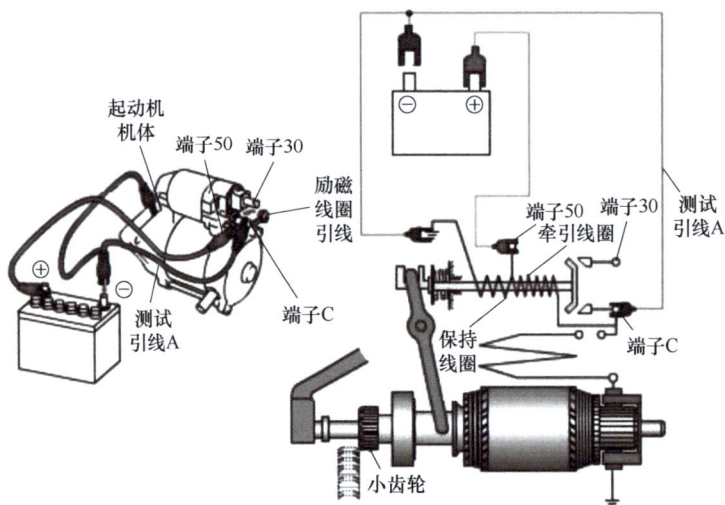

图 4-1-22　起动机牵引测试

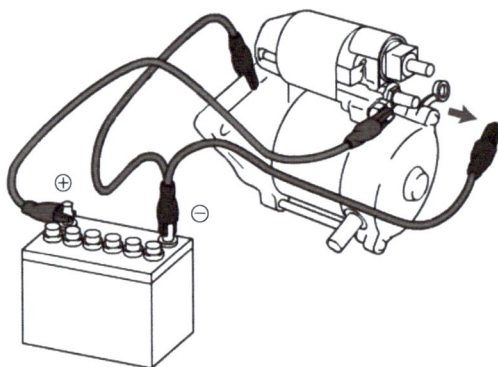

图 4-1-23　起动机保持测试接线图

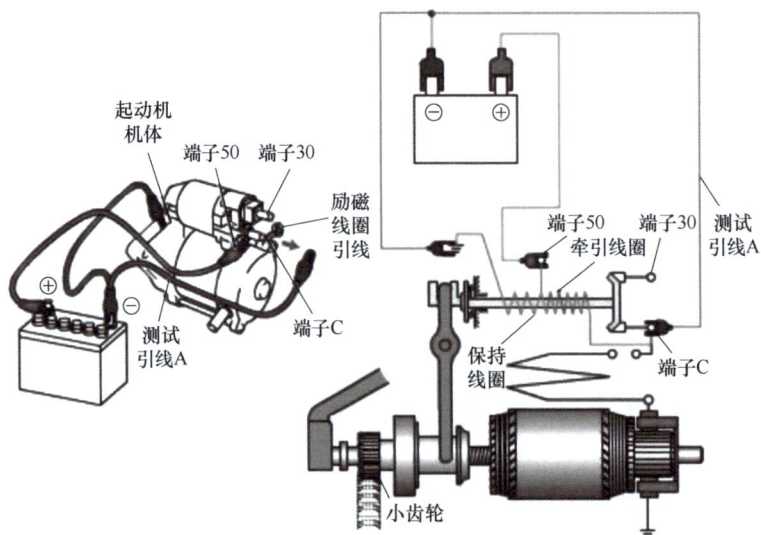

图 4-1-24　起动机保持测试

（3）检查小齿轮间隙　在保持测试状态下，用游标卡尺测量小齿轮和止动环之间的间隙，如图 4-1-25 所示。如果间隙超出规定范围，更换电磁起动及开关总成。

（4）小齿轮返回测试　小齿轮返回测试的目的是检查小齿轮是否返回其原始位置，接线图如图 4-1-26 所示。

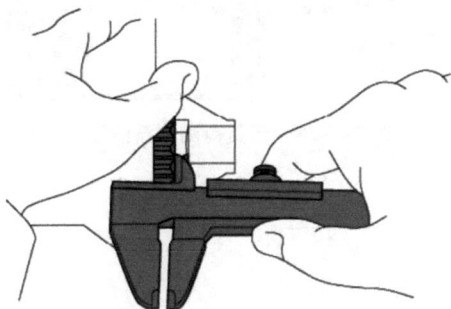

图 4-1-25　起动机小齿轮间隙的检查

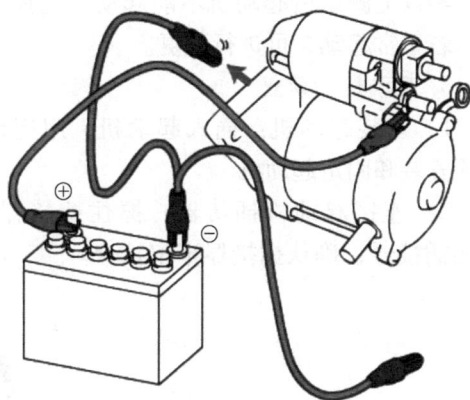

图 4-1-26　起动机小齿轮返回测试接线

保持测试后从起动机机体断开搭铁线，此时确认小齿轮是否返回其原始位置，如图 4-1-27所示。如小齿轮未返回其原始位置，请更换电磁起动机开关总成，如正常，进行下一步测试。

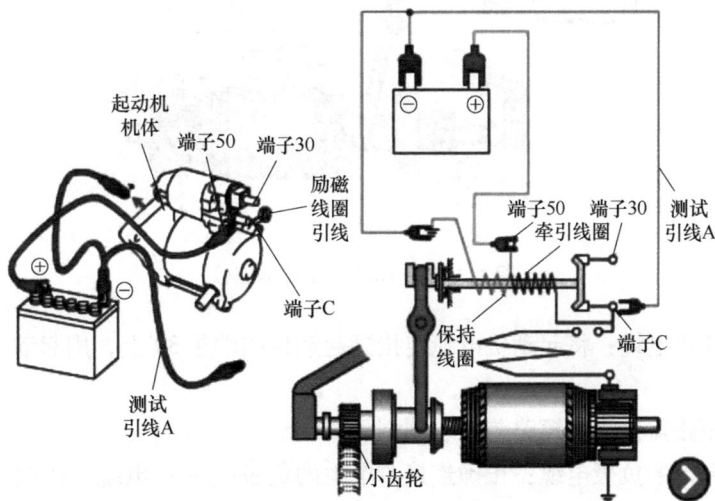

图 4-1-27　小齿轮返回测试

（5）无负荷测试　无负荷测试主要检查电磁起动机开关的接触点以及换向器和电刷之间的接触，接线图如图 4-1-28 所示。

用台虎钳固定住起动机，为了防止起动机损坏可用铝板或布包裹起动机。将拆下的励磁线圈引线连接到端子 C，将蓄电池正极（+）端子连接到端子 30 和端子 50 上，将万用表连接在蓄电池正极（+）端子和端子 30 之间，将蓄电池负极（-）端子连接到起动机机体上，然后起动起动机，如图4-1-29所示。要求测试时流入起动机的电流小于50A，但瞬时电流可能达到200～300A，因此需要选择合适的电流表和引线。

经以上测试后起动机不能起动，更换起动机，若正常起动，可进行装复。

3. 起动机的装复

1）安装起动机：插入起动机，用起动机螺栓安装和固定起动机。

2）连接起动机插接器：握住插接器体，连接插接器，确认插接器牢牢接合。

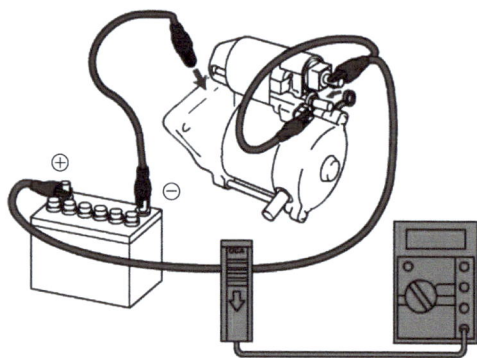

图 4-1-28　无负荷测试接线图

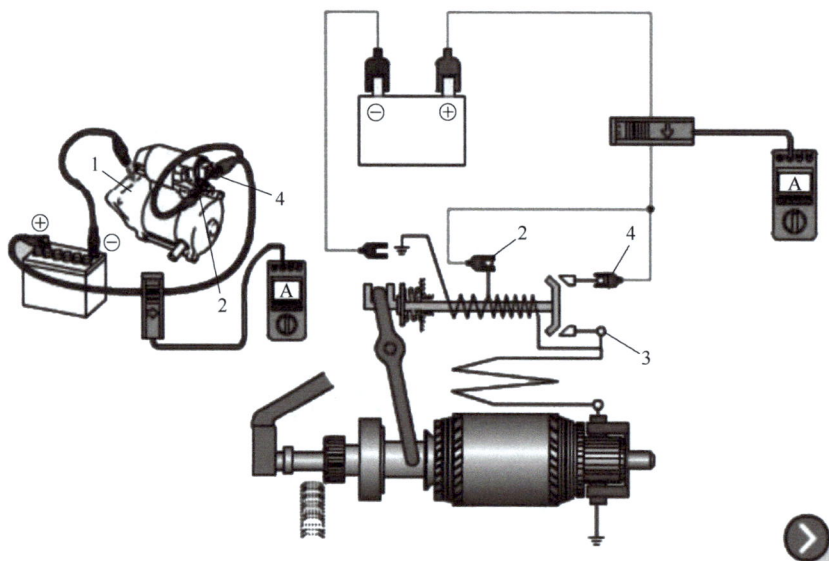

图 4-1-29　起动机无负荷测试

3）连接起动机电缆：将起动机电缆连接到起动机的端子30上，用起动机电缆固定螺母将其固定住。

4）安装防短路盖：将防短路盖安装到端子30上。

5）连接蓄电池的负极电缆：正确连接蓄电池的负极（－）电缆。完成检查步骤后，复原之前记下的车辆信息。

6）最终检查：将点火开关转到起动位置，然后检查起动机运行是否正常。

至此，完成起动机的拆卸、检查和装复工作。

情境分析

1. 故障现象

一辆丰田卡罗拉轿车，当点火开关转到起动位置时，可听到"咔、咔"的齿轮撞击声。

2. 故障诊断与排除

1）打开点火开关，起动发动机，发出"咔、咔"的声音。

2）检查起动机和离合器的固定螺栓，正常。

3）拆下起动机，检查外观，正常、无损坏。

4）检查起动机起动齿轮上起动齿的磨损，正常。

5）对起动机进行牵引测试，发现能够伸出，但是伸出量不大。

6）检查小齿轮间隙，发现小齿轮间隙较小。

7）更换起动机后，故障排除。

8）整理工具，清洁场地。

3. 故障原因分析

经小齿轮间隙测试发现，电磁开关出现故障，使小齿轮伸出量不足，因此不能和飞轮很好地啮合，导致起动过程中出现"咔、咔"的声音。更换起动机后故障排除。

学习小结

1）起动系统的作用是供给发动机曲轴起动转矩，使发动机曲轴达到必需的起动转速，以便发动机能够进入自行运转状态。当发动机进入自行运转状态后，立即停止工作。

2）电力起动机简称为起动机，由直流电动机、传动机构和控制机构三大部分组成。

3）起动机的传动机构安装在直流电动机转子的延长轴上，用来在起动发动机时，将驱动齿轮与转子轴连成一体，使发动机起动。在发动机起动后，驱动齿轮的转速超过转子轴的正常转速时，传动机构使驱动齿轮与转子轴自动脱开，防止直流电动机超速。

学习单元4.2　起动机起动无力故障诊断

情境导入

一辆丰田卡罗拉轿车，打开点火开关，起动发动机，起动无力，发动机无法着车。经检查发现起动机的直流电动机发生故障，更换起动机后故障排除。

学习目标

1. 能通过与客户交流、查阅相关维修技术资料等方式获取车辆信息。
2. 能根据起动机起动时的故障现象制订正确的维修计划。
3. 能正确地选择诊断设备对起动机的直流电动机进行拆解与装复。
4. 能分析拆解后的零部件是否损坏并做出故障判断。
5. 能进行起动机部件的更换。

理论知识

直流电动机作为起动机的一部分，提供起动转矩，使发动机能够起动。卡罗拉轿车的直流电动机结构如图4-2-1所示。

1. 定子

为了增大转矩，汽车起动机通常采用四个定子，两对定子相对交错安装，定子与转子铁心形成的磁力线回路如图4-2-2所示，低碳钢板制成的机壳是磁路的一部分。

（1）励磁式定子　励磁式定子铁心为低碳钢，铁心磁场要靠绕在外面的励磁绕组通电建立。为了使电动机磁通能按设计要求分布，将铁心制成图4-2-3所示的形状，并用沉头螺栓紧固在机壳上。励磁绕组由扁铜带（矩形截面）绕制而成，其匝数一般为6～10匝；铜带之间用绝缘纸绝缘，并用白布带以半叠包扎法包好后浸上绝缘漆烘干而成。

采用励磁式定子的电动机，其励磁绕组与转子串联连接，故称为串励式电动机，具体连接如图4-2-4所示，先将励磁绕组两两串联后并联再与转子绕组串联。

（2）永磁式定子　永磁式电动机不需要电磁绕组，可节省材料，而且能使电动机定子的径向尺寸减小；在输出特性相同的情况下其质量比励磁定子式电动机小30%以上。条形永久磁铁可用冷粘接法粘在机壳内壁上或用片状弹簧均匀地固装在起动机机壳内表面上。由于结构尺寸及永磁材料性能限制，永磁起动机的功率一般不大于2kW。

2. 转子

转子也称电枢由转子轴、铁心、转子绕组和换向器等组成。转子的作用是产生电磁转矩。典型起动机转子的结构如图4-2-5所示。转子铁心由硅钢片叠成后固定在转子轴上。铁心外围均匀地开有线槽，用以放置转子绕组；转子绕组由较大矩形截面的铜带或粗铜线绕制而成。

在铁心线槽口两侧，用轧纹将转子绕组挤紧，以免转子高速旋转时由于惯性作用将绕组

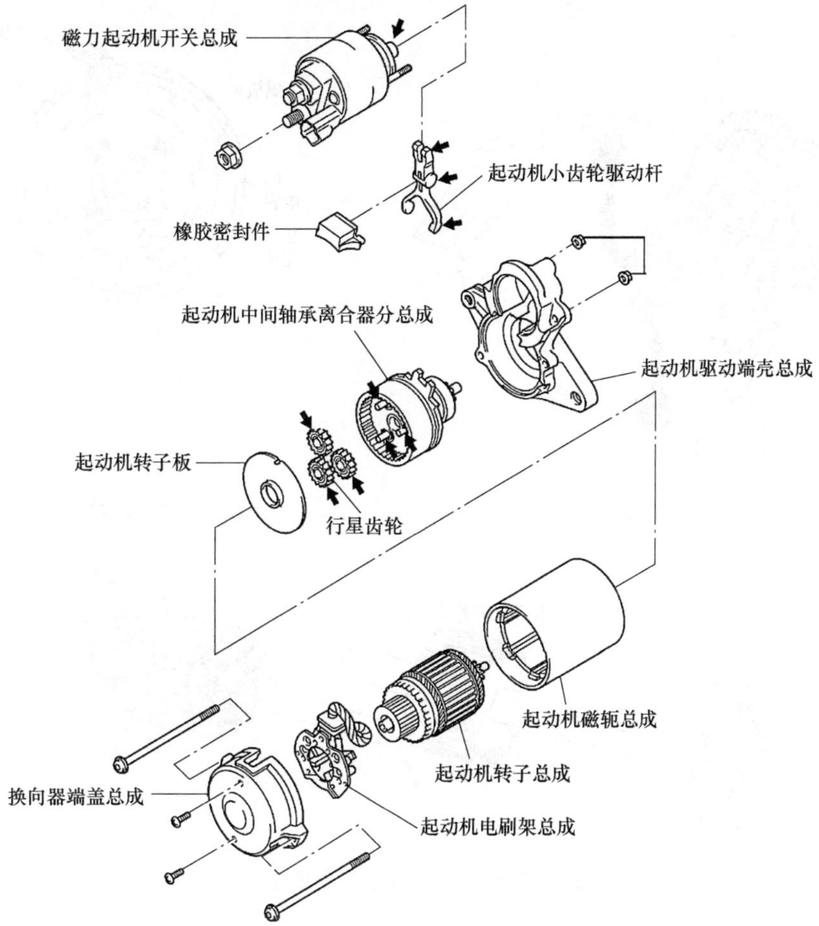

图 4-2-1 卡罗拉轿车的直流电动机结构

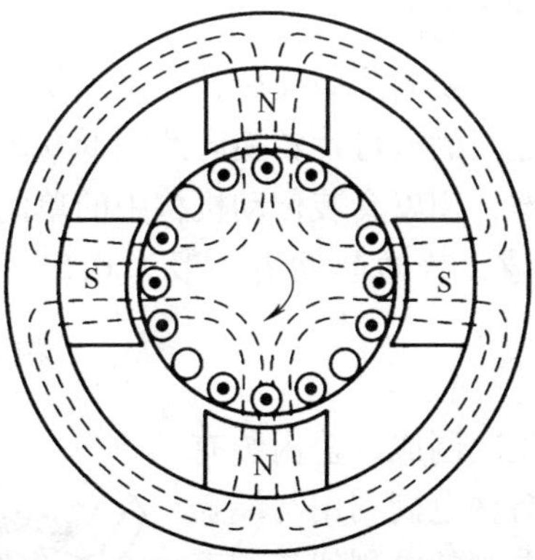

磁力起动机开关总成
起动机小齿轮驱动杆
橡胶密封件
起动机中间轴承离合器分总成
起动机驱动端壳总成
起动机转子板
行星齿轮
起动机磁轭总成
起动机转子总成
换向器端盖总成
起动机电刷架总成

图 4-2-2 定子与转子铁心形成的磁力线回路

甩出，转子绕组的端头均匀地焊在换向片上。为了防止铜制绕组短路，在铜线与铜线之间及铜线与铁心之间用性能良好的绝缘纸隔开。减速型起动机转子速度较普通型转子转速提高了50%～70%，绝缘性能及动平衡要求均较高，因此采用环氧树脂涂封或耐热尼龙纸作为转子槽绝缘纸。

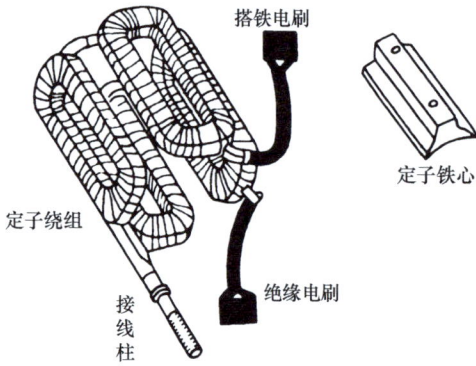

图 4-2-3 励磁式电动机定子铁心

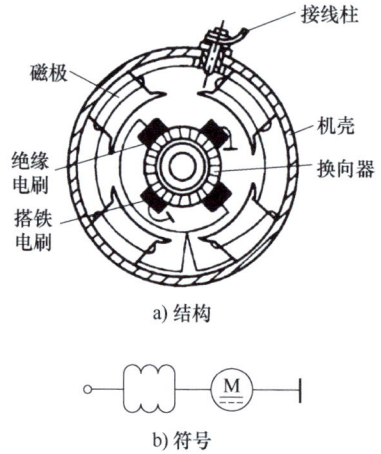

图 4-2-4 串励式电动机

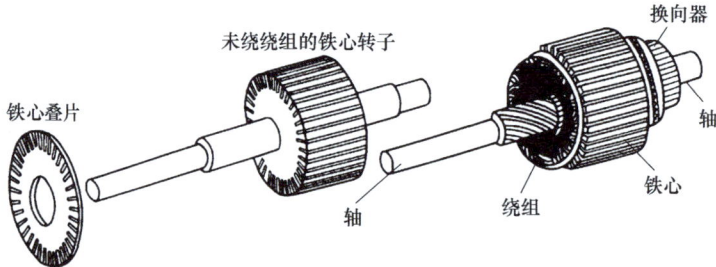

图 4-2-5 典型起动机转子的结构

换向器由铜片和云母叠压而成，压装于转子轴前端，铜片间绝缘，铜片与轴之间也绝缘，换向片与线头采用锡焊连接。减速型起动机的换向器用塑料取代了云母，换向片与线头采用了银铜硬钎焊，既耐高速又耐高温。

考虑到云母的耐磨性较好，当换向片磨损后，云母片就会凸起，影响电刷与换向片的接触，因此，有些起动机换向片之间的云母片较换向片割低 0.5 ~ 0.8mm。

转子轴驱动端有螺旋形花键，用以套装传动机构中的单向离合器。

转子与定子铁心之间的气隙，普通起动机一般为 0.5 ~ 0.8mm，减速型起动机一般为 0.4 ~ 0.5mm。

3. 电刷端盖

电刷端盖一般用浇注或冲压法制成，盖内装有四个电刷架及电刷，其中两只搭铁电刷利用与端盖相通的电刷架搭铁。另外两只电刷的电刷架与端盖绝缘，绝缘电刷引线与励磁绕组的一个端头相连接，如图 4-2-6 所示。

起动机电刷通常用铜粉（80% ~ 90%）和石墨粉压制而成，以减小电阻并提高耐磨性。电刷架上有盘形弹簧，用以压紧电刷。

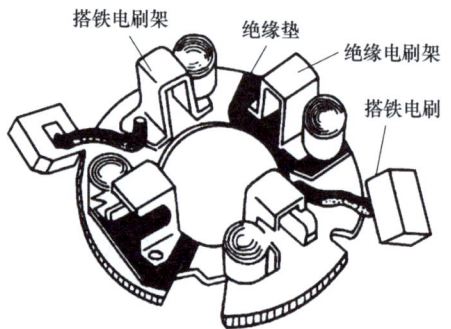

图 4-2-6 起动机用电刷及端盖

4. 驱动端盖

驱动端盖上有拨叉座和驱动齿轮行程调整螺钉，还有支撑拨叉的轴销孔。为了避免转子轴弯曲变形，一些起动机装有中间支撑板。端盖及中间支撑板上的轴承多用青铜石墨轴承或铁基含油轴承。轴承一般采用滑动式，以承受起动机工作时的冲击性载荷。有些减速型起动机采用球轴承。

两端盖与机壳靠两个较长的穿心连接螺栓将起动机组装成一个整体。端盖与机壳之间的接合面上一般制有定位用安装记号。

实践技能

一、起动机转动无力故障

接通起动开关后，起动机转动缓慢或不能连续运转，称为起动机转动无力故障。一般起动机转动无力的故障原因如图4-2-7所示。

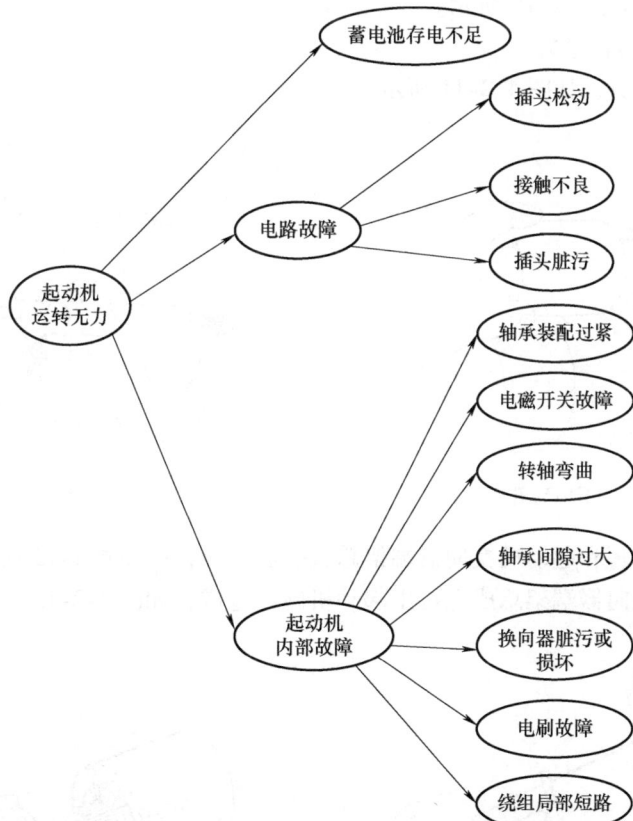

图4-2-7 起动机转动无力的故障原因

二、起动机的分解

1. 拆卸电磁开关总成

1）拆下螺母，然后从起动机电磁开关总成上断开引线，如图4-2-8所示。

2）固定起动机电磁开关总成时，从起动机驱动端壳总成上拆下两个螺母，如图4-2-9所示。

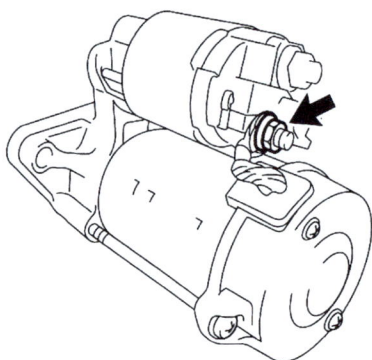

图4-2-8　断开起动机电磁开关总成引线

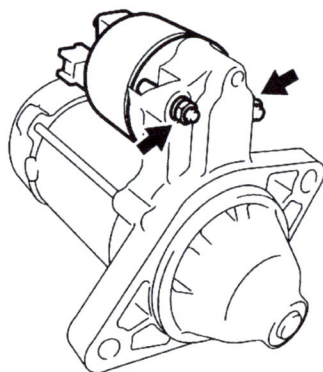

图4-2-9　拆下螺母

3）拉开起动机电磁开关总成，并且在提起电磁开关总成前部时，从驱动杆和电磁开关上松开铁心挂钩，如图4-2-10所示。

2. 拆卸起动机磁轭总成

1）拆下两个螺钉，如图4-2-11所示。

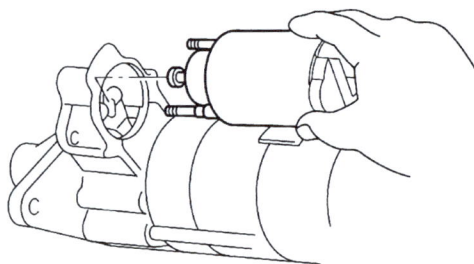

图4-2-10　拆下电磁开关总成

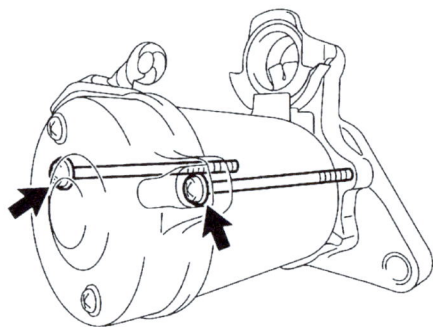

图4-2-11　拆下两个螺钉

2）将起动机磁轭和起动机换向器端架总成一起拉出，如图4-2-12所示。

3）从起动机换向器端架总成上拉出起动机磁轭总成，如图4-2-13所示。

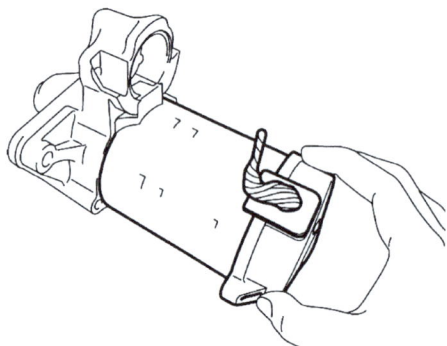

图4-2-12　拉出磁轭和换向器端架总成

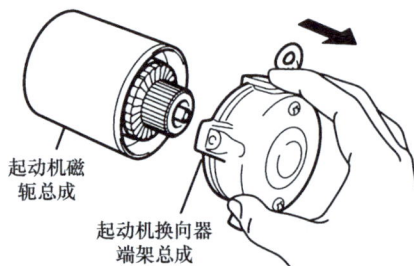

起动机磁轭总成

起动机换向器端架总成

图4-2-13　拉出起动机磁轭总成

3. 拆卸起动机转子总成

从起动机磁轭总成上拆下起动机转子总成，如图 4-2-14 所示。

4. 拆卸起动机转子板

从起动机驱动端壳总成或起动机磁轭总成（图 4-2-15）上拆下转子板。

5. 拆卸起动机电刷架总成

1）从起动机换向端架总成上拆下两个螺钉。

2）拆下卡夹卡爪，然后从起动机换向器端架总成上拆下电刷架总成，如图 4-2-16 所示。

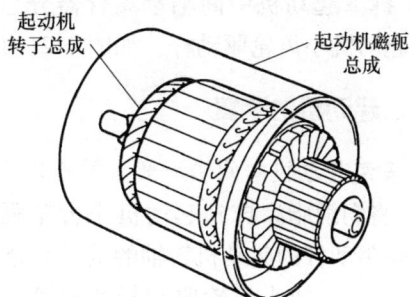

图 4-2-14　拆下起动机转子总成

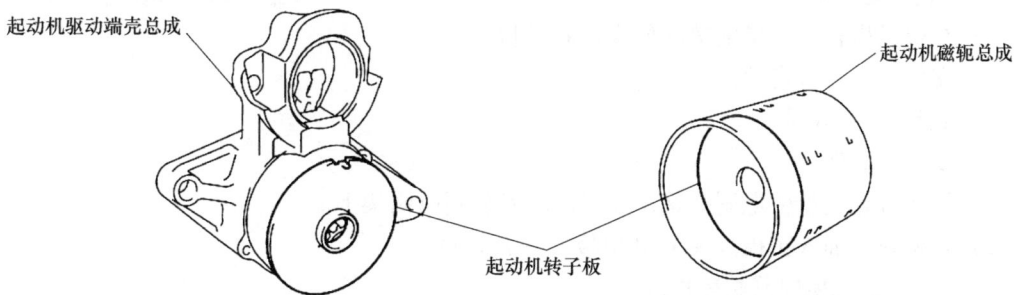

图 4-2-15　拆下起动机转子板

6. 拆卸行星齿轮

从起动机中间轴承离合器分总成上拆下三个行星齿轮，如图 4-2-17 所示。

图 4-2-16　拆卸起动机电刷架总成

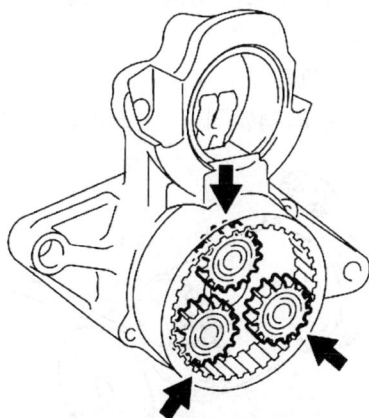

图 4-2-17　拆卸行星齿轮

7. 拆卸起动机中间轴承离合器分总成

1）从起动机驱动端壳总成上拆下带起动机小齿轮驱动杆的起动机中间轴承离合器分总成。

2）拆下起动机中间轴承离合器分总成、橡胶密封件和起动机小齿轮驱动杆，如图4-2-18所示。

三、起动机的装复

1. 安装起动机中间轴承离合器分总成

1）将润滑脂涂抹到起动机小齿轮驱动杆与起动机小齿轮驱动杆的起动机转轴的接触部分。

2）将起动机小齿轮驱动杆和橡胶密封件安装至起动机中间轴承离合器分总成。

3）将起动机中间轴承离合器和起动机小齿轮驱动杆一起安装至起动机驱动端盖总成。

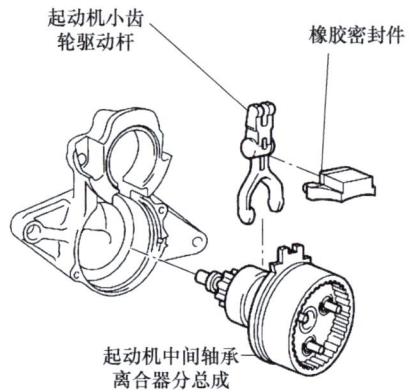

图4-2-18 拆卸起动机中间轴承离合器分总成

2. 安装行星齿轮

1）在行星齿轮和行星轴销部位涂抹润滑脂。

2）安装三个行星齿轮。

3. 安装电刷架总成

1）安装电刷架。

2）用螺钉旋具抵住电刷弹簧，并将电刷安装到电刷架上。

3）将密封垫插入正极（＋）和负极（－）之间。

4. 安装起动机换向器端盖总成

1）将电刷架卡夹装配到起动机换向器端架总成上。

2）用两个螺钉安装换向器端架。

5. 安装起动机转子总成

1）将橡胶件对准起动机磁轭总成的凹槽。

2）将带电刷架的起动机转子安装到起动机磁轭总成上。

6. 安装起动机转子板

1）将起动机转子安装至起动机磁轭总成。

2）安装起动机转子板，使键槽位于键A和键B之间，如图4-2-19所示。

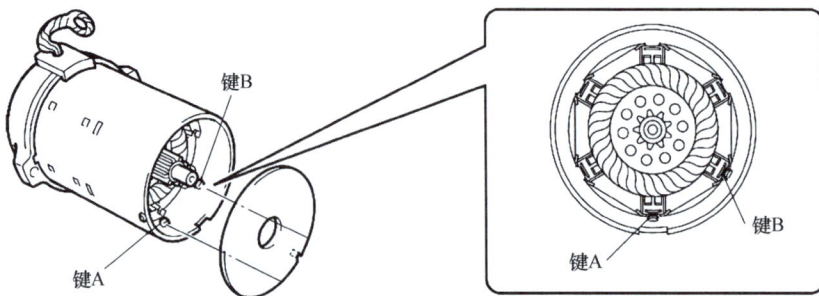

图4-2-19 安装起动机转子板

7. 安装起动机磁轭总成

1）将起动机磁轭键对准位于起动机驱动端壳总成上的键槽，如图4-2-20所示。

2）用两个螺钉安装起动机磁轭总成。

8. 安装电磁开关

1）在铁心挂钩上涂抹润滑油。

2）将电磁开关总成上的铁心从上侧接合到驱动杆上。

3）用两个螺母安装电磁开关总成。

4）将引线连接至电磁开关，然后用螺母紧固。

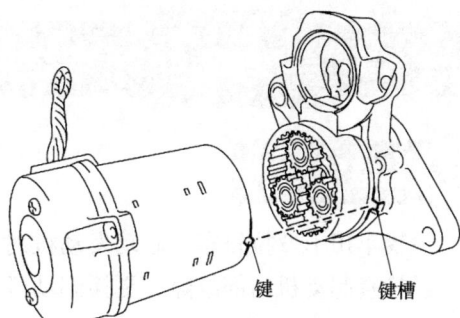

键　键槽

图 4-2-20　安装起动机磁轭总成

情境分析

1. 故障现象

一辆丰田卡罗拉轿车，打开点火开关，发动机无法起动。

2. 故障诊断与排除

1）打开点火开关，发动机无法起动。

2）打开发动机舱盖，检查蓄电池电压，显示 13.38V 正常。

3）起动发动机，检测蓄电池电压大于 9V，说明蓄电池正常。

4）短接起动机两主接线柱，观察起动机运转状态，发现起动机运转无力，由此推测为起动机内部电路问题。

5）更换起动机，故障排除。

6）整理工具，清洁场地。

3. 故障原因分析

经拆解检查发现，由于丰田卡罗拉轿车起动机的直流电动机内部励磁绕组局部漆包线包漆熔化导致短路，使直流电动机功率下降，导致输出转矩不足，起动机运转无力，不能起动。

学习小结

1）直流电动机作为起动机的一部分，提供起动转矩，使发动机能够起动。

2）转子由转子轴、铁心、转子绕组和换向器等组成；电刷端盖内装有四个电刷架及电刷，其中两只搭铁电刷利用与端盖相通的电刷架搭铁；驱动端盖上有拨叉座和驱动齿轮行程调整螺钉。

学习单元4.3　起动机不工作故障诊断

情境导入

一辆丰田卡罗拉轿车，起动发动机时，起动机发出"嗒"声后无反应，发动机无法起动。经检查起动机内部故障，更换起动机后故障排除。

学习目标

1. 能通过与客户交流、查阅相关维修技术资料等方式获取车辆信息。
2. 能根据起动机不起动的故障现象制订正确的维修计划。
3. 能根据故障现象正确判断起动机不工作的故障点。
4. 能对起动机进行测试从而判断出故障点。
5. 能进行起动机部件和整体的更换。

理论知识

一、典型起动机工作过程分析

许多车上采用的 QD124 型起动机，是一种起动继电器控制的强制啮合式起动机，传动机构采用了滚柱式单向离合器，为了提高转子轴的强度加装了中间轴承支撑板，在控制电路中装有一个起动继电器，起动机由点火开关控制。

起动系统电路原理图如图 4-3-1 所示。

其工作过程经历齿轮啮合、起动机慢速转动、起动机快速转动、起动机停转、回位，具体如下：

1. 起动时

起动时，将点火开关 3 旋至起动档位，起动继电器线圈通电，电流由蓄电池正极经主接线柱 4、电流表、点火开关 3、起动继电器"点火开关"接线柱、起动继电器线圈 2、搭铁流回蓄电池负极。起动继电器触点 1 闭合，接通电磁开关电路。

电路为：蓄电池正极→主接线柱 4→起动继电器"电池"接线柱→起动继电器触点 1→起动继电器"起动机"接线柱→电磁开关接线柱 9，然后分成以下两路：

一路是：吸拉线圈 13→接线柱 8→导电片 7→主接线柱 5→起动机磁场绕组→转子绕组→搭铁→蓄电池负极。

另一路是：保持线圈 14→搭铁→蓄电池负极。

两线圈电流产生同方向电磁力将活动铁心 15 吸入，拨叉 19 推动滚柱式单向离合器 21，使驱动齿轮 22 啮入飞轮齿圈。

当齿轮啮入约一半时，活动铁心 15 就顶动推杆 11 向左移动，当到达极限位置时，齿轮已全部啮合，结合盘 10 同时将辅助接线柱 6 和主接线柱 4、5 相继接通。于是发动机在短路附加电阻和吸拉线圈 13 的有利条件下产生起动转矩，将发动机起动。因此，结合盘的作用是连接直流电动机电路产生较大电流使直流电动机能够将发动机起动。

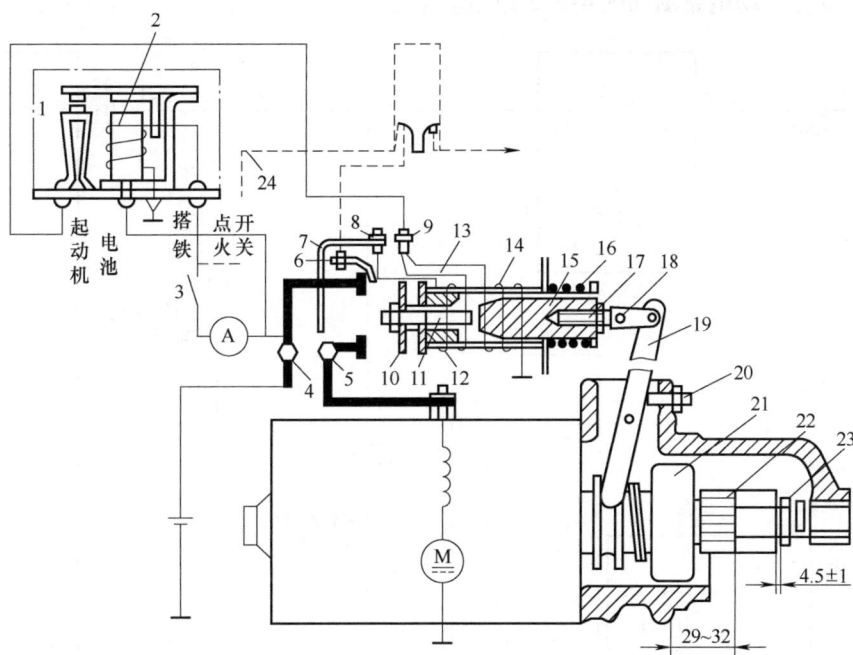

图 4-3-1　起动系统电路原理图

1—起动继电器触点　2—起动继电器线圈　3—点火开关　4、5—起动机开关接线柱
6—辅助接线柱　7—导电片　8—接线柱　9—电磁开关接线柱　10—结合盘
11—推杆　12—固定铁心　13—吸拉线圈　14—保持线圈　15—活动铁心
16—回位弹簧　17—调节螺钉　18—连接片　19—拨叉　20—定位螺钉
21—滚柱式单向离合器　22—驱动齿轮　23—限位螺母　24—附加电阻线（白线 1.7Ω）

较大起动电流直接从蓄电池正极经主接线柱 4、结合盘 10、主接线柱 5、起动机、搭铁后流回蓄电池负极。吸拉线圈 13 短路后，齿轮的啮合靠保持线圈 14 产生的电磁力维持在工作位置。

此时的保持电路为：蓄电池正极→主接线柱 4→起动继电器"电池"接线柱→起动继电器触点 1→起动继电器"起动机"接线柱→电磁开关接线柱 9→保持线圈 14→搭铁→蓄电池负极。

2. 起动后

发动机起动后，起动机单向离合器打滑，松开点火钥匙即自动转回到点火档位，起动继电器线圈 2 断电，起动继电器触点 1 跳开，使电磁开关两个线圈串联，吸拉线圈 13 流过反向电流，加速电磁力的消失。

电路为蓄电池正极→主接线柱 4→结合盘 10→主接线柱 5→导电片 7→接线柱 8→吸拉线圈 13（反向电流）→电磁开关接线柱 9→保持线圈 14→搭铁→蓄电池负极。由于电磁开关线圈电磁力迅速消失，活动铁心 15 和推杆 11 在回位弹簧的作用下返回。

结合盘 10 先离开主接线柱 4、5，触头切断了起动机电源，点火线圈附加电阻也随即接入点火系统，同时，拨叉将离合器拨回，起动齿轮便脱离了飞轮齿圈，起动机停止工作。

二、丰田卡罗拉起动电路分析

丰田卡罗拉起动电路图如图 4-3-2 所示。

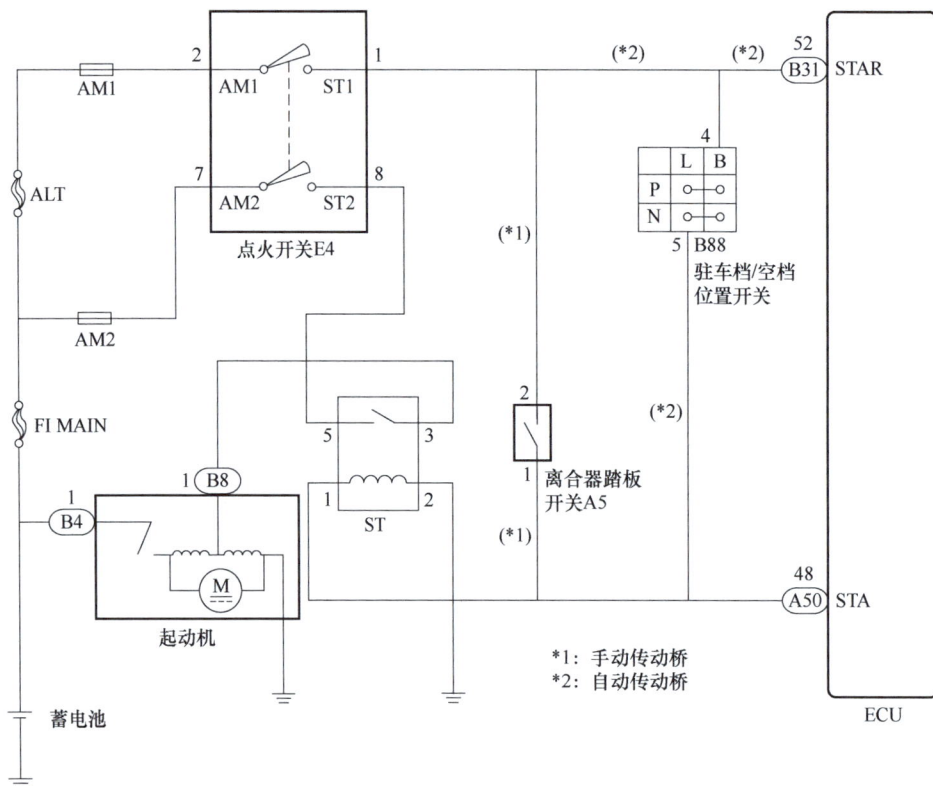

图 4-3-2　卡罗拉起动电路图

发动机起动时，电流从蓄电池→FI MAIN 熔丝→ALT 熔丝→AM1 熔丝→点火开关端子 ST1→驻车档/空档位置开关（手动档是离合器踏板开关）→起动继电器线圈（起动继电器开关闭合），这样电流就从蓄电池→FI MAIN 熔丝→AM2 熔丝→点火开关端子 ST2→起动继电器开关→起动机，这时起动机通电运转，带动发动机旋转。

🚗 实践技能 ⚙️

一、起动机不工作的故障原因

起动系统常见的故障原因有：起动开关接触不良；继电器触点烧蚀，线圈短路、断路或搭铁不良；蓄电池无电或存电不足；极柱损坏、插头氧化或松动。当点火开关旋至起动档时，起动机不转的故障点如图 4-3-3 所示。

二、起动机的使用注意事项和保养方法

1）起动机的安装：起动机安装面和凸缘止口（径向定位面）与发动机缸体或变速器轴

的安装面必须有良好的接触，不能有油污和锈蚀。起动机安装中心必须与发动机安装中心一致；安装螺钉固定时，必须同时紧固，切忌先紧固好其中一只，然后再紧固其他，造成安装中心偏移；起动机固定后不可再用工具强行撬动起动机，以免破坏起动机的安装接触面和对中性。

2) 线束的连接：电磁开关接线柱的 M10 螺母拧紧力矩一般为 14.7 ~ 17.7N·m，力矩过小会引起线束松动，引起发热，增加电路压降，影响起动性能，并造成打火烧蚀。力矩过大会导致拧断接线柱。

3) 蓄电池的使用：必须按设计要求选择蓄电池，并经常保持蓄电池有良好的放电性能，且发现蓄电池损坏必须及时更换，否则电流通过时使电路压降大大增加影响起动机的输出功率。

4) 起动机正常工作时间为 1.5 ~ 2s。最长工作时间每次不得超过 5s，如果超过 5s 还未起动发动机，必须中断起动，间隔 20 ~ 30s 后再次起动。如三次不能正常起动，必须检查电路或发动机是否有故障，排除故障后再起动。

图 4-3-3 起动机不转的故障点

5) 起动电路的检查：一般蓄电池端电压小于 12V 时不得强行起动，必须在蓄电池重新充电恢复正常电压后才能起动。

6) 由于起动机一般安装在发动机旁边，有相当高的环境温度，要避免热态下整车泡进水中，引起零部件受损。

7) 经常检查电路各节点及接插件，如有生锈、腐蚀或松动，应及时排除，以免电路发热，产生过大电路压降，影响起动机正常工作。

8) 如整车配有中间继电器控制起动机电磁开关，中间继电器主触点电流容量不能小于 50A，并保证其工作可靠性（能及时通断），同时继电器的轴向安装方向尽可能采取水平放置并与汽车行驶方向垂直，避免汽车行驶振动过程中继电器误接通。

9) 发动机长时间不工作时，尽量不要将钥匙停留在 ON 位，否则就会导致蓄电池的电全部放完。当点火钥匙旋转到"START"位前，一定要把变速杆放在空档位置。

10) 点火起动时不要踩加速踏板。

11) 个别车型起动机在使用一段时间后，由于齿轮箱内环境影响，造成电动机驱动轴上油污、尘埃积聚，引起驱动齿轮复位迟缓而被飞轮反带产生瞬时响声，但不会影响起动性能。消除此响声的最好办法是将电动机拆下，在驱动轴上加少许中性机油清洗污渍后即可恢

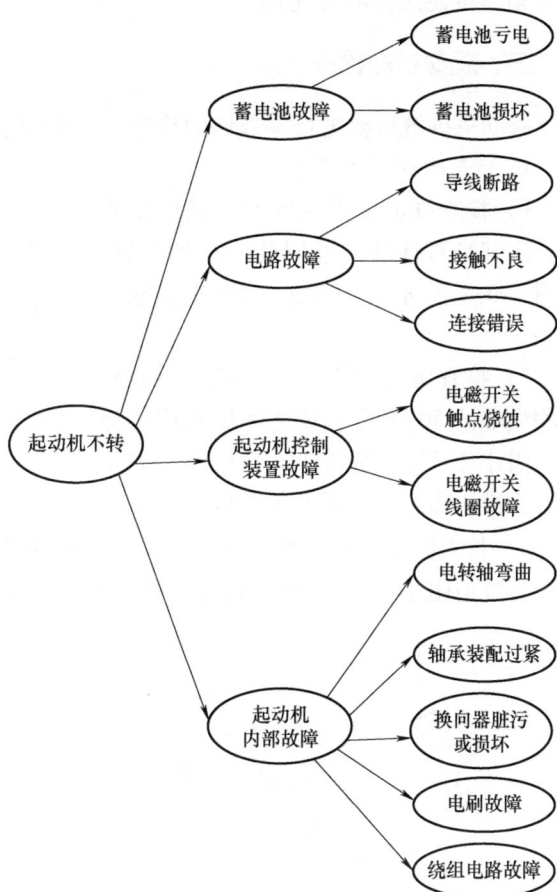

复（切不可使用汽油清洗）。

三、起动机的检查

起动机拆解后要进行零部件的检查，方法如下：

1. 检查电磁开关总成

1）检查铁心：推入铁心，然后检查并确认其是否能够迅速回位到初始位置，如图 4-3-4 所示。如不能，需更换电子开关。

2）检查吸引线圈是否断路：用欧姆表测量端子 50 和端子 C 之间的电阻，标准电阻小于 1Ω，如图 4-3-5 所示。如不符合标准，需更换电磁开关总成。

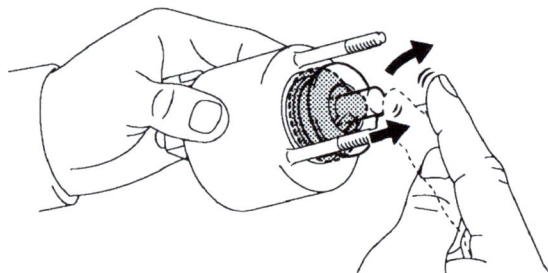

图 4-3-4　检查电磁开关的铁心

3）检查保持线圈是否断路：使用欧姆表测量端子 50 与开关壳体之间的电阻，如图 4-3-6 所示。标准电阻小于 2Ω。如不符合标准，需更换电磁开关总成。

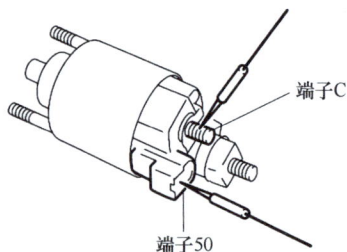

图 4-3-5　检查吸引线圈是否断路

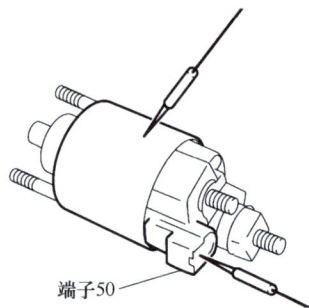

图 4-3-6　检查保持线圈是否断路

2. 检查起动机转子总成

1）检查换向器是否断路：使用欧姆表测量换向器片间的电阻，如图 4-3-7 所示。如不符合标准，需更换起动机转子总成。

2）检查换向器是否对搭铁短路：使用欧姆表测量换向器和转子线圈之间的电阻，如图 4-3-8 所示。标准电阻应为 10kΩ 或更大。如不符合标准，需更换起动机转子总成。

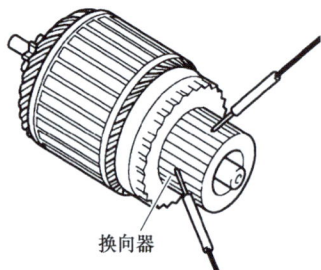

图 4-3-7　检查换向器是否断路

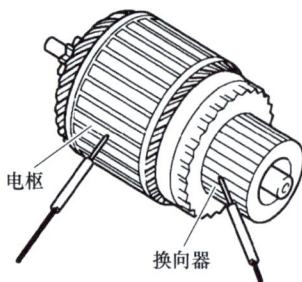

图 4-3-8　检查换向器是否对搭铁短路

3）检查外观：如果表面脏污或烧坏，用砂纸（400 号）或在车床上修复表面。

4）检查换向器径向圆跳动：将换向器放在 V 形架上，用百分表测量径向圆跳动，如图 4-3-9 所示，标准径向圆跳动量为 0.02mm，最大径向圆跳动量为 0.05mm，如果径向圆跳动大于最大量，更换转子总成。

5）用游标卡尺测量换向器直径：如图 4-3-10 所示，标准直径为 29mm，最小直径为 28mm，如果直径小于最小值，更换转子总成。

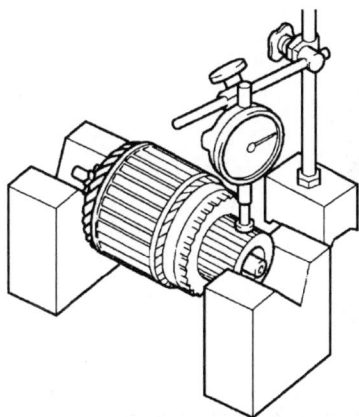

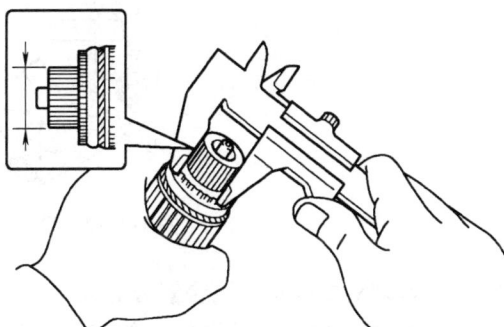

图 4-3-9　检查换向器径向圆跳动　　　　图 4-3-10　检查换向器直径

3. 检查起动机电刷架总成

1）拆卸电刷：拆下弹簧卡爪，然后拆下四个电刷。

2）电刷的测量：用游标卡尺测量电刷长度，如图 4-3-11 所示。标准长度为 14.4mm，最小长度为 9.0mm。如果长度小于最小值，更换起动机电刷架总成。

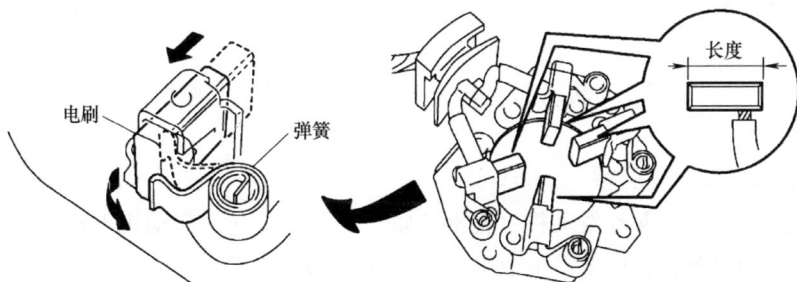

图 4-3-11　检查电刷长度

3）检查电刷架：用欧姆表测量电刷间的电阻，如图 4-3-12 所示。标准电阻见表 4-3-1。

表 4-3-1　各电刷间标准电阻

检 测 点	规 定 状 态
A-B	10kΩ 或更大
A-C	10kΩ 或更大
A-D	小于 1Ω
B-C	小于 1Ω

（续）

检 测 点	规 定 状 态
B-D	10kΩ 或更大
C-D	10kΩ 或更大

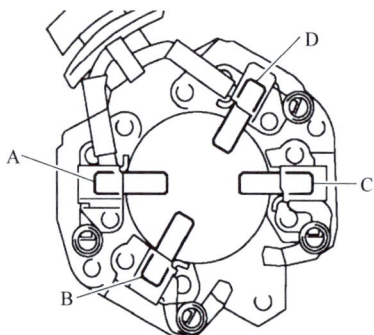

图 4-3-12　测量电刷间的电阻

4. 检查起动机中间轴承离合器分总成

1）磨损检查：检查行星齿轮的轮齿、内齿轮和起动机离合器是否磨损并损坏。如损坏，更换齿轮或离合器总成，还要检查行星齿轮是否磨损或损坏。

2）检查起动机离合器：顺时针转动离合器小齿轮，检查并确认其自由转动。尝试逆时针转动离合器小齿轮，检查并确认其锁止。如有必要，更换起动机中间轴承离合器分总成。

至此，起动机的检查完成。

情境分析

1. 故障现象

一辆丰田卡罗拉轿车，当转动起动开关时，起动机发出"嗒"声后无反应，发动机无法起动。

2. 故障诊断与排除

1）打开点火开关，起动发动机，发出"嗒"声后无反应，起动机不转。

2）打开发动机舱盖，检查蓄电池电压，显示 12.2V 正常。

3）检查蓄电池接线柱，各接线柱良好无锈蚀。

4）检测起动电路相关熔丝，正常。

5）检测起动电路中的起动继电器，正常。

6）拆卸起动机后，发现电刷弹簧损坏。

7）更换起动机后，故障排除。

8）整理工具，清洁场地。

3. 故障原因

经拆解发现，起动机电刷弹簧断裂，电刷与换向器不能接触，起动机的直流电动机不能转动。因此，接通起动开关后，会发出"嗒"的一声齿轮啮合的声音，然后由于直流电动机不能转动，因此起动机没有反应，发动机不能起动。

学习小结

1）一般起动机的工作过程经历齿轮啮合、起动机慢速转动、起动机快速转动、起动机停转、啮合齿轮回位。

2）结合盘的作用是使直流电动机快速转动，使发动机能够起动。

3）转子移动式起动机啮合过程是由转子在磁场的作用下，进行轴向移动来实现的。

点火系统的检修

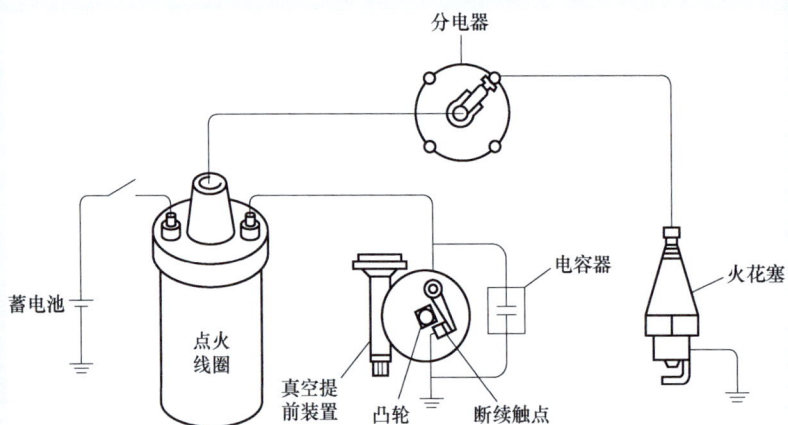

分电器

电容器

火花塞

蓄电池

点火
线圈

真空提
前装置

凸轮

断续触点

学习单元5.1 传统点火系统的认知

情境导入

一辆丰田卡罗拉轿车，发动机起动后工作无力，抖动严重。经检查，2号气缸火花塞故障，更换火花塞后故障排除。

学习目标

1. 能通过与客户交流、查阅相关维修技术资料等方式获取车辆信息。
2. 能正确地掌握点火系统的检查和修理步骤，同时了解点火系统的功能。
3. 能正确地记录、分析点火系统的测试结果。
4. 能按照正确地操作规范进行点火系统零部件的更换。
5. 能正确地检查点火系统高压线、火花塞等零部件的修复质量。
6. 能根据环保要求，正确处理损坏的零部件。

理论知识

一、点火系统的作用及要求

1. 点火系统的作用

汽油机点火系统的作用是适时地为发动机气缸内已压缩的可燃混合气提供足够能量的电火花，使发动机能及时、迅速地起动并连续运转。

2. 点火系统的要求

点火系统性能的好坏对发动机的工作有十分重要的影响。点火系统应在发动机各种工况和使用条件下保证可靠而准确地点火。

为此，对点火系统有下列要求：

（1）点火系统应能产生足以击穿火花塞电极间隙的高电压　能够击穿火花塞电极间隙，在火花塞电极间产生电火花的最低电压，称为火花塞击穿电压。汽车在行驶中，发动机在满载低速时需8～10kV的高压电，正常点火一般均在15kV以上，起动时可达19kV，为了保证点火可靠，通常在30kV以内。

（2）电火花应具有足够的点火能量　发动机正常工作时，因混合气压缩终了的温度已接近其自燃温度，这时所需电火花能量为1～5mJ即可点火。但在发动机起动、怠速运转以及节气门急剧打开时，需较高的电火花能量。为了保证发动机能在较高经济性和污染物排放指标的基础上正常工作，其可靠的点火能量应达到50～80mJ，起动时应产生大于100mJ的电火花能量。

（3）点火系统应按照发动机的工作顺序进行点火　一般直列四缸发动机的点火顺序为1→3→4→2，直列六缸发动机的点火顺序为1→5→3→6→2→4。但也有采用其他点火顺序的，应以制造厂商提供的技术数据为准。

（4）点火时刻应适应发动机各种工况的变化　发动机的负荷、转速和燃油品质等都直接影响气缸内混合气的燃烧速度。为了使发动机输出功率最大、油耗最小、排放污染物最少，点火系统必须能适应各种工况的变化，在最有利的时刻点火（实现最佳点火）。

点火时刻一般用点火提前角来表示，在压缩行程中，从点火开始到活塞运行到上止点时曲轴所转过的角度称为"点火提前角"。

点火提前角不能过大也不能过小，一般把发动机发出最大功率或油耗最小时的点火提前角称为"最佳点火提前角"。

二、点火系统的分类

1. 按照点火能量的储存方式分类

1）电感储能式电子点火系统（也称电感放电式电子点火系统）。在这类点火系统中，电火花的点火能量以磁场的形式储存在点火线圈中。

2）电容储能式电子点火系统（也称电容放电式电子点火系统）。在这类点火系统中，电火花的点火能量以电场的形式储存在专门的储能电容器中。

2. 按照点火信号发生原理分类

按照点火信号发生原理可分为电磁感应式电子点火系统（如丰田车系）、霍尔效应式电子点火系统（如德国大众车系）和光电式电子点火系统（如日产车系）。

3. 按初级电路的控制方式分类

（1）传统点火系统　传统点火系统只在早期生产的汽车上使用，现已淘汰。

（2）电子点火系统　电子点火系统多应用于采用化油器供油的发动机上，如解放CA1092、东风EQ1091以及早期生产的普通桑塔纳、捷达、奥迪100、红旗等车型。

（3）微机控制电子点火系统　微机控制电子点火系统广泛应用于电控发动机上。

4. 按照高压电的配电方式分类

按照高压电的配电方式可以分为有分电器点火系统和无分电器点火系统，区别在于点火系统中是否有分电器。

在以上各种点火装置中，相对于电容储能式电子点火系统而言，电感储能式电子点火系统应用广泛；而在电感储能式电子点火系统中，以电磁感应式和霍尔效应式电子点火系统的应用最为广泛；对于高压电的配电方式而言，有分电器点火系统在中低档车型中应用较多，无分电器点火系统在中高档车型中应用较多。

总体来说，采用无分电器的微机控制电子点火系统是汽车点火技术的发展趋势。

三、点火系统的发展

1. 传统点火系统

传统点火系统也称为蓄电池点火系统、触点式点火系统。这种点火系统具有最基本的结构，在该系统中，通过机械凸轮接通和断开触点，使点火线圈的初级电流间歇流动，从而在点火线圈次级产生点火高压，如图5-1-1所示。

传统点火系统的断电器触点因为使用中会发生氧化、烧蚀，需要定期保养，且触点的机械惯性大，响应速度慢，高速易断火，不能根据工况进行点火提前角的最佳控制，目前已经

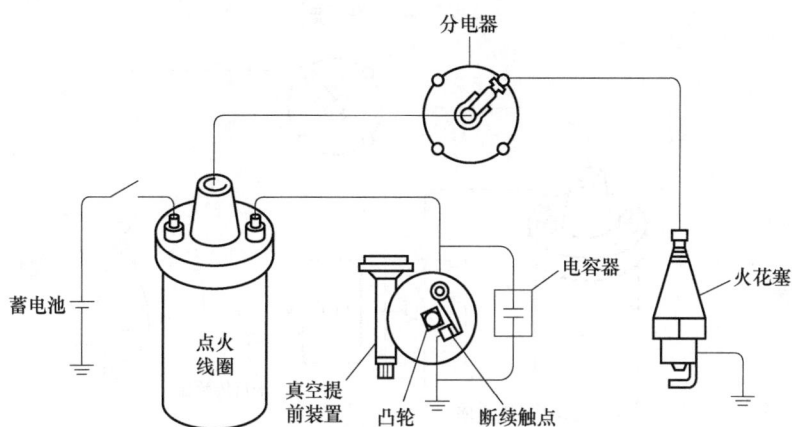

图 5-1-1 传统点火系统的结构

被新型点火系统取代。

2. 普通电子点火系统

在普通电子点火系统中，用信号发生器取代凸轮触点机构，利用电子控制的方法使点火线圈的初级电流间歇流动，从而在点火线圈次级产生点火高压，如图5-1-2所示。

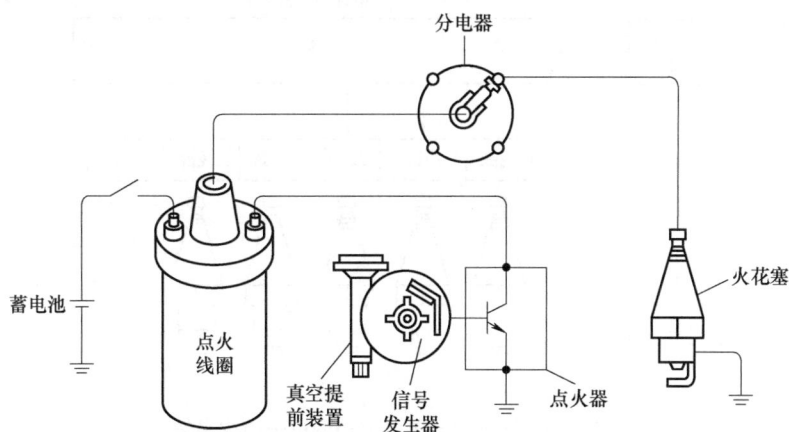

图 5-1-2 普通电子点火系统

普通电子点火系统不需要维护，但是也不能根据发动机工况进行点火提前角的最佳控制。

3. 微机控制电子点火系统

微机控制电子点火系统不需要维护，点火能量高，且能根据工况对发动机进行点火提前角的最佳控制。

（1）有分电器的微机控制电子点火系统 在微机控制电子点火系统中，电控点火提前装置取代了传统的点火提前机构（真空及离心提前机构），并开始利用发动机ECU控制点火提前角，如图5-1-3所示。

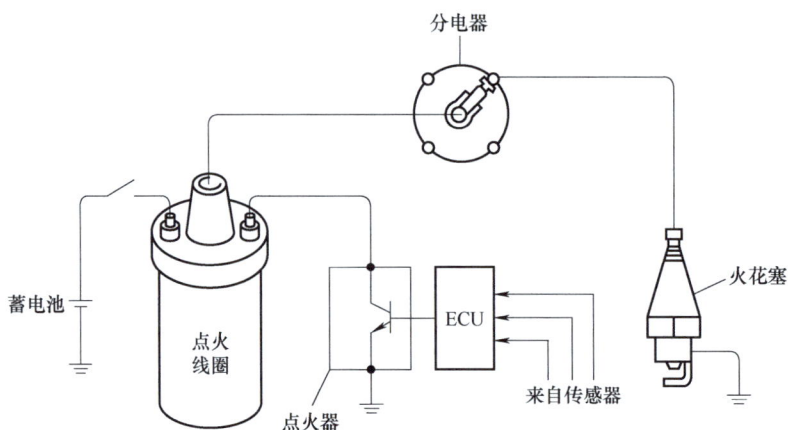

图 5-1-3　有分电器的微机控制电子点火系统

（2）无分电器的微机控制电子点火系统　无分电器的微机控制电子点火系统简称 DLI（Distributor-Less Ignition）系统，该系统使用多个点火线圈，直接向火花塞输送高电压，取消了机械式分电器结构，沿用了发动机 ECU 控制点火提前角的方法，如图 5-1-4 所示。

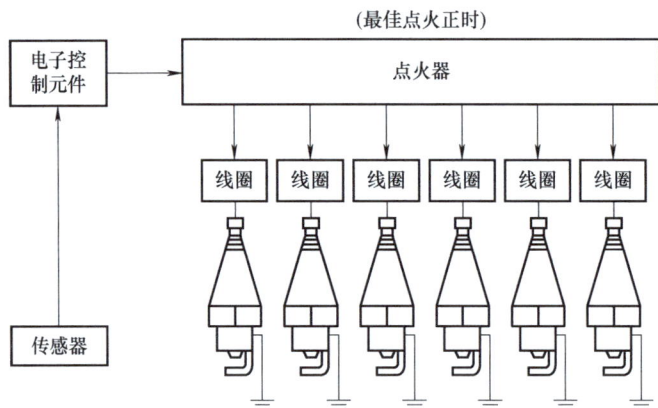

图 5-1-4　无分电器的微机控制电子点火系统

四、传统点火系统的组成

传统点火系统包括点火开关、点火线圈、分电器总成、火花塞、高压线及熔丝等。

1. 点火线圈

点火线圈（Ignition Coil）由一次绕组、二次绕组和铁心等组成。按磁路的结构形式不同可分为开磁路式点火线圈和闭磁路式点火线圈。

（1）开磁路式点火线圈　开磁路式点火线圈的内部结构如图 5-1-5 所示。点火线圈的中心是用硅钢片叠成的铁心，在铁心的外面套上绝缘的纸板套管，套管上绕有二次绕组。二次绕组用直径为 0.06 ~ 0.10mm 的漆包线绕 11000 ~ 23000 匝而成。

一次绕组用直径为 0.5 ~ 1mm 的高强漆包线，绕在二次绕组的外面，以利于散热，一般

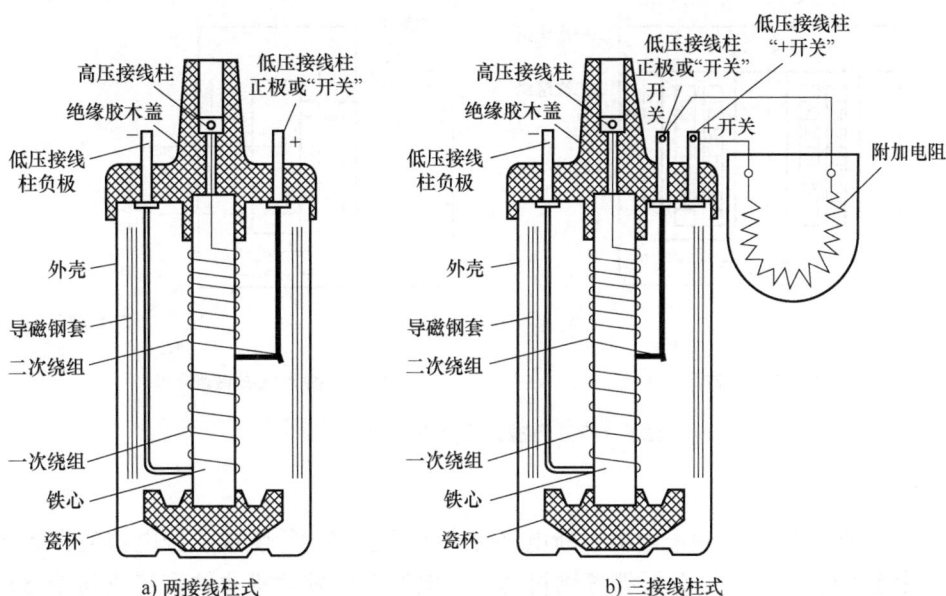

图 5-1-5 开磁路式点火线圈的内部结构

绕 230 ~ 370 匝。绕组绕好后在真空中浸以石蜡和松香的混合物，以增强绝缘。绕组和外壳之间装有导磁钢套，底部有瓷质绝缘支座，上部有绝缘盖，外壳内充满绝缘物，以加强绝缘并防止潮气侵入。

三接线柱式点火线圈的绝缘盖上有接线柱"－""开关""＋开关"和高压插孔，其中，"－"接线柱接断电器，"开关"接起动机附加电阻短路接线柱，"＋开关"接点火开关；高压插孔接分电器中央插孔。

三接线柱式点火线圈和两接线柱式点火线圈的主要区别是外壳上装有一个附加电阻，该电阻受热时电阻迅速增大，而冷却时电阻迅速降低，因此在发动机工作时，可自动调节初级电流，确保发动机低速运转时点火线圈不会过热，发动机高速运转时点火线圈不会断火。

当初级电流流过开磁路式点火线圈的一次绕组时，使铁心磁化，其磁路如图 5-1-6 所示。由于磁路的上、下部分都是从空气中通过的，一次绕组在铁心中产生的磁通需经壳体内的导磁钢套形成回路，磁路的磁阻大，漏磁较多，能量损失较大。

（2）闭磁路式点火线圈　闭磁路式点火线圈的磁路如图 5-1-7 所示。在"口"字形或"日"字形铁心内绕有一次绕组，在一次绕组外面绕有磁极绕组，一次绕组在铁心中产生的磁通通过铁心形成闭合磁路，故称其为闭磁路式点火线圈。

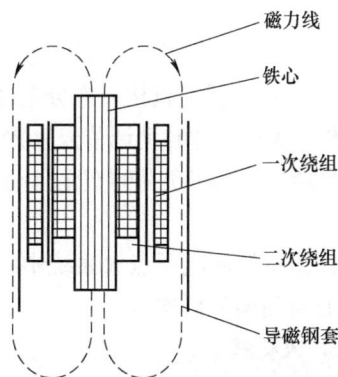

图 5-1-6 开磁路式点火线圈的磁路

与开磁路式点火线圈相比，闭磁路式点火线圈具有漏磁少、转换效率高、体积小、重量轻、铁心裸露易于散热等优点，故已在高能电子点火系统中广泛应用。

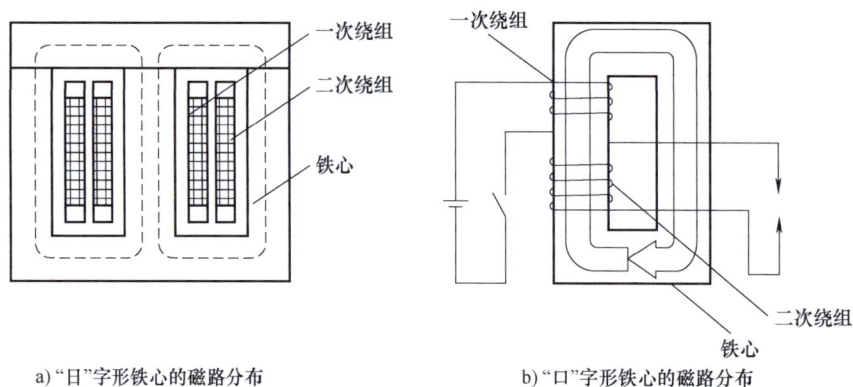

a)"日"字形铁心的磁路分布　　　　b)"口"字形铁心的磁路分布

图 5-1-7　闭磁路式点火线圈的磁路

2. 分电器总成

分电器（Distributor）由配电器、断电器和点火提前机构等组成。分电器的壳体通常用铝合金或铸铁制成，下部压有石墨青铜衬套，分电器轴由发动机曲轴直接或间接驱动，如图 5-1-8 所示。

（1）分电器　分电器安装在点火信号转子的上方，由绝缘材料制造的分电器盖和分火头组成。分电器盖的中央有一高压线（中央电极）座孔，其内装有带弹簧的炭柱，压在分火头的导电片上。分电器盖的四周均布有与发动机气缸数相等的旁电极，可通过高压分线与各缸火花塞相连。

分火头装在分电器轴的顶端，随分电器轴一起旋转，当点火线圈初级电路断开时，分火头上的导电片总是正对某一旁电极。

发动机工作时，在点火线圈初级电路断开的瞬间，来自点火线圈的高压电经中央电极的炭柱、分火头上导电片，以火花形式跳到旁电极上，再经高压分线送往相应的火花塞。

（2）断电器　当分电器轴转动时，断电器转子连同分火头随分电器轴一起转动，如图 5-1-9 所示。

断电器转子转动时，断电器被凸轮推开，使点火线圈一次绕组电路中断。

（3）点火提前机构　在分电器中一般设有两套自动调节点火提前角的机构。一套是能随发动机转速的变化自动调节点火提前角的离心式点火提前角调节机构，如图 5-1-10 所示；另一套是能随发动机负荷的变化自动调节点火提前角的真空式点火提前角调节机构，如图 5-1-11 所示。

在微机控制电子点火系统中，由发动机 ECU 直接控制点火提前角，无须这两套点火提前角的自动调节机构。

3. 火花塞

火花塞的工作条件极其恶劣，它要受到高压（5.88～6.86MPa）、高温以及燃烧产物的强烈腐蚀。因此，火花塞必须具有足够的力学强度，能够承受冲击性高压电的作用，能承受剧烈的温度变化（混合气燃烧时承受 1500～2000℃ 高温燃气的炙烤，而在进气时，又要承受 50～60℃ 的进气突然冷却），同时要具有良好的热特性，并要求火花塞的材料能抵抗燃气的腐蚀。

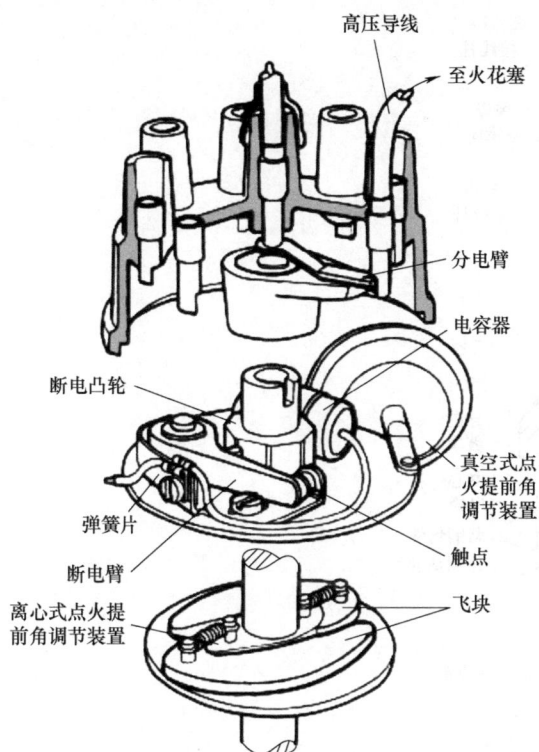

图 5-1-8 分电器

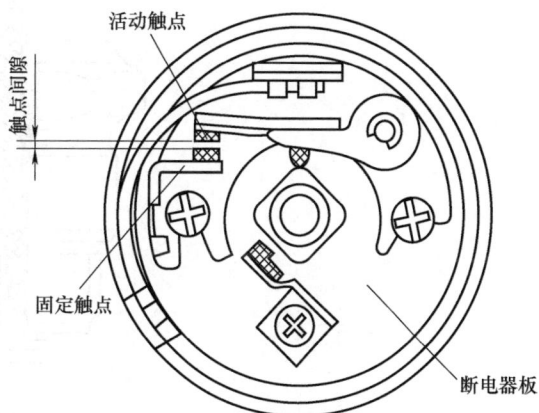

图 5-1-9 断电器

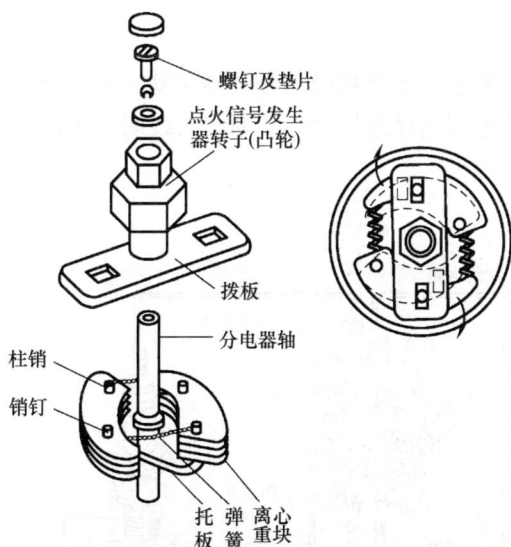

图 5-1-10 离心式点火提前角调节机构

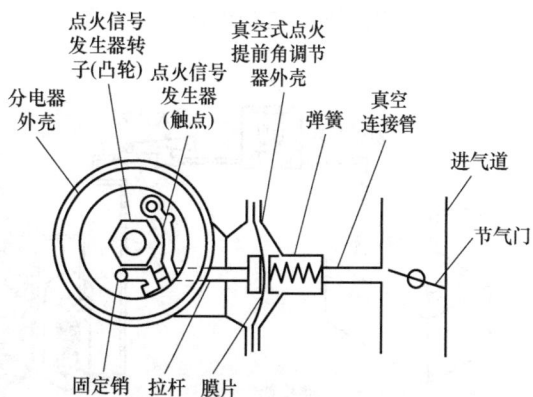

图 5-1-11 真空式点火提前角调节机构

在钢制壳体的内部固定有高氧化铝陶瓷绝缘体，使中心电极与侧电极之间保持足够的绝缘强度。绝缘体孔的上部装有金属杆，通过接线柱与高压分线相连，下部装有中心电极，如图 5-1-12 所示。

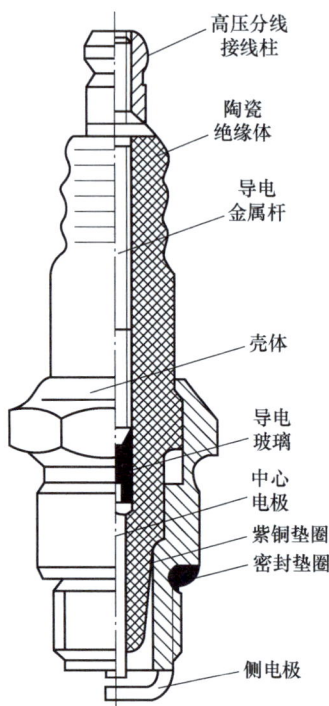

图 5-1-12　火花塞

五、传统点火系统的工作原理

传统点火系统的结构如图 5-1-13 所示。

点火开关闭合后，起动机带动发动机曲轴转动，通过传动机构带动分电器转动，从而带动断电器转动，此时点火线圈一次绕组通电，随着断电器的继续转动，切断点火线圈一次绕组通路，点火线圈二次绕组便产生高压电，使火花塞点火。

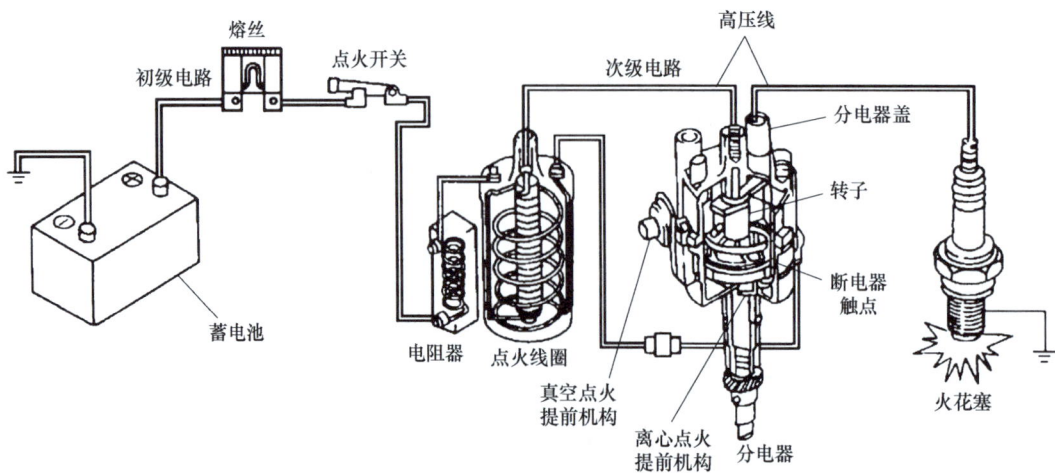

图 5-1-13　传统点火系统的结构

实践技能

点火系统的拆卸与安装

卡罗拉轿车发动机点火系统为无分电器的微机控制电子点火系统，拆卸和安装过程如下：

1. 点火系统的拆卸

1）拆卸气缸盖罩。

2）拆卸点火线圈总成：首先断开四个点火线圈插接器。

然后拆下四个螺栓和四个点火线圈，拆下点火线圈时，不要损坏发动机气缸盖罩开口上的火花塞盖或火花塞套管顶部边缘。

3）拆卸火花塞：用 14mm 火花塞扳手和 100mm 加长杆拆下四个火花塞。

2. 安装点火线圈总成

1）安装火花塞：用 14mm 火花塞扳手和 100mm 加长杆拧紧四个火花塞，转矩为 20N·m。

2）安装点火线圈总成：用四个螺栓安装四个点火线圈，转矩为 10N·m。在安装时，要注意不要损坏发动机气缸盖罩开口上的火花塞盖或火花塞套管顶部边缘，然后连接四个点火线圈插接器。

最后安装气缸盖罩。

情境分析

1. 故障现象

一辆丰田卡罗拉轿车，发动机起动后工作无力，抖动严重。

2. 故障诊断与排除

1）打开点火开关，起动发动机，发动机能起动，但抖动。

2）打开发动机舱盖，拔下 1 号气缸点火线圈插接器，抖动加重，装复插接器。

3）拔下 2 号气缸点火线圈插接器，抖动未变化。

4）2 号气缸失火，检查 2 号气缸火花塞。

5）停机拆卸 2 号气缸火花塞，发现火花塞积炭严重。

6）更换 2 号气缸火花塞。

7）着车检查，发动机不抖动，故障修复。

8）整理工具，清洁场地。

3. 故障原因分析

2 号气缸火花塞积炭严重，使其不能正常点火，使 2 号气缸处于失火状态，不能正常工作，因此发动机抖动。

学习小结

1）汽油机点火系统的作用是适时地为发动机气缸内已压缩的可燃混合气提供足够能量的电火花，使发动机能及时、迅速地起动并连续运转。

2）在汽车技术发展历程中，点火系统经历了如下的发展阶段：传统点火系统、普通电子点火系统、微机控制电子点火系统。

3）传统点火开关闭合后，起动机带动发动机曲轴转动，通过传动机构带动分电器转动，从而带动断电器转动，此时点火线圈一次绕组通电，随着断电器的继续转动，切断点火线圈一次绕组通路，点火线圈二次绕组便产生高压电，使火花塞点火。

4）传统点火系统包括点火开关、点火线圈、分电器总成、火花塞、高压线及熔丝等。

学习单元5.2 普通电子点火系统的检测

情境导入

一辆丰田卡罗拉轿车，发动机起动后工作无力，抖动严重。经检查2号气缸点火线圈故障，更换后故障排除。

学习目标

1. 能通过与客户交流、查阅相关维修技术资料等方式获取车辆信息。
2. 能正确掌握电气设备的检查和修理步骤，同时了解车辆点火系统的功能。
3. 能正确地记录、分析火花塞的检测结果。
4. 能按照正确地操作规范进行火花塞的更换。
5. 能正确地检查点火系统故障的修复质量。
6. 能根据环保要求，正确处理损坏的零部件。

理论知识

一、普通电子点火系统的组成

普通电子点火系统又称为无触点电子点火系统，它取代了传统点火系统的断电器触点，改用点火信号发生器产生点火信号，控制点火系统工作。它可以避免由触点引起的各种故障，减少了保养和维护工作；还可以增大初级电流，提高次级电压和点火能量；改善混合气的燃烧状况，提高发动机的动力性和经济性，并减少排气污染。因此，普通电子点火系统已在国内外得到了广泛应用。

普通电子点火系统一般由点火信号发生器、点火控制器、点火线圈和火花塞等组成，如图5-2-1所示。

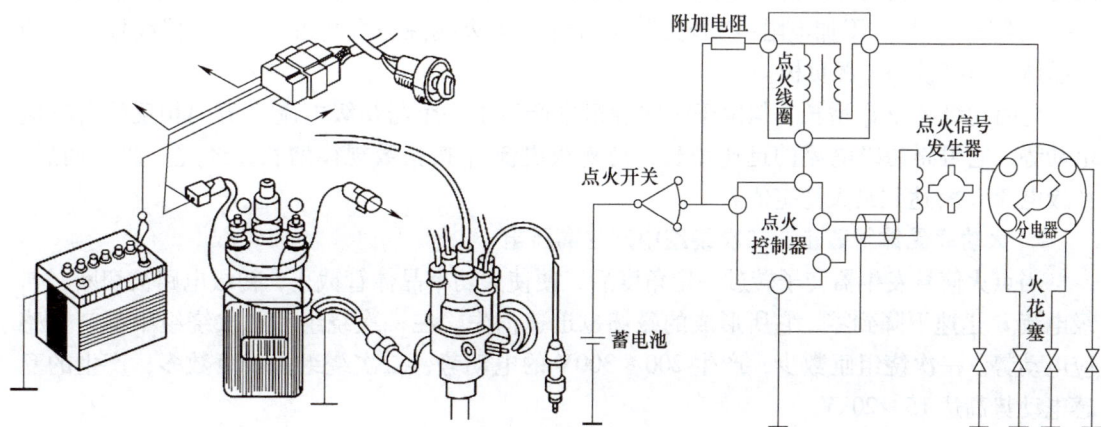

图5-2-1 普通电子点火系统的组成

二、普通电子点火系统的基本原理

普通电子点火系统的基本原理为：转动分电器使点火信号发生器产生脉冲电压信号，此脉冲电压信号经点火控制器大功率晶体管前置电路的放大、整形等处理后，控制串联于点火线圈初级回路的大功率晶体管的导通和截止。

大功率晶体管导通时，点火线圈初级电路通路，点火系统储能；当输入点火控制器的点火信号脉冲使大功率晶体管截止时，点火线圈初级电路断路，二次绕组便产生高压电。

在点火系统中，电源（蓄电池或发电机）供给的 12V 低压电，经点火线圈转变为高压电，再经配电器分送到各缸火花塞，使其电极间产生电火花，其工作原理如图 5-2-2 所示。

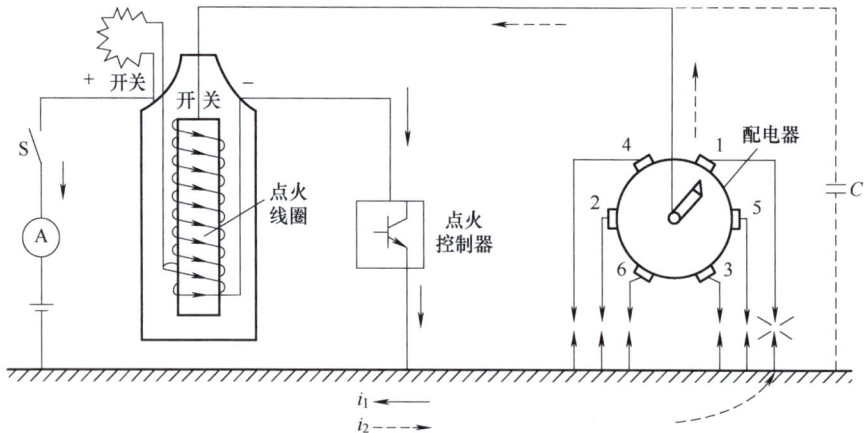

图 5-2-2 普通电子点火系统的工作原理

三、普通电子点火系统的工作过程

普通电子点火系统的工作过程可以分为以下三个阶段：

1. 大功率晶体管导通，初级电流增长

在点火开关接通的情况下，当大功率晶体管导通时，点火线圈一次绕组中有电流通过，流过一次绕组的电流称为初级电流 i_1，其电路是：电源正极→电流表→点火开关→点火线圈"＋"开关接线柱→附加电阻→"开关"接线柱→点火线圈一次绕组→"－"接线柱→大功率晶体管→搭铁→电源负极。

此时初级电流 i_1 增长，但由于一次绕组中产生了一个与初级电流 i_1 方向相反的自感应电动势，它阻碍初级电流的迅速增长，使初级电流 i_1 按指数规律增长，经过一段时间后，初级电流 i_1 将达到最大稳定值。

2. 大功率晶体管截止，二次绕组中产生高压电

当点火信号发生器转子转过一定角度后，便使大功率晶体管截止，初级电路被切断，初级电流 i_1 迅速下降到零，它所形成的磁场也迅速消失，在一次绕组和二次绕组中都产生感应电动势。一次绕组匝数少，产生 200～300V 的电动势，二次绕组由于匝数多，产生的互感电动势高达 15～20kV。

同时，二次绕组中产生的互感电动势将为分布在次级电路中的分布电容 C 充电。分布

电容 C 是分布在高压导线与高压导线、高压导线与发动机机体之间，火花塞中心电极及侧电极之间的电容，它相当于一个并联在二次绕组两端的电容器。

3. 火花塞电极间隙击穿，产生电火花，点燃混合气

通常火花塞的击穿电压 U_j 总是低于二次绕组产生的最高电压 U_{2max}。这样，当增长的次级电压 U_2 达到 U_j 时，就使火花塞电极间隙击穿而形成电火花，次级电流 i_2 迅速增加，次级电压 U_2 急剧下降。

火花塞电极间隙击穿以后，储存在 C 中的电场能首先放出。这部分由电容器储存的能量维持的放电称为"电容放电"，其特点是放电时间极短，放电电流很大。由于电火花是在次级电压达到最大值 U_{2max} 以前发生的，所以电容放电只消耗了磁场能的一部分。

火花塞间隙击穿后，阻力大大减小，铁心中剩余的磁场能将沿着电离了的火花塞间隙缓慢放电，形成"电感放电"（又称为"火花尾"），其特点是放电时间较长，放电电流较小，放电电压较低。实验证明，电感放电的持续时间越长，点火性能越好。

发动机工作期间，点火信号发生器转子每转一周各缸按点火顺序轮流点火一次。若要停止发动机的工作，只要断开点火开关，切断初级电路即可。

四、点火信号发生器

点火信号发生器的作用是产生与气缸数及曲轴位置相对应的电压信号，用以触发点火控制器按发动机各缸的点火需要，及时通断点火线圈的初级回路，使次级产生高压。它完全可以实现传统断电器的功能。

常见的点火信号发生器有电磁感应式、霍尔效应式和光电式等几种。

1. 电磁感应式点火信号发生器

电磁感应式点火信号发生器由靠分电器轴带动且转速与之相等的信号转子、安装在分电器底板上的永久磁铁和绕在导磁铁心上的传感线圈等组成，如图5-2-3所示。

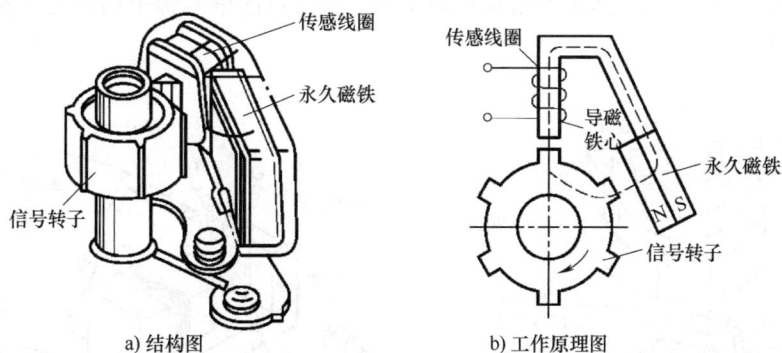

图 5-2-3　电磁感应式点火信号发生器

信号转子有数目与发动机气缸数相等的凸齿。永久磁铁的磁通经转子的凸齿、传感线圈的铁心、永久磁铁构成回路。

当转子转动时，转子凸齿与线圈铁心间的空气间隙不断发生变化，穿过线圈铁心中的磁通也不断变化。

根据电磁感应原理，当穿过线圈的磁通量发生变化时，线圈中将产生感应电动势，感应电动势的大小与磁通的变化率成正比。

电磁感应式点火信号发生器磁通的变化与感应电动势的变化如图 5-2-4 所示。

2. 霍尔效应式点火信号发生器

（1）霍尔效应　霍尔效应的原理如图 5-2-5 所示。当电流流过放在磁场中的半导体基片（也称为霍尔元件）且电流方向与磁场方向垂直时，将垂直于电流与磁通的半导体基片的横向侧面上将产生一个与电流和磁感应强度成正比的电压。该电压称为霍尔电压，这种效应称为霍尔效应。

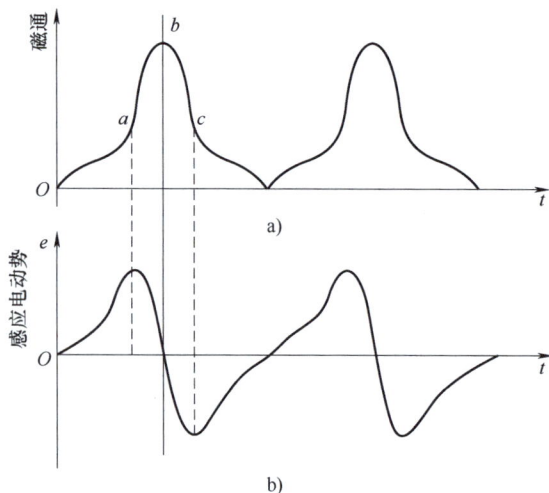

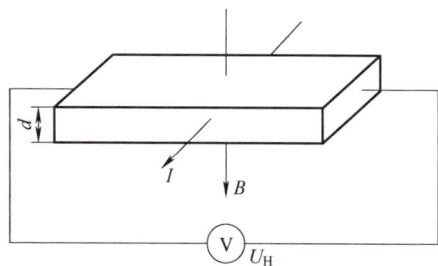

图 5-2-4　电磁感应式点火信号发生器磁通
的变化与感应电动势的变化

图 5-2-5　霍尔效应的原理

（2）霍尔效应式点火信号发生器的结构与原理　霍尔效应式点火信号发生器的外形和结构原理如图 5-2-6 所示，其主要由霍尔触发器、带窗口的信号转子和永久磁铁组成。信号转子与分电器同步转动。

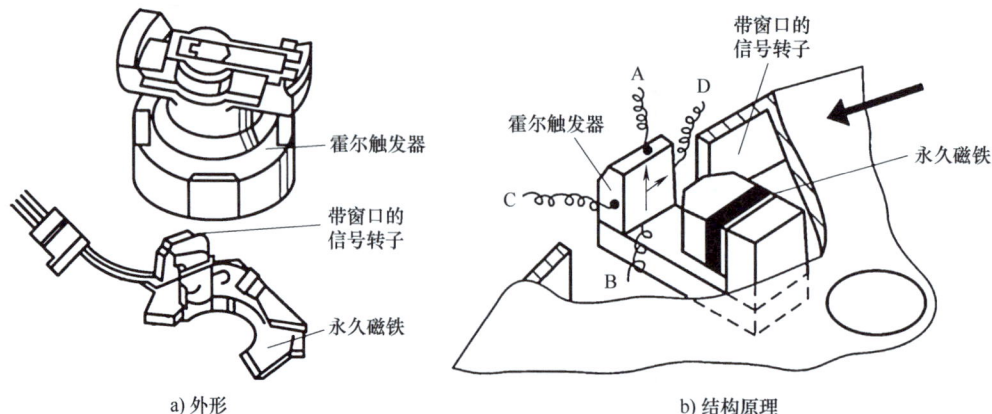

a）外形

b）结构原理

图 5-2-6　霍尔效应式点火信号发生器的外形及结构原理

霍尔效应式点火信号发生器的工作原理图如图 5-2-7 所示。在图 5-2-7a 所示状态，信号转子的叶片处在霍尔触发器和永久磁铁之间时，永久磁铁的磁场被信号转子的叶片旁路而迅速减弱，磁感应强度 B 随之迅速下降，导致霍尔电压趋近于零。

在图5-2-7b所示状态，信号转子的窗口和霍尔触发器正对时，永久磁铁的磁感应强度 B 最大，使霍尔电压瞬时达到最大值。

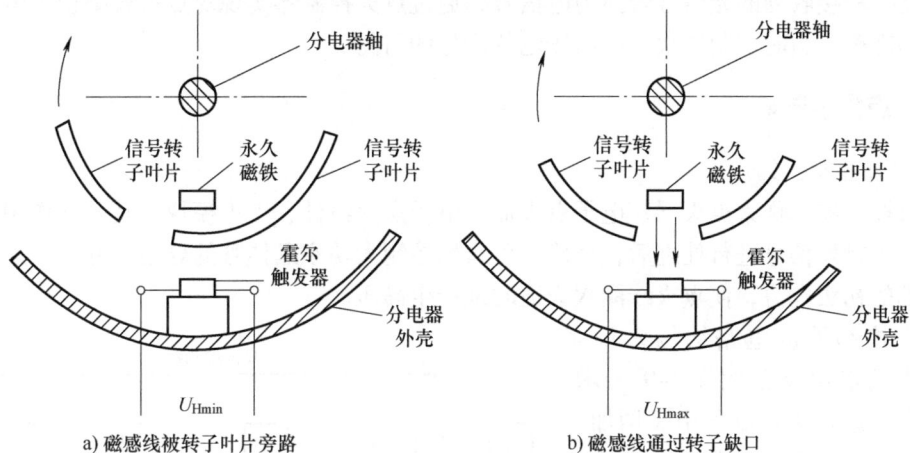

图5-2-7　霍尔效应式点火信号发生器的工作原理图

当霍尔电压为零时，霍尔集成电路使霍尔发生器的输出电压急剧上升至数伏；而当产生霍尔电压时，霍尔信号发生器的输出电压则降至 $0.4 \sim 0.5V$。

霍尔信号发生器的优点是点火正时性能稳定，精度高，耐久性好，不受灰尘、油污的影响，并且霍尔电压与转速无关，所以低速性能好。

3. 光电式点火信号发生器

光电式点火信号发生器主要由光源、光接收器和遮光盘三部分组成，如图5-2-8所示。

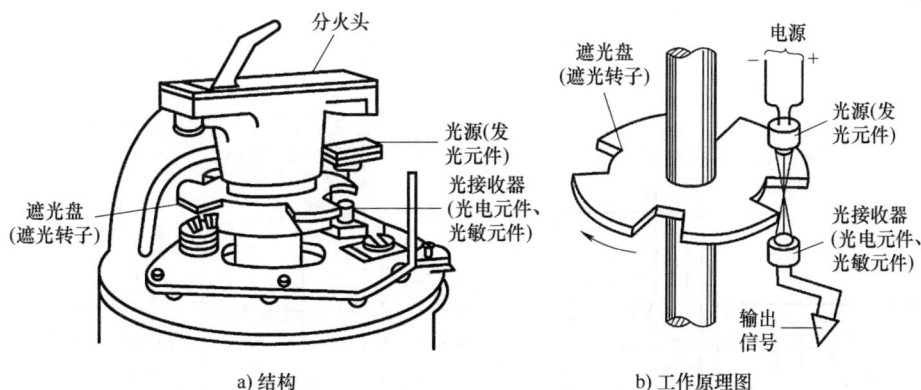

图5-2-8　光电式点火信号发生器的结构

1）光源：光源是一个砷化镓发光二极管，能以接近红外线的频率发出不可见光束，具有耐振动、耐高温和使用寿命长的优点。

2）光接收器：光接收器采用的半导体元件为光敏二极管或光敏晶体管。它与光源相对，并相隔一定距离。

3）遮光盘：一般用金属或塑料制成，安装在分电器轴上，位于分火头下面。盘上有与气缸数相等的窗口，遮光盘的外缘可深入光源与光接收器之间，遮挡光束的通过；当遮光盘随分电器转动时，光源所产生的光束可通过遮光盘上的窗口摄入光接收器而被接收，于是光电元件就把所接收到的光信号转换为电信号，通过点火控制器实现对点火线圈初级电流的控制，达到准确、适时控制二次绕组高压电的产生的目的。

五、点火控制器

1. 点火控制器的作用

点火控制器又称为点火器、电子点火器、电子点火组件、点火模块。其基本作用是：对输入的点火触发信号进行处理后，准确、可靠地控制大功率晶体管的导通与截止，从而通断点火线圈的初级电流，使点火线圈次级适时地产生高压。

点火控制器的电路结构多种多样，基本功能电路如图 5-2-9 所示，现代汽车一些点火控制器中又增加了闭合角控制、停车断电保护、点火能量恒定控制等功能电路。

2. 丰田汽车装用的点火控制器

图 5-2-10 为丰田汽车 20R 型发动机半导体点火系统电路图。其结构特点是：装有五只晶体管，其中 VT_1 管接成二极管的形式（其发射极与基极相连），主要起温度补偿作用；VT_2 为触发管，VT_3 和 VT_4 管起放大作用；VT_5 为大功率管，与点火线圈一次绕组串联，以提供较大的初级电流，使其截止时能在二次绕组产生所需要的高电压。

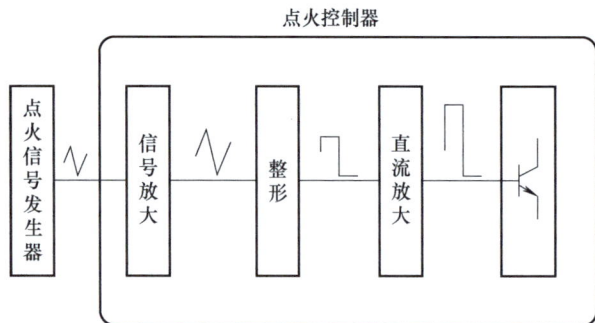

图 5-2-9　点火控制器基本功能电路

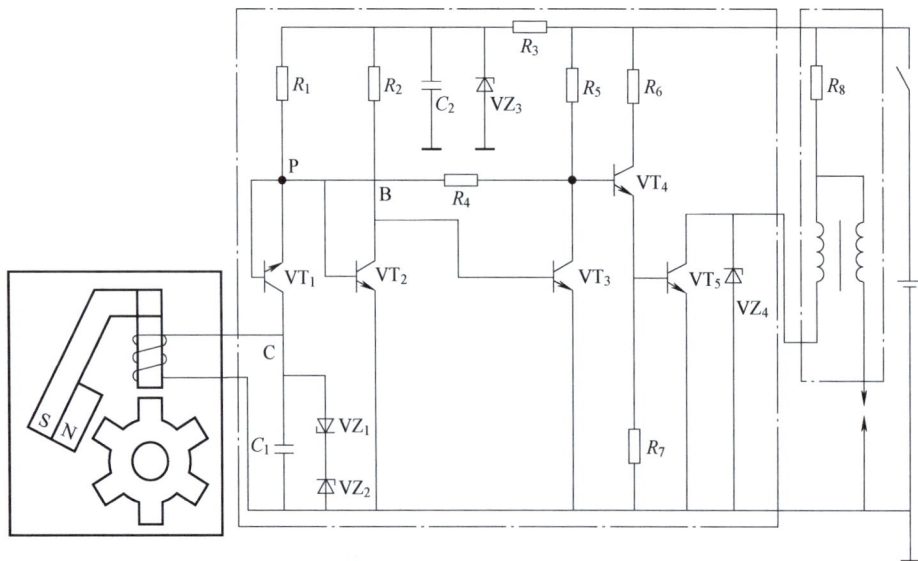

图 5-2-10　丰田汽车 20R 型发动机半导体点火系统电路图

六、丰田卡罗拉点火系统

丰田卡罗拉点火系统属于无分电器的微机控制电子点火系统，其电路如图 5-2-11 所示。

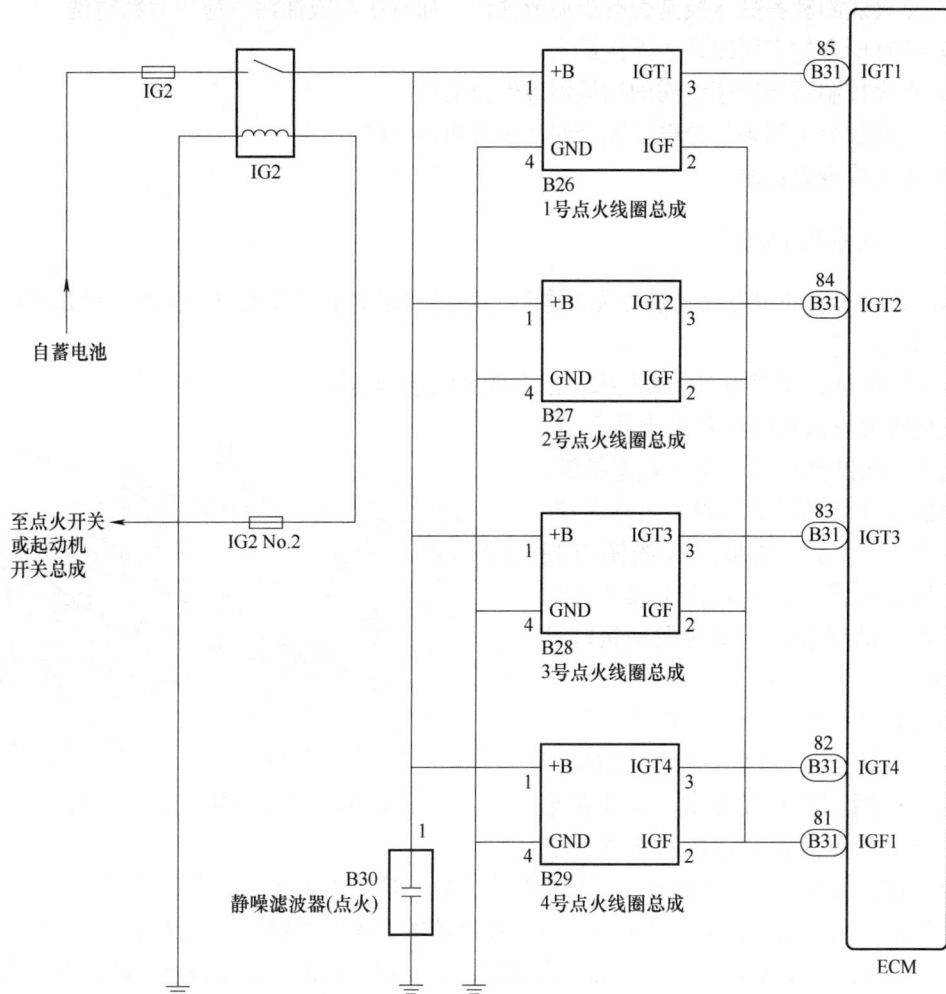

图 5-2-11　丰田卡罗拉无分电器的微机控制电子点火系统电路

由图 5-2-11 可知，丰田卡罗拉轿车点火系统有四个点火线圈总成，分别对应发动机的 1~4 缸，点火线圈受 ECM 控制。在 ECM 控制下，四个点火线圈依次点火，从而保证发动机能够依次运行。

对于该点火系统，初级回路和一般电子点火系统不同，但次级回路与一般电子点火系统基本相同。

实践技能

一、普通电子点火系统的使用与维护

为了保证点火系统正常工作，应定期做如下检查与维护工作：

1）检查分电器盖是否有裂缝，盖内各电极是否有严重烧蚀情况。如发现上述任一情况，应及时更换。

2）检查分火头端部是否严重烧蚀。如端部烧蚀，应及时更换。

3）点火线圈和各高压线是否有积垢或油污。如有积垢或油污，应用酒精清洗。

4）检查所有的高压线是否连接适当。

5）点火控制器与传感线圈的插接器应保持清洁。

6）定期往分电器轴与分电器轴套间加少许机油润滑。

7）定期检查火花塞。

二、点火系统的检查

卡罗拉轿车发动机点火系统为无分电器的微机控制电子点火系统，检查过程如下：

1. 车上检查

拆下四个点火线圈和四个火花塞，断开四个喷油器连接。

然后将火花塞安装到各点火线圈上，并连接点火线圈插接器，将火花塞搭铁，检查并确认发动机起动过程中出现火花，如图 5-2-12 所示。如果点火线圈有损坏，更换点火线圈后进行以上操作，出于对蓄电池的保护，不要使发动机起动超过 2s。

如没有出现火花，需检查并确认带点火控制器的点火线圈的线束侧插接器连接是否牢固。若连接异常，需连接牢固后对每个带点火控制器的点火线圈进行火花测试。测试时需更换能正常工作的带点火控制器的点火线圈再次进行测试。

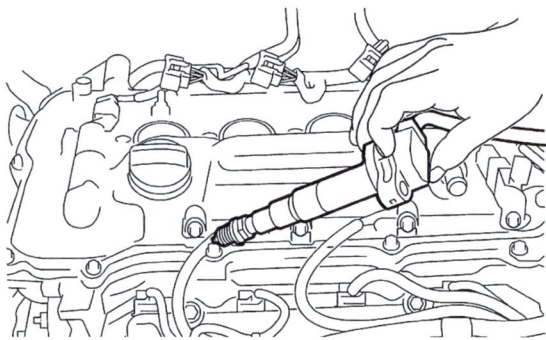

图 5-2-12　测试火花塞是否有火花

如果以上测试结果正常，证明原带点火控制器的点火线圈损坏，更换即可；若异常，进行火花塞的检查，如果检查有异常更换火花塞，如火花塞正常，需要检查并确认带点火控制器的点火线圈有电源。

可将点火开关置于 ON 位，检查并确认点火线圈正极（+）端子处有蓄电池电压。如发现异常，需检查点火开关和带点火控制器的点火线圈之间的配线，如正常，需要检查曲轴位置传感器的电阻。

如电阻异常，需更换曲轴位置传感器；电阻正常需检查来自 ECM 的 IGT 信号。

检查完成后连接四个喷油器插接器，安装四个点火线圈和四个火花塞。

至此，点火线圈和火花塞测试结束。

2. 检查火花塞

火花塞主要是检查电极，可有以下两种方法：

（1）用欧姆表测量火花塞绝缘电阻　用欧姆表的兆欧档测量火花塞的绝缘电阻，如图 5-2-13 所示。

标准电阻为 10MΩ 或更大。如不符合规定，用火花塞清洁器清洁火花塞并再次测量电阻。

（2）无欧姆表的检查方法　将发动机迅速增加到 4000r/min，重复操作五次，拆下火花塞，目视检查火花塞，如果电极干燥，说明火花塞正常工作。如果电极潮湿，检查火花塞的螺纹和绝缘垫是否损坏，如有任何损坏，更换火花塞。

一般新火花塞的电极间隙为 1.0~1.1mm，旧火花塞的最大电极间隙为 1.3mm，超过该尺寸时需更换火花塞。

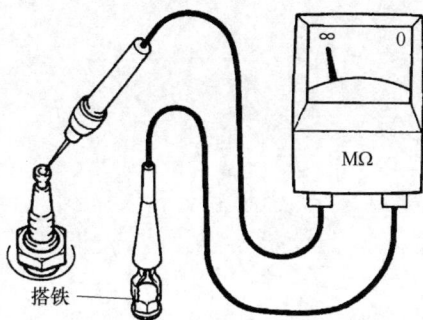

图 5-2-13　检查火花塞绝缘电阻

如果电极上有湿炭的痕迹，用火花塞清洁器清洁并进行干燥；但电极上有机油时，需先用汽油洗掉电极上的机油后，再用火花塞清洁器清洁并进行干燥。

情境分析

1. 故障现象

一辆丰田卡罗拉轿车，发动机起动后工作无力，抖动严重。

2. 故障诊断与排除

1）打开点火开关，起动发动机，发动机能起动，但抖动。

2）打开发动机舱盖，拔下 1 号气缸点火线圈插接器，抖动加重，装复插接器。

3）拔下 2 号气缸点火线圈插接器，抖动未变化。

4）2 号气缸失火，检查 2 号气缸点火系统。

5）停机，拆卸 2 号气缸火花塞，发现火花塞正常。

6）将火花塞装在点火线圈上，侧电极搭铁，起动发动机，火花塞无火花。

7）更换 2 号气缸点火线圈，进行以上测试，工作正常。

8）着车检查，发动机不抖动，故障修复。

9）整理工具，清洁场地。

3. 故障原因分析

2 号点火线圈损坏，使其不能正常点火，使 2 号气缸处于失火状态，不能正常工作，因此发动机抖动。

学习小结

1）普通电子点火系统一般由点火信号发生器、点火控制器、点火线圈和火花塞等组成。

2）普通电子点火系统的工作可以分为三个阶段：大功率晶体管导通，初级电流增长；大功率晶体管截止，二次绕组中产生高压电；火花塞电极间隙击穿，产生电火花，点燃混合气。

3）点火信号发生器的作用是产生与气缸数及曲轴位置相对应的电压信号，用以触发点火控制器按发动机各缸的点火需要，及时通断点火线圈的初级回路，使次级产生高压。

仪表系统的检修

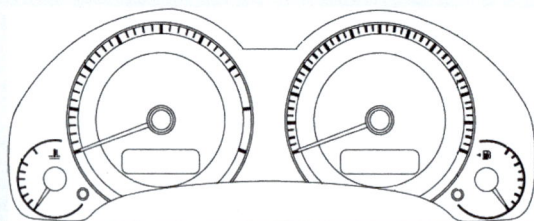

学习单元6.1 组合仪表的认知

情境导入

一辆丰田卡罗拉轿车，组合仪表带多信息显示屏，因维修其他部位断开蓄电池又重新连接后，时间显示不准确。经设置，时间显示正常。

学习目标

1. 能通过与客户交流、查阅组合仪表相关的维修技术资料等方式获取车辆信息。
2. 能根据组合仪表中仪表的指示判断汽车的工作状况。
3. 能根据组合仪表中各种警告信号进行故障判断。
4. 能进行组合仪表的设定、调整。
5. 能进行维修场地的维护，注重场地环保。

理论知识

一、汽车组合仪表概述

汽车组合仪表用来指示汽车运行以及发动机运转状况，是汽车与驾驶人进行信息交互的界面，让驾驶人随时了解汽车各系统的工作状态，保证汽车安全可靠地行驶。组合仪表安装在驾驶室转向盘前方的面板上，仪表盘上有各种指示仪表、指示灯和警告灯，因此组合仪表也是维修人员发现和排除故障的重要参考装置。

传统的汽车仪表多为机电式模拟仪表，随着电子技术的发展，出现了电子数字显示及图像显示的仪表。

汽车仪表要求结构简单、耐振动、工作可靠。在电源电压允许的变化范围内，仪表显示值要准确，且不随环境温度的变化而变化。

汽车仪表总成一般由面罩、表框、表芯、表座、底板、印制电路板、插接器、警告灯及指示灯等部件组成，有些仪表还带有仪表稳压器及报警蜂鸣器。

组合仪表可方便地进行拆卸，以便单独更换。

二、指示仪表

目前，汽车上都广泛使用组合仪表。仪表一般包括发动机转速表、车速里程、燃油表、发动机冷却液温度表（水温表）等。

卡罗拉轿车不带多信息显示屏的组合仪表上有发动机冷却液温度表、发动机转速表、车速表以及燃油表，如图6-1-1所示。有些汽车组合仪表上还带有电压表、电流表和机油压力表等。

（1）转速表　转速表用来指示发动机曲轴转速。转速表按其结构不同可分为机械式和电子式，其中应用较广泛的是电子式。电子式转速表按转速信号的获取方式不同可分为：

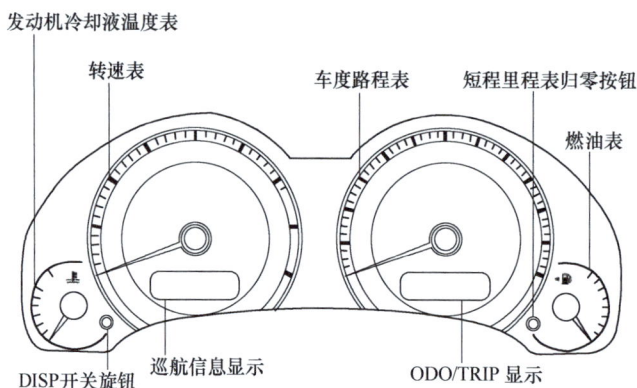

图 6-1-1　卡罗拉轿车不带多信息显示屏的组合仪表

1）从点火系统获取信号的转速表。

2）测取飞轮（或正时齿轮）转速的转速表。

3）从柴油机燃油供给系统获取转速信号的转速表。

转速表一般上面标有数字，实际转速为数字乘以 1000，单位为 r/min。

（2）车速里程表　车速里程表用来测量显示汽车行驶的车速和里程，由指示汽车行驶速度的车速表和记录汽车所行驶过距离的里程表组成，两者装在共同的壳体中，由同一根轴驱动。普通速度表一般为磁感应式，里程表分为滚轮计数器式和点阵液晶屏式两种。

车速里程表有迈速表和公里表两种表达单位。迈速表的单位为"mile/h"，公里表的单位为"km/h"，其换算关系为 1mile = 1.609km。

（3）发动机冷却液温度表　冷却液温度表的作用是指示发动机冷却液的温度。在正常情况下，冷却液温度表的指示值应为 85～95℃。冷却液温度表与装在发动机水套上的冷却液温度传感器配合工作。

（4）燃油表　燃油表用来指示汽车油箱中的存油量。它与装在油箱内的油量传感器配合工作，一般为可变电阻式。

（5）机油压力表　机油压力表简称为油压表或机油表，其作用是指示发动机主油道机油压力。它由装在发动机主油道（或粗滤器壳）上的油压传感器配合工作。常用的机油压力表有电热式和电磁式两种。

实践技能

仪表报警装置的认知

为了警示汽车、发动机或某一系统处于不良或特殊状态，保证汽车可靠工作和安全行驶，引起汽车驾驶人的注意，防止事故发生，汽车上安装了多种报警装置，主要包括警告灯和监视器两类。

警告灯由报警开关控制，当被监测的系统或总成工作不正常时，开关自动接通而使警告灯发亮，以提醒驾驶人注意，如前照灯警告灯、尾灯故障警告灯、冷却液温度警告灯、机油压力警告灯、燃油不足警告灯、气压不足警告灯、制动灯电路短路警告灯、液面过低警告灯等。

　　警告灯通常安装在仪表板上，功率为 $1 \sim 4W$，在灯泡前设有滤光片，使警告灯发出黄光或红光，滤光片上通常制有标准图形符号。有些汽车警告灯采用发光二极管显示，标准图形符号标在发光二极管旁边。

　　常见的汽车警告灯、指示灯图形符号和含义见表6-1-1。

表6-1-1　常见的汽车警告灯、指示灯图形符号和含义

名　　称	图形符号	含　　义
ABS 警告灯		该警告灯用来显示 ABS 工作状况。当起动开关置于 ON 位，车辆自检时，ABS 灯会点亮数秒，随后熄灭。如果未闪亮或者起动后仍不熄灭，表明 ABS 出现故障
O/D 档指示灯		该指示灯用来显示自动档的 O/D 档（Over-Drive）超速档的工作状态，当 O/D 档指示灯闪亮，说明 O/D 档已锁止。此时加速能力获得提升，但会增加油耗
安全带指示灯		该指示灯用来显示安全带是否处于锁止状态，当该灯点亮时，说明安全带没有及时扣紧。有些车型会有相应的提示音。当安全带被及时扣紧后，该指示灯自动熄灭
充电指示灯		该指示灯用来显示蓄电池使用状态。打开钥匙门，车辆开始自检时，该指示灯点亮。发动机起动后自动熄灭。如果起动后蓄电池指示灯常亮，说明该蓄电池出现了使用问题，需要更换
机油压力警告灯		该警告灯用来显示发动机内机油的压力状况。起动开关置于 ON 位，车辆开始自检时，灯点亮，发动机起动后熄灭。该灯常亮，说明该车发动机机油压力低于规定标准，需要维修
燃油不足警告灯		该警告灯用来显示车辆内储油量的多少，当起动开关置于 ON 位，车辆进行自检时，该灯会短时间点亮，随后熄灭。如发动机起动后该灯点亮，说明车内油量已不足
车门未关指示灯		该指示灯用来显示车辆各车门状况，任意车门未关上，或未关好，该指示灯都会点亮相应的车门指示灯，提示车主车门未关好，当车门关闭或关好时，相应车门指示灯熄灭
气囊系统指示灯		该指示灯用来显示安全气囊的工作状态，当起动开关置于 ON 位，车辆开始自检时，该指示灯自动点亮数秒后熄灭，如果常亮，安全气囊出现故障
制动器磨损警告灯		该警告灯是用来显示车辆制动盘磨损的状况。一般，该灯为熄灭状态，当制动盘出现故障或磨损过度时，该灯点亮，修复后熄灭
驻车制动器指示灯		该指示灯用来显示车辆驻车制动器的状态，平时为熄灭状态。当驻车制动器被拉起后，该指示灯自动点亮。驻车制动器被放下时，该指示灯自动熄灭。有的车型在行驶中未放下驻车制动器会伴随有警告声

（续）

名　称	图形符号	含　义
冷却液温度警告灯		该警告灯用来显示发动机内冷却液的温度，当起动开关置于 ON 位，车辆自检时，会点亮数秒，后熄灭。该灯常亮，说明冷却液温度超过规定值，需立刻暂停行驶。冷却液温度正常后熄灭
发动机故障指示灯		该指示灯用来显示车辆发动机的工作状况，当起动开关置于 ON 位，车辆自检时，该指示灯点亮后自动熄灭，如常亮说明车辆的发动机出现了机械故障，需要维修
转向指示灯		该指示灯是用来显示车辆转向灯所在的位置，通常为熄灭状态。当车主点亮转向灯时，该指示灯会同时点亮相应方向的转向灯，转向灯熄灭后，该指示灯自动熄灭
远光指示灯		该指示灯是用来显示车辆远光灯的状态，通常的情况下该指示灯为熄灭状态。当车主点亮远光灯时，该指示灯会同时点亮，以提示车主，车辆的远光灯处于开启状态
清洗液指示灯		该指示灯是用来显示车辆所装玻璃清洁液的多少，平时为熄灭状态，该指示灯点亮时，说明车辆所装载玻璃清洁液已不足，需添加玻璃清洁液。添加玻璃清洁液后，指示灯熄灭
雾灯指示灯		该指示灯是用来显示前后雾灯的工作状况，当前后雾灯点亮时，该指示灯相应的标志就会点亮。关闭雾灯后，相应的指示灯熄灭
示宽指示灯		该指示灯是用来显示车辆示宽灯的工作状态，平时为熄灭状态，当示宽灯打开时，该指示灯随即点亮。当示宽灯关闭或关闭示宽灯打开前照灯时，该指示灯自动熄灭
空调内循环指示灯		该指示灯是用来显示车辆空调系统的工作状态，平时为熄灭状态。当点亮内循环按钮，车辆关闭外循环，空调系统进入内循环状态时，该指示灯自动点亮。内循环关闭时熄灭
VSC 指示灯	VSC	该指示灯用来显示车辆 VSC（电子车身稳定系统）的工作状态，多出现在日系车上。当该指示灯点亮时，说明 VSC 已被关闭
TCS 指示灯		该指示灯是用来显示车辆 TCS（牵引力控制系统）的工作状态，多出现在日系车上。当该指示灯点亮时，说明 TCS 已被关闭

情境分析

1. 故障现象

一辆丰田卡罗拉轿车，组合仪表带多信息显示屏，因维修其他部位断开蓄电池又重新连接后，时间显示不准确。

2. 故障诊断与排除

1）车辆停止时，在多信息显示屏上显示"设定"的画面。

2）按住"DISP"按钮进入调整模式。

3）选择菜单画面上的"时钟"。

4）按下"DISP"按钮调整分钟，调整分钟后，等待 5s，使分钟自动输入。

5）按下"DISP"按钮调整小时，调整小时后，等待 5s，使小时自动输入。

6）选择菜单画面上的"日期"。

7）按下"DOSP"按钮选择年份，选择年份后，等待 5s，使年份自动输入。

8）按下"DOSP"按钮选择月份，选择月份后，等待 5s，使月份自动输入。

9）按下"DOSP"按钮选择日期，选择日期后，等待 5s，使日期自动输入。

至此，完成日期和时间的设置。

3. 故障原因分析

蓄电池断开后，组合仪表也会断电，因此内部储存的信息消失。重新接上电源后，时间恢复出厂设置，所以需要进行设定。

学习小结

1）汽车组合仪表用来指示汽车运行以及发动机运转状况，是汽车与驾驶人进行信息交流的界面，让驾驶人随时了解汽车各系统的工作状态，保证汽车安全可靠地行驶。

2）目前，汽车上都广泛使用组合仪表。仪表一般包括发动机转速表、车速表、里程表、燃油表和发动机冷却液温度表等。

3）为了警示汽车、发动机或某一系统处于不良或特殊状态，引起汽车驾驶人的注意，保证汽车可靠工作和安全行驶，防止事故发生，汽车上安装了多种报警装置。

学习单元6.2 组合仪表的更换

情境导入

一辆丰田卡罗拉轿车，发动机转速表指针始终不动。经检查，组合仪表损坏，更换组合仪表后，故障排除。

学习目标

1. 能通过与客户交流、查阅组合仪表相关的维修技术资料等方式获取车辆信息。
2. 能根据组合仪表故障现象制订正确的维修计划。
3. 能利用故障诊断表判断故障位置。
4. 能进行故障的检测。
5. 能进行组合仪表的拆卸和更换。
6. 能进行维修场地的维护，注重场地环保。

理论知识

一、组合仪表系统图

组合仪表有一些信号是通过 CAN 总线进行传输的。卡罗拉轿车的组合仪表 CAN 总线通信如图 6-2-1 所示。

有些信号是组合仪表通过直接与传感器连接获得的，如图 6-2-2 所示。

二、车速里程表的工作原理

车速里程表用来指示汽车行驶速度和汽车累计行驶里程，它由车速表和里程表两部分组成，按其工作原理可分为磁感应式和电子式两种。

1. 磁感应式车速里程表

磁感应式车速里程表的结构如图 6-2-3 所示，其主动轴由变速器或分动器传动输出轴经软轴驱动。

汽车行驶时，主动轴带动 U 形永久磁铁旋转，在感应罩上产生涡流磁场和转矩，驱使感应罩克服盘形弹簧力进行同向旋转，从而带动指针在刻度盘上指示相应的车速值。

车速越快，永久磁铁旋转越快，感应罩上的涡流转矩越大，感应罩带着指针偏转的角度越大，指示的车速值也越大；反之，车速越慢，指示的车速值越小。

另外，主动轴旋转还带动三套蜗轮蜗杆按一定的传动比传动，从而逐级带动计数轮转动，计数器为十进制，右边数字轮每旋转一周，相邻的左边数字轮指示数便自动增加1，从右往左其单位依次为 1/10km，1km，10km⋯以此类推，就能累计出汽车所行驶过的里程。

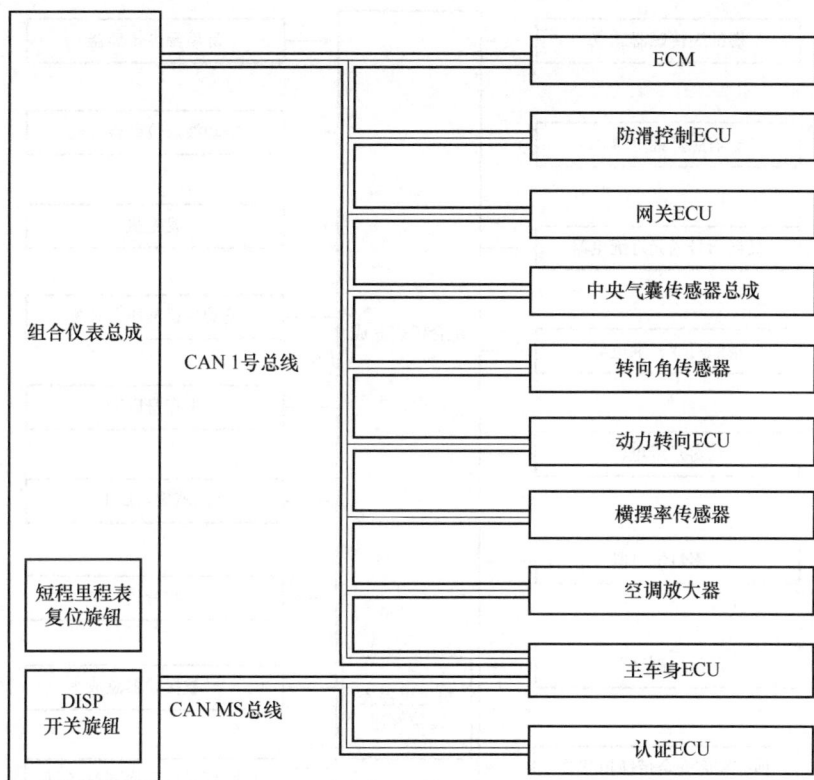

图 6-2-1 卡罗拉轿车的组合仪表 CAN 总线通信

汽车停驶时，永久磁铁以及蜗轮蜗杆均停止转动，感应罩上的涡流转矩消失，在盘形弹簧作用下使转速表指针回到"0"位置，同时里程表也停止计数。当汽车继续行驶时，里程表又继续计数。

2. 电子式车速里程表

奥迪 100 型轿车的组合仪表中装有指针电子式车速里程表。电子式车速里程表电路主要由车速传感器、电子电路、车速表和里程表四部分组成，如图 6-2-4 所示。

安装在仪表板背后的印制电路软板是将连接电路印制在聚氯乙烯塑料薄片上，一方面使各仪表及指示灯之间的电路连接；另一方面实现了仪表板与线束之间的连接，从而使仪表电路连接简单清晰，提高了使用的方便性和可靠性。

三、燃油表的工作原理

燃油表用来指示汽车油箱中的存油量，它与装在油箱内的燃油传感器配合工作。传感器一般为可变电阻式。

1. 电磁式燃油表

（1）双线圈燃油表 双线圈燃油表的结构和电路如图 6-2-5 所示。其燃油表有左右两只线圈（线圈内有铁心），中间置有转子，转子上连有指针。可变电阻式传感器由电阻器、滑片和浮子等组成。浮子漂浮在油面上，随油面的高低而起落，带动滑片使电阻器的阻值随之改变。

燃油表传感器总成	环境温度传感器
前照灯继电器	制动液液位警告开关
转向信号闪光灯继电器	发电机
前照灯变光继电器	发动机机油压力开关
前雾灯继电器	主车身ECU
后雾灯继电器	间隙警告ECU
防滑控制ECU	收音机
前排乘客安全带锁扣开关	导航接收器总成
前排乘客座椅安全带警告灯	前照灯光束高度调整ECU
	ECM

中间框：组合仪表总成、短程里程表复位旋钮、DISP开关旋钮

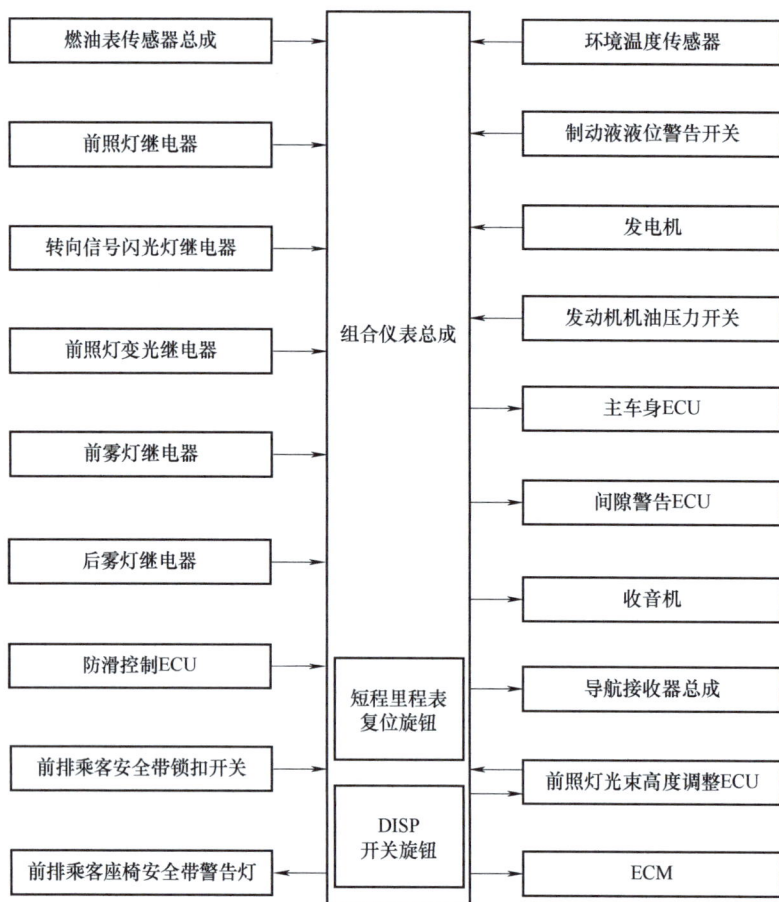

图 6-2-2　组合仪表直接获取信号

当油箱内无油时，浮子下降到最低位置，传感器上的电阻器被短路。同时右线圈也被短路；而左线圈在电源电压的作用下，电流达到最大，产生的电磁强度也最大，吸引转子带动指针偏向最左端，指在"0"刻度上。

当向油箱中加油时，随着油量的增多，浮子上升，电阻逐渐增大。左线圈中的电流逐渐减小，电磁强度相对减弱。右线圈中电流逐渐增大，电磁强度相对增强，两线圈合成磁场偏向右方，吸引指针顺时针偏转，指示油量增多。

当油箱注满浮子上升到最高位置，传感器的电阻被全部接入时，左线圈中的电流最小，而右线圈中的电流最大，电磁力也达到最大，在两线圈合成磁场的作用下，带动指针偏向最右端指在"1"刻度上，表示油箱已经盛满油。

传感器的可变电阻末端搭铁，可避免滑片与可变电阻接触不良时产生火花，引起火灾。

（2）三线圈式燃油表　三线圈式燃油表的电路图如图6-2-6所示。当燃油表通电后，线圈E（空）与线圈F（满）产生的磁场成90°夹角，其合成磁场的方向决定永磁转子的偏转角度。线圈B（补偿）产生的磁场极性与线圈E相反。传感器与线圈F、B并联。

当油箱注满燃油时，传感器浮子上升至最高位置，串于电路中的电阻阻值最大，线圈B与线圈F的电流达到最大值，磁场强度也达到最大值，三个线圈的合成磁场将偏至线圈F一

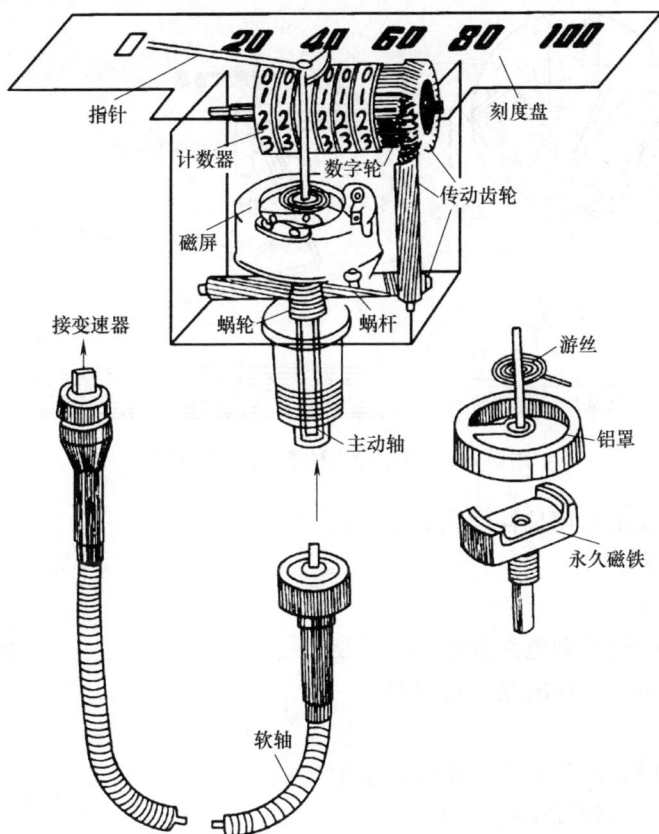

图 6-2-3　磁感应式车速里程表的结构

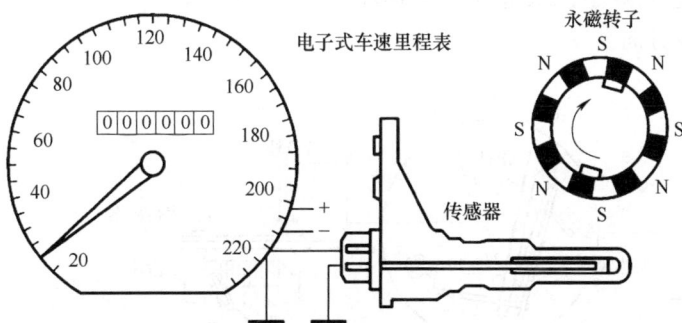

图 6-2-4　电子式车速里程表

侧，永磁转子在合成磁场作用下向线圈 F 一侧偏转，指针在永磁转子的带动下指向满油箱刻度 F。

当油箱中油量减少，油面下降后，传感器浮子下落，串于电路中的电阻阻值减小，线圈 E 的电流增大，线圈 B 与线圈 F 的电流相对减小，磁场强度减弱，合成磁场向线圈 E 一侧偏转，永磁转子在合成磁场的作用下也向线圈 E 一侧偏转，指针指示低油量刻度。

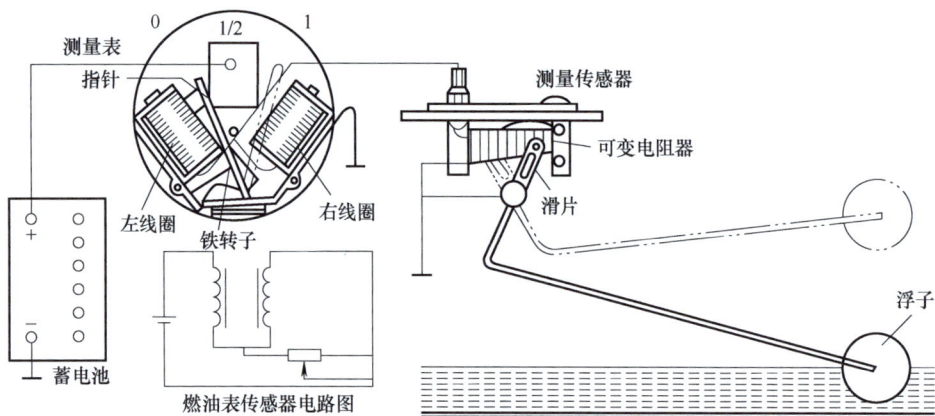

图 6-2-5 双线圈燃油表的结构和电路

图中分流电阻 R 的作用是补偿线圈绕制误差对指示精度的影响。

2. 电热式燃油表

电热式燃油表的结构和电路如图 6-2-7 所示，为了稳定电源电压，在电路中还串接了一个电热式稳压器。

当燃油量较多时，浮子上升，传感器阻值减小，流过指示表电热线圈中的电流较大，双金属片变形大，指针指向燃油较多方向；相反燃油较少时，浮子下降，传感器电阻较大，流过电热线圈中的电流减小，双金属片变形小，指针指向燃油较少方向。

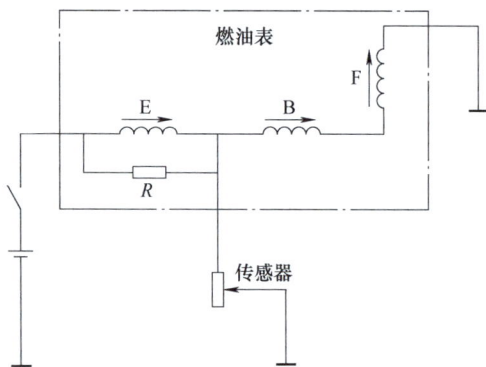

图 6-2-6 三线圈式燃油表的电路

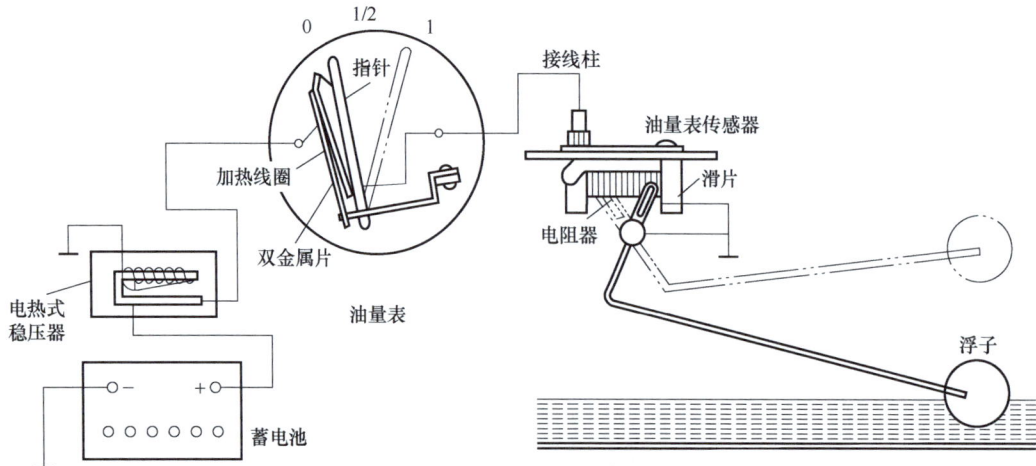

图 6-2-7 电热式燃油表的结构和电路

实践技能

组合仪表的更换

当组合仪表不能正常显示时，如果排除了其他部位的故障后依然不能正常显示，进行组合仪表的检查与更换，步骤如下：

1. 拆卸

1）拆卸组合仪表板左下装饰板。

2）拆卸组合仪表板左端装饰板。

3）拆卸组合仪表装饰板总成：操作倾斜度调节杆，以降下转向盘总成，在图 6-2-8 所示位置粘贴保护性胶带。

脱开导向销、卡爪和三个卡子，并拆下组合仪表装饰板总成。

4）拆卸组合仪表总成：拆下两个螺钉，脱开两个导向销。

拆下组合仪表总成时，小心不要损坏导向销。然后拉出组合仪表总成，断开插接器，并拆下组合仪表总成。

拆下组合仪表总成时，不要损坏上仪表板分总成或组合仪表总成。

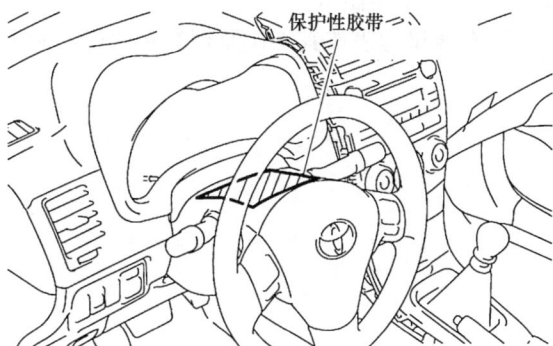

2. 安装

1）安装组合仪表总成：连接插接器，并暂时安装组合仪表总成。安装组合仪表总成时，不要损坏上仪表板分总成或组合仪表总成。

图 6-2-8　粘贴保护性胶带

接合两个导向销。安装组合仪表总成时，小心不要损坏导向销，并将导向销牢固地插入上仪表板分总成的孔内。然后用两个螺钉安装组合仪表总成。

2）安装组合仪表装饰板总成：接合导向销、卡爪和三个卡子，并安装组合仪表装饰板总成。清除转向柱罩上贴着的保护性胶带。

3）安装组合仪表板左端装饰板。

4）安装组合仪表板左下装饰板。

情境分析

1. 故障现象

一辆丰田卡罗拉轿车，发动机转速表指针始终不动。

2. 故障诊断与排除

1）连接故障诊断仪，将点火开关置于 ON 位，打开诊断仪。

2）检查是否输出 CAN 通信 DTC，经检查未输出 CAN 通信 DTC。

3）用故障诊断仪进行主动测试，测试 0km/h、40km/h、80km/h、120km/h、160km/h

及 200km/h 时指针动作情况。

  4）指针无反应，组合仪表损坏。

  5）更换组合仪表，故障排除。

3. 故障原因分析

  组合仪表故障，不能进行 CAN 通信，而发动机转速信号是通过 CAN 通信传达给组合仪表的，因此组合仪表无发动机转速显示。

学习小结

  1）组合仪表有一些信号是通过 CAN 总线进行传输的，有些信号是组合仪表通过直接与传感器连接获得的。

  2）燃油表用来指示汽车油箱中的存油量，它与装在油箱内的燃油传感器配套工作。传感器一般为可变电阻式。

  3）车速里程表按其工作原理有磁感应式和电子式两种。

照明与信号系统的检修

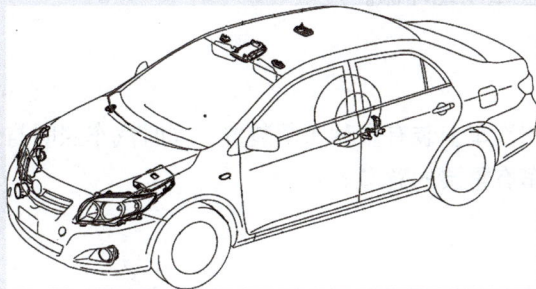

学习单元 7.1　汽车照明与信号系统的认知

情境导入

一辆丰田卡罗拉轿车，需要进行灯光系统的检查和维护，经检查，灯光系统正常。

学习目标

1. 能通过与客户交流、查阅相关的维修技术资料等方式获取车辆信息。
2. 能根据客户需求制订维护检查计划。
3. 能正确进行照明与信号系统的操作。
4. 能根据照明与信号系统的检查结果判断故障位置。
5. 能进行维修场地的维护，注重场地环保。

理论知识

为了确保汽车夜间行驶安全，汽车上装有多种照明装置；同时汽车照明与信号系统也是一种交通语言，对于汽车安全行车有重要的意义。

一、汽车灯具的分类

汽车灯具按功能可分为照明灯具和信号灯具，照明灯具有前照灯、雾灯、牌照灯、倒车灯等，信号灯具有示宽灯、危险警告灯等。

汽车灯具按照安装位置可以分为外部灯具和内部灯具。外部灯具光色一般采用白色、橙黄色和红色；执行特殊任务的车辆，如消防车、警车、救护车、工程抢修车，采用具有优先通过权的红色、黄色或蓝色闪光警告灯；内部灯具有阅读灯、顶灯和氛围灯等。

二、汽车灯具的用途

1. 外部灯具

外部灯具主要有前照灯、雾灯、牌照灯、倒车灯、制动灯、转向灯、示位灯、示廓灯、驻车灯及警告灯等。各个外部灯具的安装位置如图 7-1-1 所示。

（1）前照灯　前照灯俗称为大灯或头灯，装在汽车头部两侧，用来照明车前道路，有两灯制、四灯制之分。四灯制前照灯并排安装时，装于外侧的一对应为近、远光双光束灯；装于内侧的一对应为远光单光束灯。远光灯功率一般为 40～60W，近光灯功率一般为 35～55W。

（2）雾灯　雾灯分为前雾灯和后雾灯，安装在汽车头部和尾部。在雾天、下雪、暴雨或尘埃弥漫等情况下，用来改善车前道路的照明情况和为后方车辆提供前方有车提示。前雾灯功率为 45～55W，光色为橙黄色。后雾灯功率为 21W 或 6W，光色为红色，以警示尾随车辆保持安全间距。

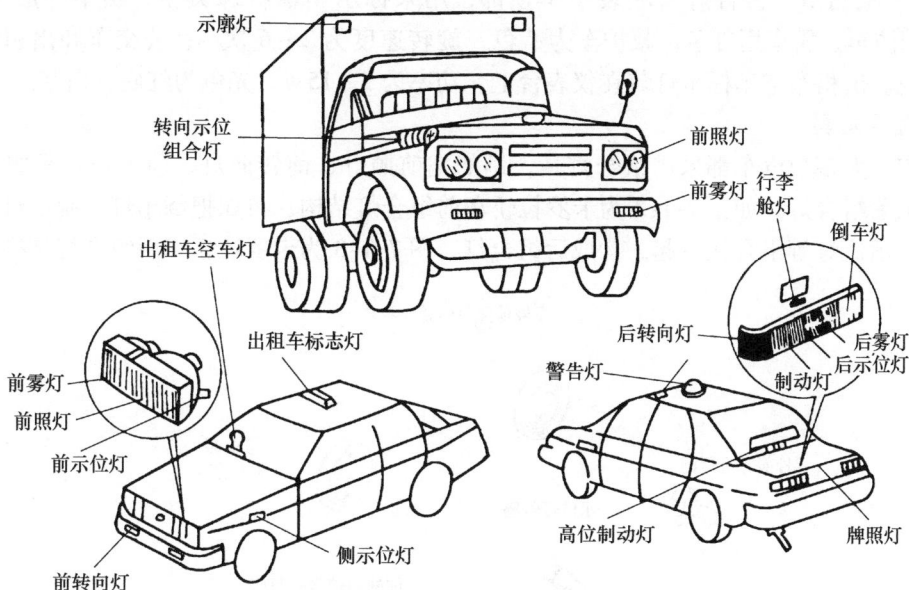

图 7-1-1　各个外部灯具的安装位置

（3）牌照灯　牌照灯装于汽车尾部牌照上方或左右两侧，用来照明后牌照，功率一般为 5～10W，确保行人在车后 20m 处看清牌照上的文字及数字。

（4）倒车灯　倒车灯安装在汽车尾部，当变速器挂倒档时，自动发亮，照明车后侧，同时警示后方车辆、行人注意安全。功率一般为 20～25W，光色为白色。

（5）制动灯　制动灯俗称为刹车灯，安装在汽车尾部。在踩下制动踏板时，发出较强红光，以示制动。功率为 20～25W，光色为红色，灯罩显示面积较后示位灯大。为了避免尾随大型车对轿车碰撞的危险，轿车后窗内可加装由发光二极管成排显示的高位制动灯。

（6）转向灯　转向灯包括主转向灯、侧转向灯等。主转向灯一般安装在汽车头、尾部的左右两侧，用来指示车辆行驶趋向。一般在汽车中间还装有侧转向灯。近年来，在小型车上，把侧转向灯安装到左右后视镜上渐成趋势。

主转向灯功率一般为 20～25W，侧转向灯功率为 5W，光色为琥珀色。转向时，灯光呈闪烁状，频率规定为（1.5±0.5）Hz，起动时间不超过 1.5s。在紧急遇险状态需其他车辆注意避让时，全部转向灯可通过危险警告灯开关接通同时闪烁。

（7）示位灯　示位灯又称为示宽灯、位置灯，安装在汽车前面、后面和侧面，夜间行驶接通前照灯时，示位灯、仪表照明灯和牌照灯同时发亮，以标志车辆的形位等。功率一般为 5～20W。前示位灯俗称为小灯，光色为白色或黄色，后示位灯俗称为尾灯，光色为红色；侧示位灯光色为琥珀色。

（8）示廓灯　示廓灯俗称为角标灯，空载车高 3.0m 以上的车辆均应安装示廓灯，标示车辆轮廓。示廓灯功率一般为 5W。

（9）驻车灯　一般驻车灯安装于车头和车尾两侧，要求从车前和车尾 150m 远处能确认灯光信号，要求车前处光色为白色，车尾处光色为红色。夜间驻车时，将驻车灯接通，标志车辆形位。

（10）警告灯　警告灯一般装于车顶部，用来标示车辆特殊类型，功率一般为 40～45W。消防车、警车用红色，救护车为蓝色，旋转速度为 2～6 次/s；公交车和出租车为白色、黄色。出租车空车标示灯装在仪表台上，功率为 5～15W，光色为红底、白字。

2. 组合灯具

目前，大多数汽车都采用组合灯具，例如把前照灯、前转向灯、前示位灯等组合在一起，构成前组合灯，如图 7-1-2 为卡罗拉轿车前组合灯结构；再如把倒车灯、制动灯、后转向灯、后示位灯等组合在一起，构成后组合灯，图 7-1-3 为卡罗拉轿车后组合灯结构。

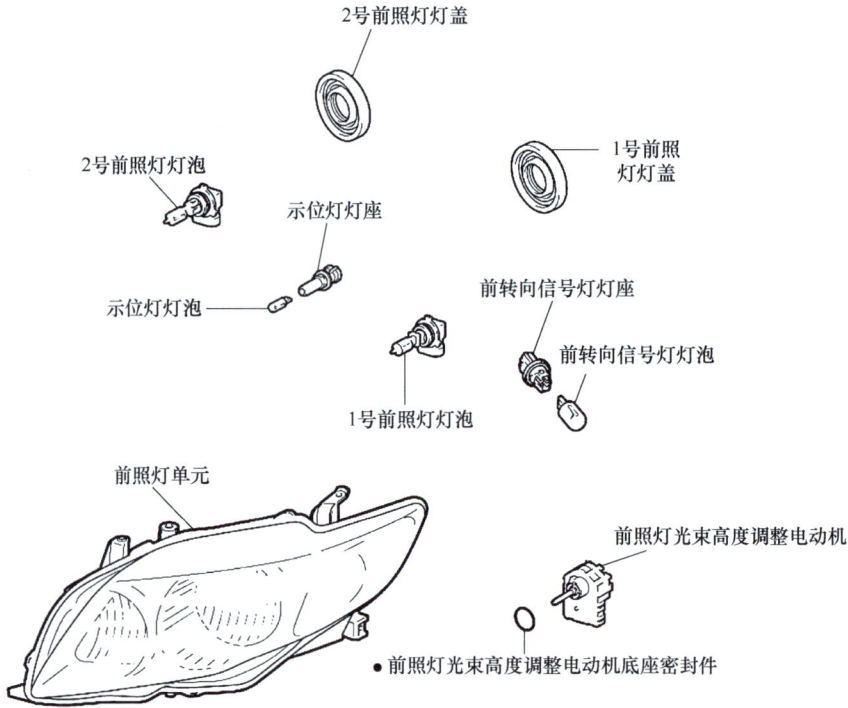

图 7-1-2　卡罗拉轿车前组合灯结构

3. 内部灯具

常见的内部灯具有顶灯、阅读灯、行李舱灯、门灯、踏步灯、仪表照明灯、报警及指示灯、工作灯等。

（1）顶灯　轿车及载货汽车一般仅设一只顶灯，除用作室内照明外，还可兼起监视车内门是否可靠关闭的作用。在监视车门状态下，只要车门未可靠关紧，顶灯就发亮。顶灯功率一般为 5～15W。公共汽车的顶灯有向荧光灯发展的趋势。

（2）阅读灯　阅读灯装于乘员席前部或顶部，聚光时乘员看书不会给驾驶人产生炫目感觉，照明范围较小，有的阅读灯还有光轴方向调节结构。

（3）行李舱灯　行李舱灯装于轿车或客车行李舱内，当开启行李舱盖时，该灯自动发亮，照亮行李舱内空间，功率一般为 5W。

（4）门灯　门灯装于轿车外张式车门内侧底部，开启车门时，门灯发亮，以警告后来行人、车辆避让。功率为 5W，光色为红色。

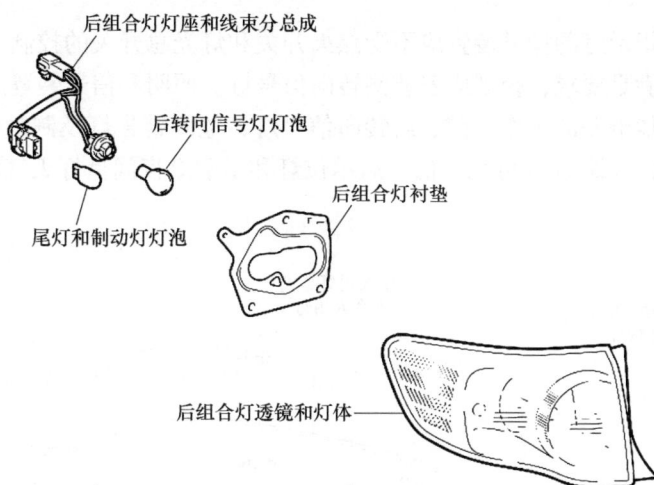

图 7-1-3 卡罗拉轿车后组合灯结构

（5）踏步灯 踏步灯装在大中型汽车乘员门内的台阶上。夜间开启乘员门时，照亮踏板。

（6）仪表照明灯 仪表照明灯装在仪表板反面，用来照明仪表指针及刻度板，功率为2W。仪表照明灯一般与示位灯、牌照灯并联。有些汽车仪表照明灯发光强度可调节。

（7）报警及指示灯 报警及指示灯常见的有机油压力警告灯、冷却液温度过高警告灯、充电指示灯、转向指示灯、远光指示灯等，警告灯一般为红色、黄色，指示灯一般为绿色或蓝色。

（8）工作灯 车辆维修时可以移动使用的一种随车低压照明工具，电源来自汽车发电机或蓄电池，功率一般为21W，常带有挂钩或夹钳，插头有点烟器式和两柱插头式两种。

三、卡罗拉轿车照明与信号系统

卡罗拉轿车车身前部照明信号系统如图7-1-4所示。

卡罗拉轿车的前部主要有前照灯总成、雾灯总成。在前翼子板位置有侧转向信号灯总成，在汽车顶部车内有梳妆灯、个人用灯和车内照明灯。

卡罗拉轿车的后部主要有高位制动灯、门控灯、后组合灯、行李舱灯、牌照灯总成等。其中，后组合灯包含了尾灯、后转向灯、制动灯及倒车灯。

四、汽车灯具的要求

机动车应按时参加安全检测和综合检测，确保外部灯具齐全有效。照明灯具与信号装置应安装可靠、完好有效，不得因车辆振动而松脱、损坏、失去作用或改变光照方向；所有灯光的开关应安装牢固、开关自如，不得因车辆振动而自行开关。开关的位置应便于驾驶人操纵。

除前照灯的远光外，所有灯光均不得炫目，左、右两边布置的灯具光色、规格必须一致，安装位置对称。

前示位灯、尾灯、示廓灯、牌照灯和仪表灯应能同时启闭，当前照灯关闭或发动机熄火时仍能点亮。

危险警告灯、指示灯的操纵装置应不受点火开关和灯光总开关的控制。汽车转向信号灯在侧面可见时视为满足要求，否则应安装侧转向信号灯。照明和信号装置的任一条电路出现故障，不得干扰其他电路的工作。前、后转向信号灯，危险警告灯及制动灯白天距100m可见；侧转向信号灯白天距30m可见；前、后示位灯和示廓灯夜间良好天气距300m可见。

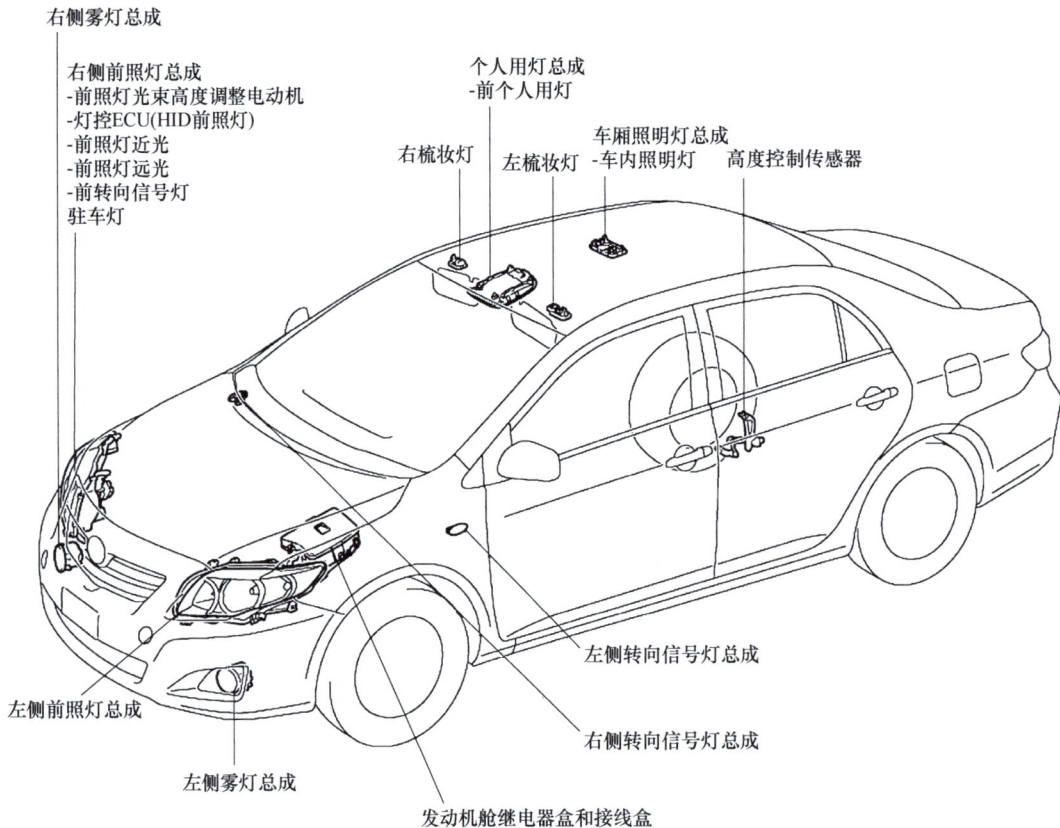

图7-1-4　卡罗拉轿车车身前部照明信号系统

实践技能

灯光系统的检查

在汽车的维护中，灯光的检查是其中一个重要的项目。一般汽车维护检查的步骤如图7-1-5所示。

首先进行位置1的检查，即驾驶人座椅位置的项目检查，主要检查项目包括车灯、风窗玻璃喷洗器、刮水器和喇叭等；然后进行位置2的检查，主要检查左侧前门门控开关；在位置3进行左侧后门门控灯开关的检查；在位置4进行油箱盖的检查；在位置5进行后部车灯的检查；在位置6进行右侧后门门控灯的检查；在位置7进行右前门控灯的检查，最后在位置8进行前部车灯的外观检查。

灯光检查的一般步骤如下：

1. 驾驶人座椅灯光的检查

将点火开关置于 ON 位，检查车辆的灯是否正常发光和闪烁，并用后视镜观察车外的灯是否正常。

1）将灯光控制开关旋动一档，然后检查示位灯、牌照灯、尾灯以及仪表板灯是否亮起。

2）将灯光控制开关旋动两档后，检查前照灯（近光灯）是否发光。然后将变光开关推开，检查前照灯（远光灯）是否发光。

3）把变光器开关向前拉，检查前照灯闪光器和指示灯工作是否正常。

将变光器开关上下移动检查转向信号灯和指示灯工作是否正常。

4）按下危险警告灯开关，检查危险警告灯是否亮起。

5）推动变光开关，检查停车灯是否亮起。

6）挂倒档，检查倒车灯是否亮起。

图 7-1-5　一般汽车维护
检查的步骤

2. 变光开关自回操作的检查

把车辆正放，上下转动变光开关，然后顺时针（逆时针）方向转动转向盘约 90°，把转向盘转到初始位置，把变光器开关置于中间位置。

3. 组合仪表警告灯的检查

将点火开关置于 ON 位，检查所有的警告灯是否亮起；检查发动机起动后，所有的警告灯是否熄灭。

4. 门控灯开关的检查

通过检查门控灯开关，确保打开一扇车门时顶灯变亮，而所有车门关闭时顶灯熄灭。配备照明进入系统的车辆的顶灯不会立即熄灭，依次需要等待几秒钟，以便检查顶灯是否熄灭。

5. 尾灯的检查

用手检查尾灯是否松动，通过检查确保各灯的灯罩和反光镜没有褪色或者因为碰撞而损坏，同时，检查灯内是否有污物或者有水进入。

除此之外，还要对每个门控灯的开关进行检查。

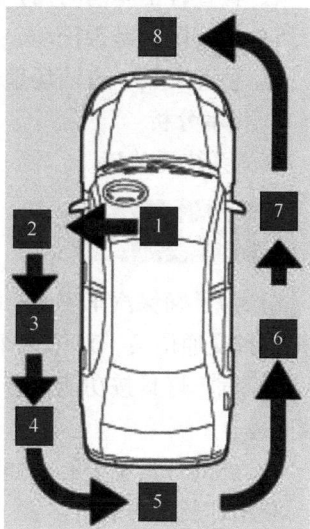

情境分析

1. 情境任务

一辆丰田卡罗拉轿车，需要进行灯光系统的检查和维护。

2. 检查过程

1）打开车门，在驾驶人位置将点火开关置于 ON 位。

2）仪表板上警告灯亮起，起动发动机后警告灯熄灭。

3）通过操作组合开关，检查前照灯远近光、转向灯及转向指示灯等，正常。

4）检查各个车门的门控灯开关，无故障。

5）检查尾灯是否松动，无松动；是否脏污，无脏污。

6）整理工具，清洁场地。

3. 情境分析

灯光系统无故障。

学习小结

1）为了确保汽车夜间行驶安全，汽车上装有多种照明装置；同时汽车照明与信号系统也是一种交通语言，对于汽车安全行车有重要的意义。

2）汽车灯具按功能可分为照明灯具和信号灯具；按照安装位置可以分为外部灯具和内部灯具。

3）外部灯具主要有前照灯、雾灯、牌照灯、倒车灯、制动灯、转向灯、示位灯、示廓灯、驻车灯及警告灯等。

4）内部灯具主要有顶灯、阅读灯、行李舱灯、门灯、踏步灯、仪表照明灯、报警及指示灯、工作灯等。

学习单元 7.2　前照灯总成的检修

情境导入

一辆丰田卡罗拉轿车，打开前照灯后发现左前近光灯不亮。经检查，左前近光灯灯泡损坏，更换灯泡后上述故障现象消失。

学习目标

1. 能通过与客户交流、查阅相关的维修技术资料等方式获取车辆信息。
2. 能根据前照灯的现象制订正确的维修计划。
3. 能正确地选择诊断设备对前照灯灯泡、电路通断和电路电压进行检测。
4. 能根据检测结果进行分析，并做出故障判断。
5. 能进行前照灯的拆卸、检测、安装及灯泡的更换。
6. 能进行维修场地的维护，注重场地环保。

理论知识

一、前照灯的要求

1）前照灯的上缘距地面高度不大于 1.2m，外缘距车外侧不大于 0.4m。

2）汽车的前照灯应有远、近光变换装置，并且当远光变为近光时，所有远光应能同时熄灭。

3）四灯制前照灯并排安装时，装于外侧的一对应为远、近光双光束灯，装于内侧的一对应为远光单光束灯。

4）夜间远光灯亮时，至少能照清前方 100m 远的道路；近光灯亮时，应能照清前方 40m 远的道路，并使对面车辆驾驶人不会炫目。

二、前照灯的类型

前照灯按照安装数量的不同可分为两灯制前照灯和四灯制前照灯。前者每只灯具有远、近光双光束；后者外侧一对灯为远近双光束，内侧一对灯为远光单光束。

前照灯按照安装方式的不同可分为外装式前照灯和内装式前照灯。前者整个灯具在汽车上外露安装；后者灯壳嵌装于汽车车身内，装饰圈、配光镜裸露在外。

按照前照灯的配光镜形状不同可分为圆形、矩形和异形三类。

前照灯按照发射的光束类型不同可分为远光前照灯、近光前照灯和远近光前照灯三类。

按光学组件的结构不同，可将前照灯分为半封闭式和封闭式两种，如图 7-2-1 所示。

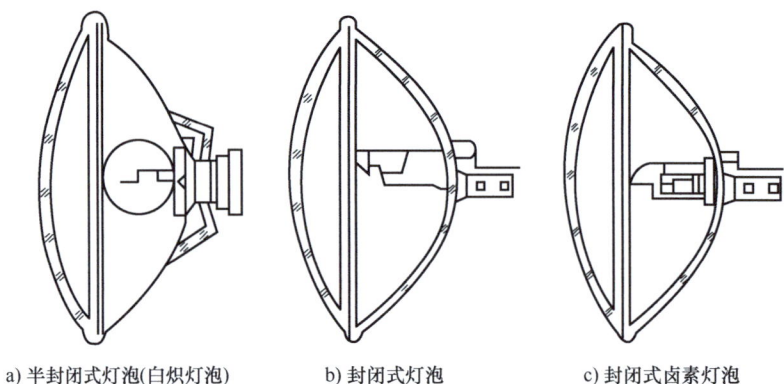

a) 半封闭式灯泡(白炽灯泡)　　　b) 封闭式灯泡　　　c) 封闭式卤素灯泡

图 7-2-1　前照灯的类型

1. 半封闭式前照灯

半封闭式前照灯的结构如图 7-2-1a 和图 7-2-2 所示，其配光镜是靠卷曲反射镜边缘上的牙齿而紧固在反射镜上的，两者之间垫有橡胶密封圈，灯泡只能从反射镜后端装入。

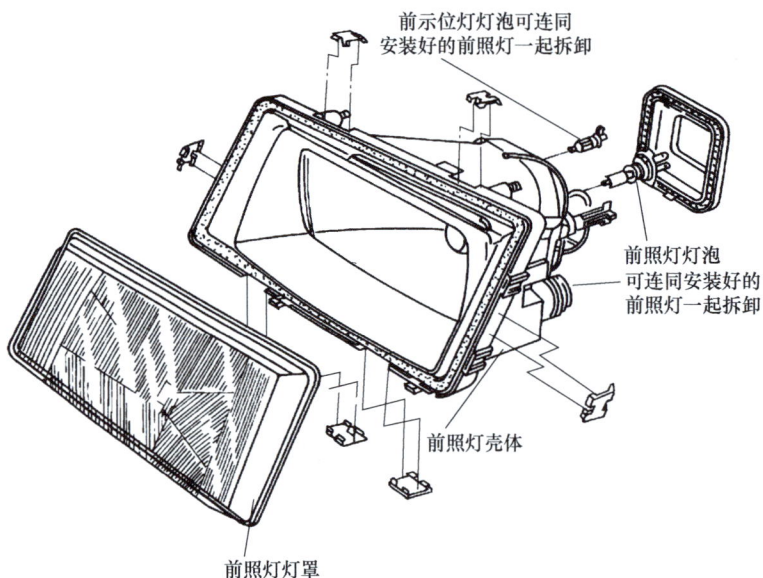

前示位灯灯泡可连同
安装好的前照灯一起拆卸

前照灯灯泡
可连同安装好的
前照灯一起拆卸

前照灯壳体

前照灯灯罩

图 7-2-2　矩形半封闭式前照灯

当需要更换损坏的配光镜时，可先撬开反射镜边缘的牙齿，安上新的配光镜后，再将牙齿复原。由于半封闭式前照灯维修方便，因此得到广泛使用。

2. 封闭式前照灯

封闭式前照灯的反射镜和配光镜用玻璃制成一体，里面充以惰性气体。灯丝焊在反射镜底座的灯丝支架上，反射镜的反射面经真空镀铝，其结构如图 7-2-1b 和 c 所示。为了实现前照灯更亮、更远、更美观的要求，许多轿车上采用了投射式前照灯、HID 气体放电灯。

（1）投射式前照灯　投射式前照灯外形特点是装有很厚的无刻纹的凸型散光镜，由于反射镜是椭圆形的，所以外径很小，结构如图 7-2-3 所示。

反射镜有两个焦点。第一焦点处放置灯泡，第二焦点在灯光中形成。凸型散光镜的焦点与第二焦点重合。来自灯泡的光利用反射镜聚成第二焦点，再通过散光镜将聚集的光投射到前方。投射式前照灯采用的光源为卤素灯泡。

在第二焦点附近设有遮光板，可遮挡上半部分光，形成明暗分明的配光。这种配光特性可适用于前照灯近、远光灯，也可用作雾灯。

（2）HID 气体放电灯　HID 是 High Intensity Discharge（高亮度气体放电灯）的简称。这种灯具放电的气体是氙气，故也称为氙气灯，简称为氙灯，如图 7-2-4 所示。

HID 气体放电灯的灯泡里没有传统灯泡的灯丝，取而代之的是装在石英管内的两个电极，管内充有氙气及微量金属（或金属卤化物）。在电极上加上足够高的触发电压后，气体开始电离而导电发光。

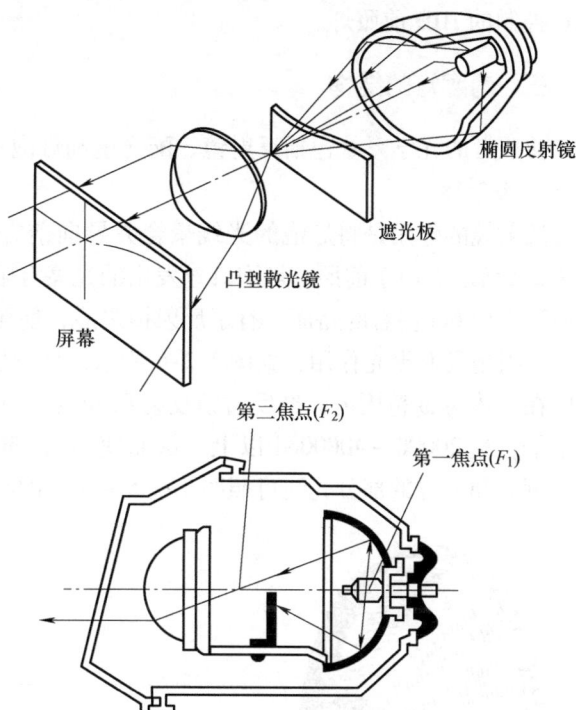

图 7-2-3　投射式前照灯的构造

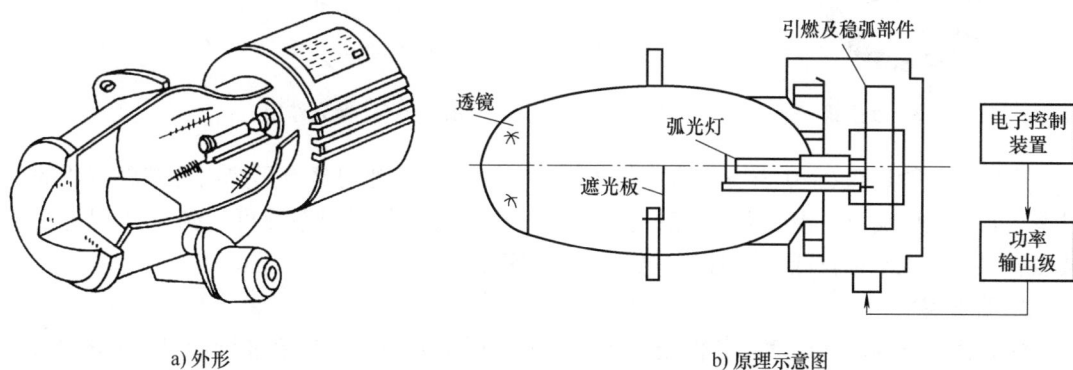

图 7-2-4　HID 气体放电灯的构造

a) 外形　　　　　　　b) 原理示意图

HID 气体放电灯灯泡发出的光色成分和日光灯非常相似，亮度是卤素灯泡的 2.5 倍，寿命可达卤素灯泡的 5 倍。HID 气体放电灯以汽车 12V 蓄电池为电源，利用一个特制的镇流器，在极短的时间内产生约为 23kV 的触发电压（也称为引弧电压）点亮灯泡。

HID 气体放电灯通电 0.8s 其亮度可达额定亮度的 20%（等同于同功率卤素灯的亮度），通电 4s 内达到额定亮度的 80% 以上。在达到灯泡正常工作温度后，镇流器只需提供约 80V 供电电压（功耗仅为 35W）即可保持正常工作，可节约 40% 的电能。

丰田卡罗拉轿车上有些车型装配有带卤素灯泡的投射式前照灯，有些车型装配有灯控

ECU 控制的 HID 前照灯。

三、前照灯的结构

前照灯的光学系统包括反射镜、配光镜和灯泡三部分。

1. 反射镜

反射镜的作用是将灯泡的光线聚合并导向前方。反射镜的表面形状呈旋转抛物面，如图 7-2-5 所示。由于前照灯灯泡灯丝发出的光亮有限，功率仅为 40~60W。如无反射镜，只能照清车前 6m 左右的路面。有了反射镜之后，前照灯的照距可达 150m 或更远。

反射镜具有聚光作用，如图 7-2-6 所示，灯丝位于交点 F 上，灯丝的绝大部分光线向后投射在立体角 ω 范围内，经反射镜反射后变成平行光束射向远方，使亮度增强几百倍甚至上千倍，达 20000~40000cd 以上，从而使车前 150m，甚至 400m 内的路面照得足够清楚，射向侧方和下方的部分光线可照明车前 5~10m 的路面和路缘，而其余部分光线射向上方。

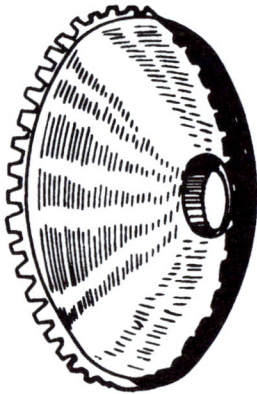

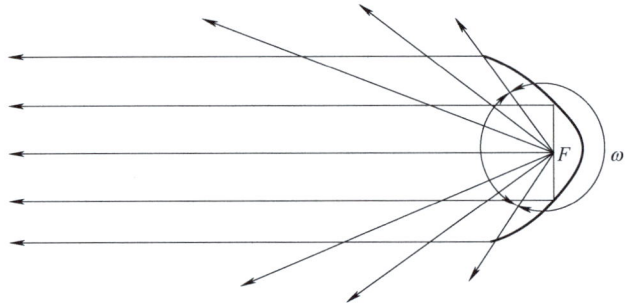

图 7-2-5　反射镜　　　　　　　　　图 7-2-6　聚光作用

反射镜一般用 0.6~0.8mm 厚的薄钢板冲压而成，近年来已经有用热固性塑料制成的反射镜。其内表面镀银、铝或铬，然后抛光处理。由于镀铝的反射系数可达到 94% 以上，机械强度较好，成本也较低，故现在一般采用真空镀铝。

2. 配光镜

配光镜又称为散光玻璃，其作用是将反射镜反射出来的平行光束进行折射，如图 7-2-7 所示，使车前路面和路缘都有良好而均匀的照明，如图 7-2-8 所示。

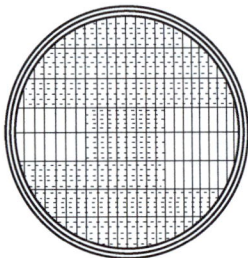

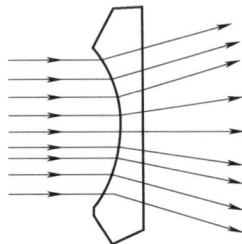

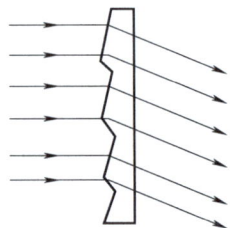

a) 圆形配光镜　　　　　　b) 向左右折射　　　　　　c) 向下折射

图 7-2-7　配光镜的结构与作用

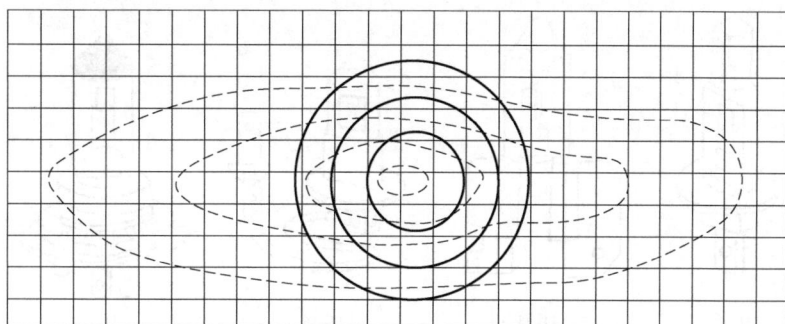

--- 带散光玻璃的前照灯光束分布曲线
—— 无散光玻璃的前照灯光束分布曲线

图 7-2-8　有无配光镜的光形对比

配光镜一般用透光玻璃压制而成，是很多块特殊棱镜和透镜的组合。其几何形状比较复杂，外形一般为圆形或矩形。近年来，已经广泛使用塑料配光镜，它不但重量轻，而且耐冲击性能也较好。

3. 灯泡

目前，常用汽车前照灯的灯泡有白炽灯泡、卤素灯泡和 HID 气体放电灯灯泡（氙气灯泡）等几种。

（1）白炽灯泡　前照灯白炽灯泡的结构如图 7-2-9 所示，其所用的灯丝用熔点高、发光强的钨丝制成。由于钨丝受热后会蒸发，会缩短灯泡的使用寿命。因此制造时要先从玻璃泡内抽出空气，然后充以 86% 氩气和约 14% 氮气的混合气体。由于惰性气体受热后膨胀会产生较大的压力，这样可减少钨的蒸发，故能提高灯丝的温度，增强发光效率，并能延长灯泡的使用寿命。

为了缩小灯丝的尺寸，常把灯丝制成紧密的螺旋状，这对聚合平行光束是有利的。

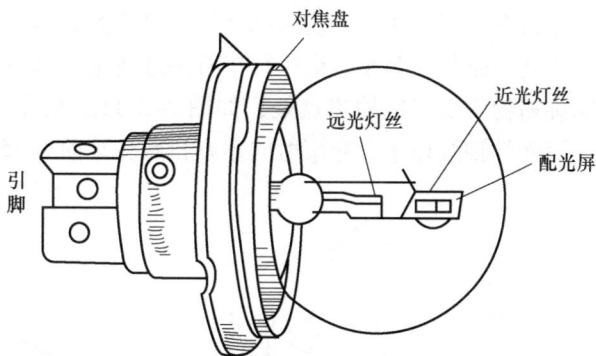

图 7-2-9　前照灯白炽灯泡的结构

（2）卤素灯泡　虽然白炽灯泡的灯丝周围抽成真空后充满了惰性气体，但是灯丝的钨仍然会蒸发，使灯丝损耗。蒸发出来的钨沉积在灯泡玻璃体上，将使灯泡玻璃体发黑。现在汽车上广泛使用利用卤钨再生循环原理制造的卤素灯泡，如图 7-2-10。卤素灯泡内的惰性气体中掺有某种卤族元素气体。卤素灯泡尺寸较小。壳体用耐高温、机械强度较高的石英玻璃和硬玻璃制成，充入的惰性气体压力较高，掺入的卤素一般为碘或溴。

因工作温度高，灯内工作气压比白炽灯泡高得多，又利用卤钨再生循环原理，因此钨的蒸发得到了有效抑制。在相同功率情况下，卤素灯的亮度是白炽灯的 1.5 倍，而寿命是白炽灯的 2～3 倍。

151

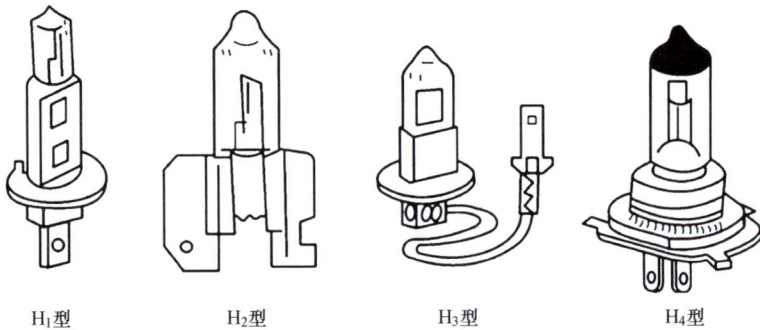

H₁型   H₂型   H₃型   H₄型

图 7-2-10　卤素灯泡

卤素灯泡从外形上分为 H_1、H_2、H_3、H_4 四种，如图 7-2-10 所示。其中 H_4 型双灯丝灯泡广泛用于前照灯，H_1、H_2、H_3 型灯泡为单灯丝灯泡，常用作辅助前照灯（如雾灯和探照前灯）。

四、前照灯的防炫目装置

为了保障夜间会车安全，汽车前照灯必须具有良好的防炫目措施。目前国产汽车的防炫目措施有三项，先进轿车还有更严格的防炫目措施。

1. 采用远近光束变换

为了防炫目，前照灯灯泡中装有远光与近光两根灯丝，由变光开关控制其电路。夜间公路行车且对面无来车时，使用远光灯，以增大照明距离，保证行车安全。

夜间公路行车会车、市区行车有路灯或尾随其他汽车行驶时，使用近光灯。远光灯丝装于螺旋抛物面反射镜的焦点处，如图 7-2-11a 所示，远光灯丝等光线经反射镜聚光、反射后，沿光学轴线以平行光束射向远方，照亮车前方 150m 以上的路面。

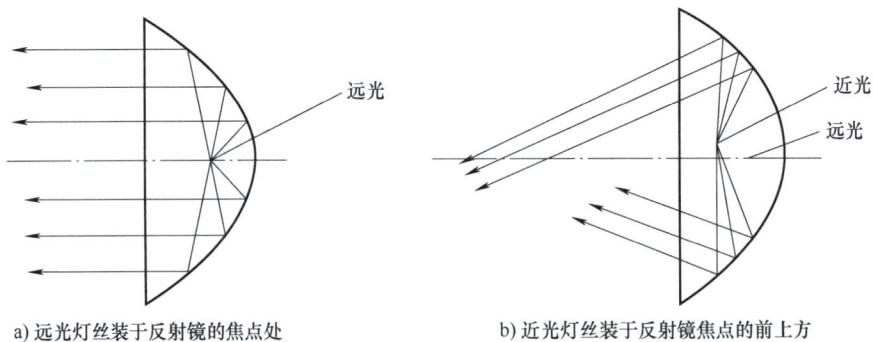

a) 远光灯丝装于反射镜的焦点处   b) 近光灯丝装于反射镜焦点的前上方

图 7-2-11　远、近光灯光束

借助于配光镜的合理配光，可使远光既能保证足够的照射距离，又有一定的光线覆盖面。近光灯丝装于反射镜焦点的上方或前上方，如图 7-2-11b 所示，近光灯丝产生的光线经反射镜反射后，光束的大部分将倾斜向下射向车前的路面，所以可以减轻其对面驾驶人的炫目影响。

2. 近光灯丝加装配光屏

远近光束变换防炫目措施只能减轻炫目，还不能彻底避免炫目。因为近光灯丝射向反射镜下部的光线经反射后，将倾斜向上照射，仍会使对面交会汽车的驾驶人炫目。

为此，现代汽车前照灯的近光灯丝下方均装设配光屏（又称为遮光罩、护罩或光束偏转器）。用以遮挡近光灯丝射向反射镜下半部的光线，消除反射后向上照射的光束，提高防炫目效果。

有些进口汽车的前照灯，还在近光灯丝的前方装设一个配光屏，遮挡近光灯丝的直射光线，防止炫目。

3. 采用不对称光形（E 形或 Z 形）

远近光束变换和近光灯丝加装配光屏两项防炫目措施起到了防炫目作用，但在会车过程中使用近光灯时，近光灯仅能照亮车前方 50m 内的路面，因而车速受到限制。

为了达到既能防止炫目，又能以较高会车车速的目的，我国汽车的前照灯近光采用 E 形非对称光形，如图 7-2-12b 所示，将近光灯右侧亮区倾斜升高 15°，即将本车行进方向光束照射距离延长。不对称光形是将配光屏单边倾斜 15°形成的。

有些汽车使用了 Z 形非对称近光，光形如图 7-2-12c 所示，该光形明暗截止线呈反 Z 形，如图 7-2-13，故称为 Z 形配光。

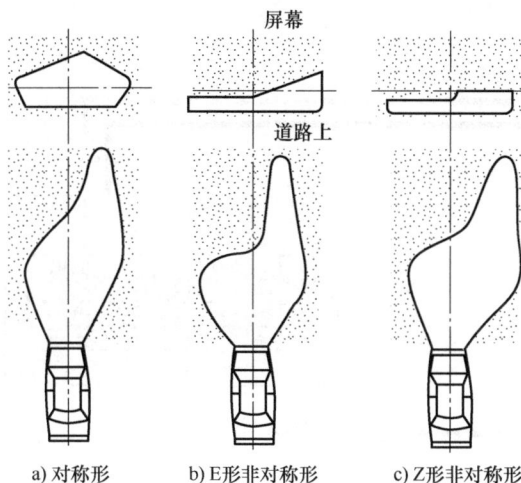

图 7-2-12　前照灯配光光形
a) 对称形　b) E形非对称形　c) Z形非对称形

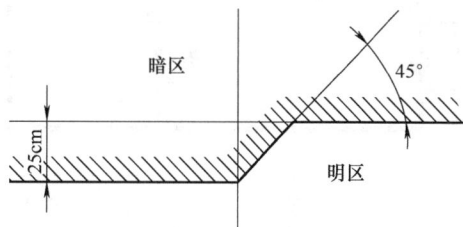

图 7-2-13　Z 形非对称近光光形
明暗截止线呈反 Z 形

Z 形近光的光形不仅可以避免迎面来车驾驶人的炫目，还可以防止迎面而来的行人和非机动车使用者的炫目，进一步提高了汽车夜间行驶的安全。

五、前照灯控制电路

汽车前照灯随车型不同，控制方式也有差异。以往汽车前照灯不带自动灯控的方式，随着科技发展，也出现了很多采用 ECU 控制前照灯的方式，称为带自动灯控的控制方式。这里主要讲述不带自动灯控的形式。

当灯具的功率较小时，灯具的工作电路直接受灯光总开关控制，当灯具的数量多、功率大时，为减少开关热负荷，减少电路压降，应采用继电器控制。同时分路熔断器的个数也应增加。

因车型不同，继电器控制电路也有控制相线式和控制搭铁式两种，如图 7-2-14 所示。

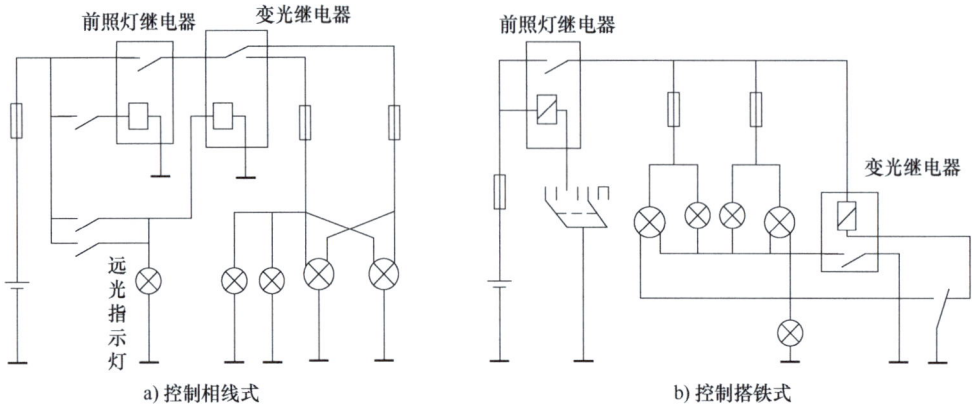

a) 控制相线式　　　　　　　　　　　　b) 控制搭铁式

图 7-2-14　前照灯的控制电路

　　丰田卡罗拉轿车前照灯控制分为带自动灯控和不带自动灯控两种，后者采用的就是利用继电器控制的电路，如图 7-2-15 所示。

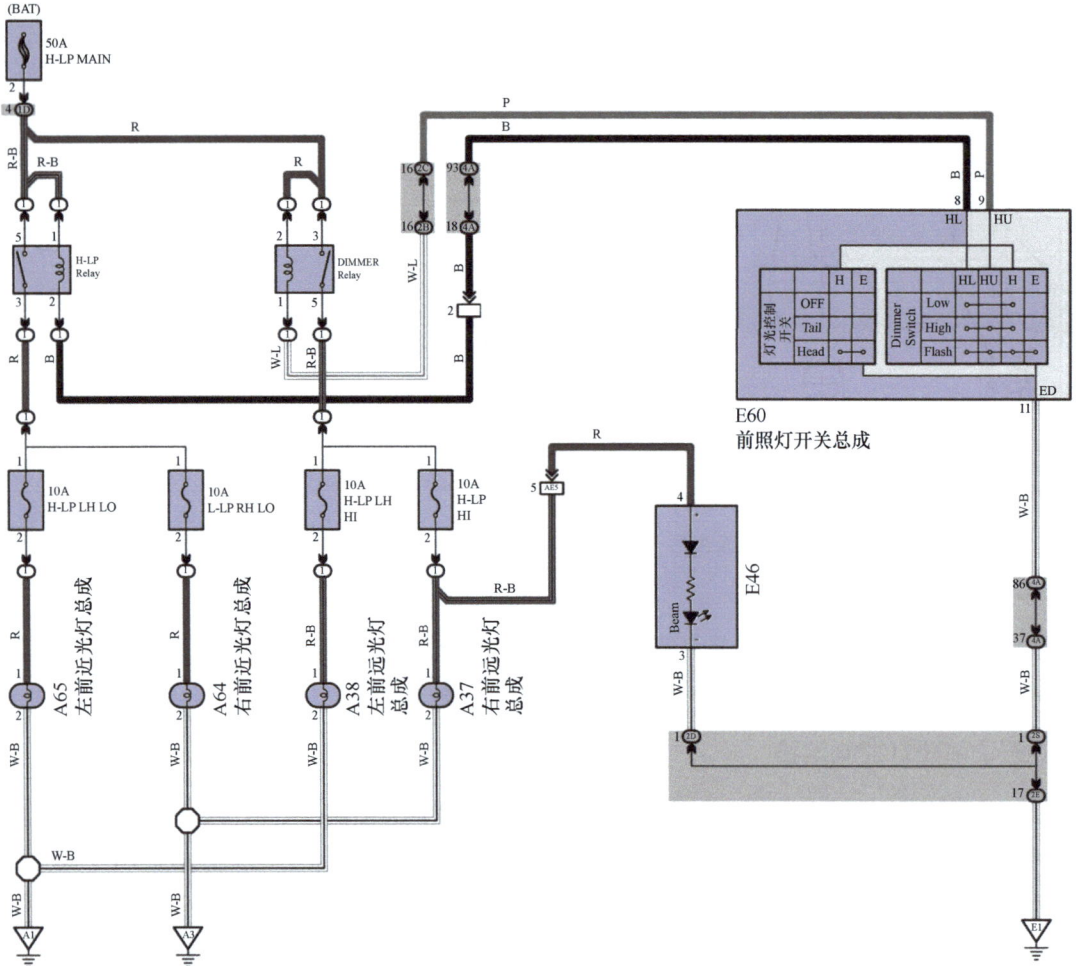

图 7-2-15　丰田卡罗拉不带自动灯控的前照灯控制电路图

在图 7-2-15 中，H-LP 继电器控制近光灯 A64 和 A65，DIMMER 继电器控制远光灯 A37 和 A38。H-LP 继电器和 DIMMER 继电器受控于开关 E60。开关 E60 内包含了两个开关，一个是前照灯开关 HEAD SWITCH，另一个是闪烁开关 DIMMER SWITCH。当开启前照灯时，开关 HEAD SWITCH 起作用，而开关 DIMMER SWITCH 只起到连接搭铁的作用。可以看出，通过控制 B 和 P 两条电路的搭铁来分别控制前照灯的近光灯和远光灯。当 B 电路搭铁时，H-LP 继电器接通，前照灯近光灯电路接通，从而使近光灯灯泡发光。同理，当 P 电路搭铁时，DIMMER 继电器一直搭铁，前照灯远光灯电路接通，从而使远光灯灯泡发光。

实践技能

一、前照灯的故障诊断

1. 前照灯故障点分析

前照灯电路的故障点主要集中在电路故障和灯泡损坏等，故障点如图 7-2-16 所示。

2. 前照灯故障现象

前照灯的故障现象主要可以分为灯不亮、灯光暗淡、灯不熄灭以及会车灯失效四大类，如图 7-2-17 所示。

二、前照灯的检测与调整

为了保证前照灯的性能，应及时对前照灯进行检测和调整。前照灯可采用屏幕法检验和前照灯检查仪检验两种方法。

检验调整前汽车应空载停放在平整的场地上，前照灯总成应清洁，屏幕与场地应垂直，轮胎气压符合规定，并且驾驶室内只允许乘坐一名驾驶人。根据 GB 7258—2017《机动车运行安全技术条件》的规定，机动

图 7-2-16　前照灯的故障点

车在检验前照灯的近光光束照射位置时，前照灯在距离屏幕 10m 处，光束明暗截止线转角或中点高度应为 $0.6H \sim 0.8H$（H 为前照灯基准中心高度），其水平方向位置向左向右偏差均不得大于 100mm。

四灯制前照灯其远光单光束灯的调整，要求在屏幕上光束中心离地高度为 $0.85H \sim 0.90H$，水平位置要求左灯向左偏差不得大于 100mm，左灯向右偏差和右灯向左向右偏差均不得大于 170mm。对于安装两只前照灯的机动车，每只灯的发光强度在用车应为 12000cd 以上，新车应为 15000cd 以上；对于安装四只前照灯的机动车，每只灯的发光强度在用车应为 10000cd 以上，新车应为 15000cd 以上。

以卡罗拉轿车为例讲述前照灯调整的步骤。

1. 前照灯对光前的车辆准备工作

在进行前照灯对光调整前，要先做以下准备工作：

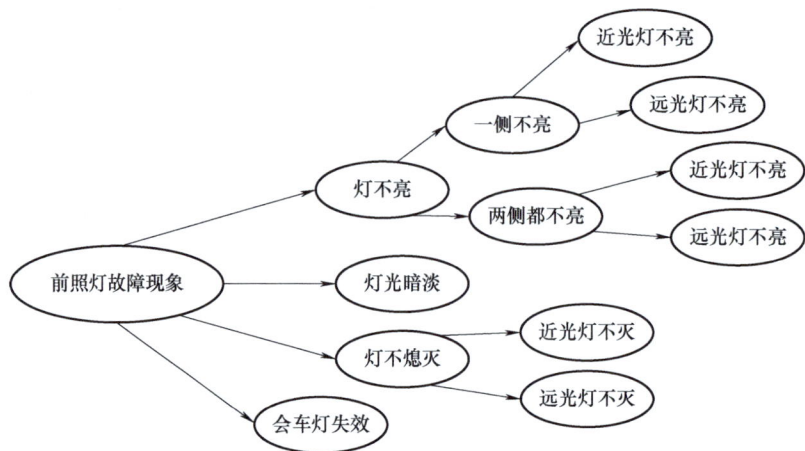

图 7-2-17　前照灯故障现象

1）确保前照灯周围车身没有损坏或变形。

2）加注燃油，确保油液加注到规定液位。

3）确保冷却液加注到规定液位。

4）将轮胎充气至适当压力。

5）将行李舱和车辆卸载，确保备胎、工具和千斤顶在原来的位置。

6）让一个体重一般（75kg 左右）的人坐在驾驶人座椅上。

7）对于带有高度可调悬架的车辆，应在调整前照灯对光前将车辆高度调节到最低。

8）对于带有手动可调前照灯的车辆，应将其高度调节到"0"。

9）保证灯泡正确安装，以防止其影响前照灯对光。

2. 前照灯对光的准备工作

1）将车辆放置在足够黑暗的环境中，以便可以清晰观察到明暗截止线。明暗截止线是一条分界线，在其下面可以观察到前照灯的灯光，而在其上面观察不到。将车辆与墙壁成90°角停放，在车辆（前照灯灯泡中心）与墙壁之间空出 25m 距离，确保车辆处在水平表面上，上下弹动车辆以使悬架就位。

在准备过程中要注意：为了保证对光调整正确，车辆（前照灯灯泡中心）与墙壁之间必须空出 25m 距离。如果没有足够的距离，应保证有 3m 的距离，以进行前照灯对光检查和调整，如图 7-2-18 所示。

2）准备一张厚一些的白纸，约 2m 高、4m 宽作为屏幕。

3）沿屏幕中心向下画一条垂直线（V 线）。

4）如图 7-2-19 所示，安放屏幕，将屏幕与地面垂直放置，将屏幕上的 V 线与车辆中心对准。

5）画基准线。如图 7-2-20 所示，在屏幕上画基线（H 线、左 V 和右 V 线）。要注意"近光检查"和"远光检查"使用的基线

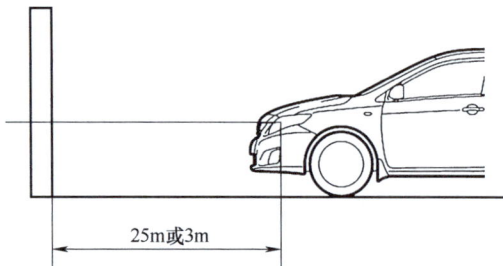

25m或3m

图 7-2-18　车辆与墙壁之间的距离

不同。在屏幕上做出前照灯灯泡中心标记。如果在前照灯上不能观察到中心标记，以前照灯灯泡中心或标记在前照灯上的制造商名称作为中心标记。

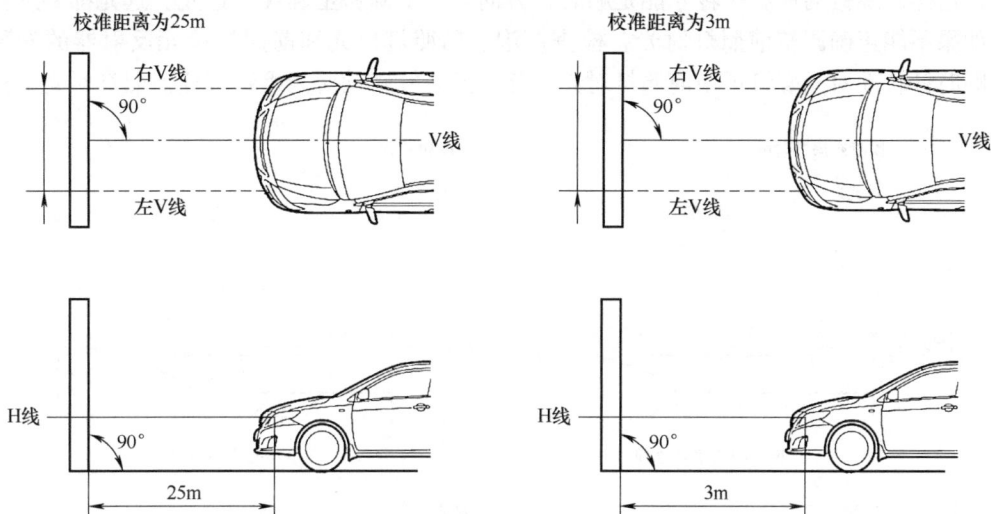

图 7-2-19 屏幕安装

有以下两类基准线：

① H 线（前照灯高度）：在屏幕上穿过中心标记画一条水平线。H 线应与近光前照灯的灯泡中心标记等高。

② 左 V 线、右 V 线［左侧（LH）和右侧（RH）前照灯的中心标记位置］：画两条垂直的线，使它们在各中心标记处与 H 线相交（与近光前照灯灯泡的中心对准）。

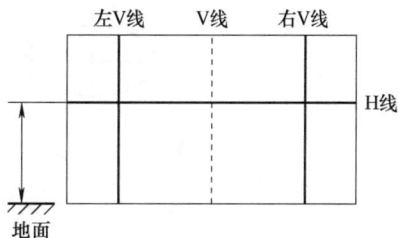

图 7-2-20 画基准线

3. 前照灯对光的检查

1）遮住前照灯或断开另一侧的前照灯插接器，以防不在接受检查的前照灯的灯光影响前照灯对光检查。进行此项对光检查时，不要断开灯泡的 HID 高压插接器。盖住前照灯的时间不要超过 3min。前照灯透镜是用合成树脂制成的，过热可能会导致其熔化或损坏。进行远光对光检查时，应盖住近光灯或断开插接器。

2）起动发动机。

3）打开前照灯并检查明暗截止线是否与图 7-2-21 所示推荐的明暗截止线吻合。

由于近光灯和远光灯是一个整体，所以如果近光对光正确，那么远光对光也是正确的。但是，为了确保正确性，近光、远光都要进行检查。如果校准距离为 25m，近光的明暗截止线应在 H 线以下 48～698mm 之间；如果校准距离为 3m，近光的明暗截止线应在 H 线以下 6～84mm 之间；如果校准距离为 25m，推荐的近光明暗截止线应在 H 线以下 249mm 处；如果校准距离为 3m，推荐的近光明暗截止线应在 H 线以下 30mm 处。

4. 前照灯对光的调整

1）垂直调整对光：如图 7-2-22 所示，用螺钉旋具转动各对光螺钉 A，将各个前照灯的对光调整到规定范围内。

对光螺钉 A 的最后一转应该是按顺时针方向。如果螺钉调整过度，应将其拧松后再次拧紧，这样，螺钉的最后一转才能是顺时针方向。为了确保正确性，近光、远光都要进行检查。如果不能正确调整前照灯对光，检查灯泡、前照灯单元和前照灯单元反射器的安装情况。顺时针转动对光螺钉可使前照灯对光上移，逆时针转动对光螺钉可使前照灯对光下移。

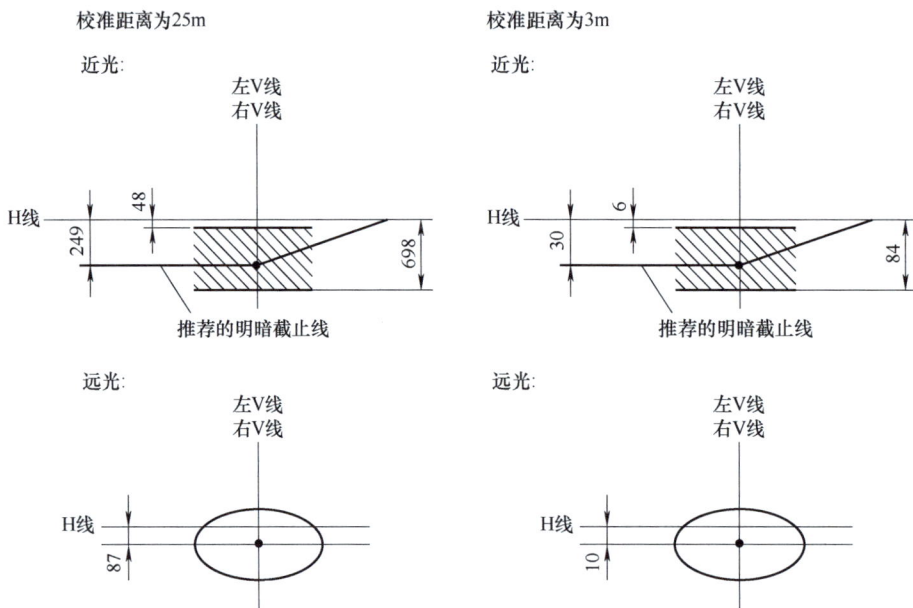

图 7-2-21　推荐的明暗截止线

2）水平调整对光：如图 7-2-23 所示，用螺钉旋具转动各对光螺钉 B，将各个前照灯的对光调整到规定范围内。

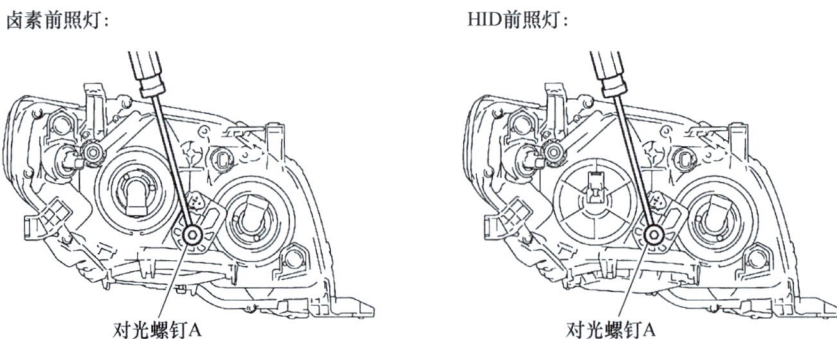

图 7-2-22　垂直调整对光

对光螺钉 B 的最后一转应该是按顺时针方向。如果螺钉紧固过度，应将其拧松后再次拧紧，使螺钉的最后一转沿顺时针方向。将近光灯对光调整到正确位置后，远光灯对光也会变正确。如果不能正确调整前照灯对光，检查灯泡、前照灯单元和前照灯单元反射镜的安装情况。

卤素前照灯：

HID前照灯：

对光螺钉B

对光螺钉B

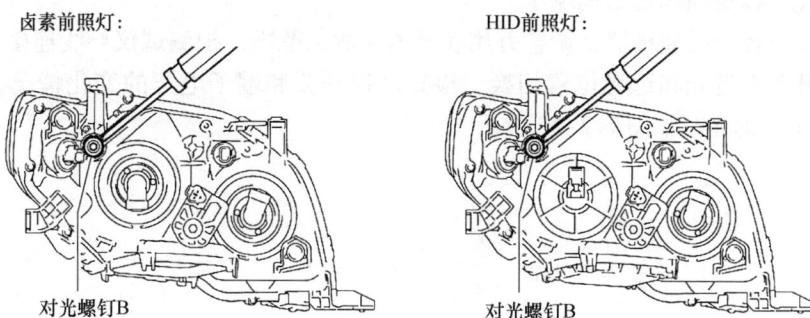

图 7-2-23　水平调整对光

三、前照灯的拆卸、检查与安装

1. 前照灯的拆卸

1）断开蓄电池的负极电缆，在断开之前，要记下储存在 ECU 等中的信息，如故障码、选择的收音机频道、座椅位置和转向盘位置等。

2）拆卸翼子板内衬板：在拆卸前保险杠期间，用遮蔽带防止保险杠损坏。拆卸内衬安装螺钉和卡扣（在轮罩前半部分）。翻转翼子板内衬板。有些车型的前照灯安装螺母在内衬板里侧，必须翻转内衬板。由于内衬板一旦折叠便无法恢复正常位置，因此翻转时切勿折叠内衬板。

3）拆卸散热器格栅和前保险杠：首先拆卸散热器格栅，拆卸时先拆卸螺栓和螺钉，然后松脱锁销和散热器格栅。然后拆卸前保险杠，拆卸时先拆卸卡扣和螺栓，然后松脱卡钩和前保险杠。

4）拆卸前照灯：首先断开前照灯插头，然后拆卸前照灯安装螺栓。

再从销子上分离前照灯固定角，把前照灯向车辆前部拉，分离内部托架，拆卸前照灯。

5）拆卸前照灯灯泡：拉突出部位，拆下橡胶套。

然后拆卸固定灯泡的弹簧，并拆卸灯泡。

在拆卸时不要触摸灯泡，防止灯泡玻璃上粘上机油，拆卸灯泡后，用塑料袋套住灯泡插口，防止长时间搁置时外部杂质和潮气进入透镜。

2. 前照灯的检查

前照灯的检查包括前照灯灯泡检查、蓄电池电压检查、前照灯电路检查、灯控开关检查和前照灯电路电压检查。这里主要讲述前照灯灯泡检查和前照灯电路电压检查。日常检查一般前照灯灯泡损坏可由肉眼判断出。

（1）检查前照灯灯泡　调整万用表至电阻测量范围，用万用表导线连接到灯泡上，并检查导通性，近光灯灯泡在端子 1 和 3 之间进行测量，远光灯灯泡在端子 2 和 3 之间进行测量，如图 7-2-24 所示。

（2）检查前照灯电路电压　直接从上部连接蓄

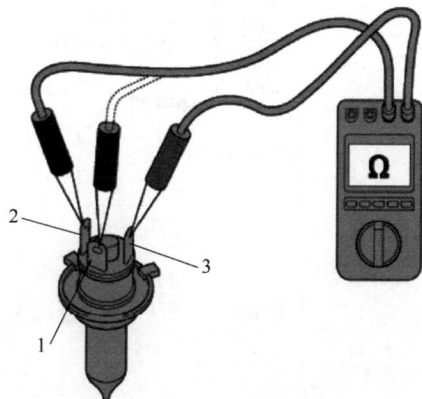

图 7-2-24　检查前照灯灯泡

电池端子电缆，以免损坏蓄电池端子。

　　然后连接灯控开关插接器，调整万用表至电压测试范围，把测试仪导线连接到端子上。

　　用灯控开关在近光和远光位置切换，检查灯控开关和端子电压的变化情况，近光时如图 7-2-25 所示，远光时如图 7-2-26 所示。

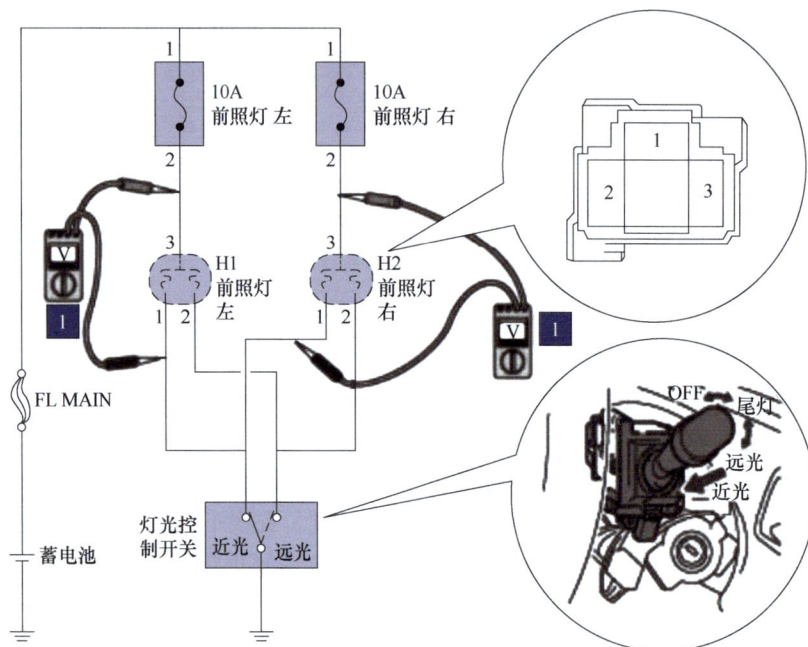

图 7-2-25　近光检查

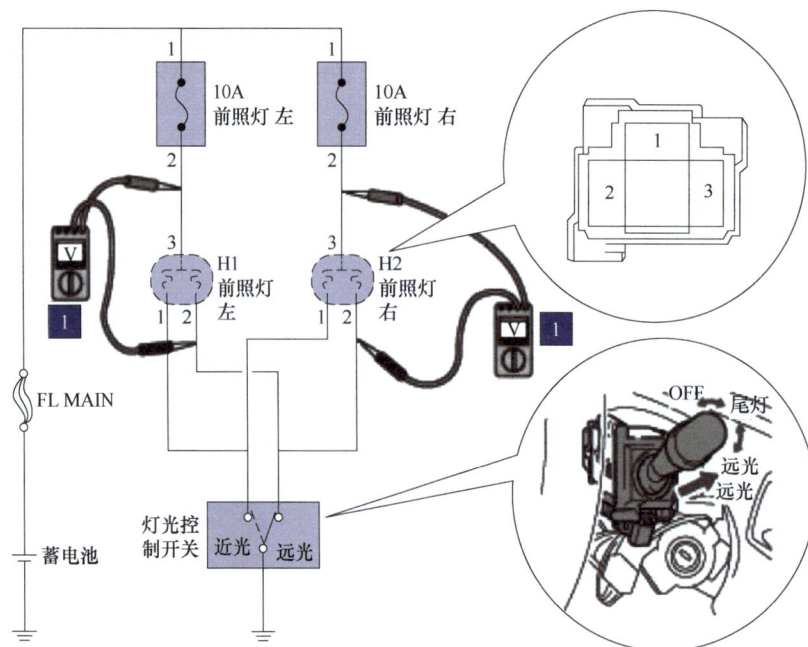

图 7-2-26　远光检查

检查完毕后要断开蓄电池负极端子和灯控开关插接器，以保证安全。

3. 前照灯的安装

（1）安装前照灯灯泡　更换灯泡后，要将灯泡装回，注意使灯的凸耳和插座槽口对齐，并将凸耳插入槽口中，然后勾住弹簧并固定灯，再将带有上标记的盖子安装在上部，一定要注意上标记在上方，否则水会进入灯内。安装时，不要触摸灯泡的玻璃部分。

（2）安装前照灯　首先安装带有内支架和用销连接的前照灯，然后安装装配螺栓，再连接前照灯插接器。

（3）安装散热器格栅和保险杠　用卡扣和卡爪安装前保险杠和散热器格栅，然后装上相应的螺钉和螺栓，拧紧螺钉和螺栓后安装完成。然后安装卡爪和散热器格栅、螺栓、螺钉。

（4）安装翼子板内衬板　校正位置使卡扣安装孔和翼子板安装孔对准，临时安装上所有的卡扣和螺钉，最后均匀地拧紧螺钉，完成安装。

（5）连接蓄电池的负极电缆　安装完毕后要进行检查，检查安装电气设备的步骤是否有错并检查前照灯是否正常工作。

至此，前照灯的安装完毕。

情境分析

1. 故障现象

一辆丰田卡罗拉轿车，打开前照灯后发现左前近光灯不亮。

2. 故障诊断与排除

1）只有左前近光灯不亮，排除蓄电池和主熔丝及继电器的故障。

2）打开发动机舱盖，打开熔丝盒检查左前近光灯电路中熔丝是否有故障，经检查没有故障。

3）拆下左前近光灯灯泡，发现灯泡烧坏。

4）更换同型号灯泡后打开左前近光灯，灯光正常，故障排除。

5）整理工具，清洁场地。

3. 故障原因分析

左前近光灯灯泡烧坏，因此打开近光灯时不亮，更换后故障排除。

学习小结

1）按光学组件的结构不同，可将前照灯分为半封闭式和封闭式两种，封闭式又可以分为投射式和 HID 气体放电灯。

2）前照灯的光学系统包括反射镜、配光镜和灯泡三部分。

学习单元7.3　尾灯总成的检修

情境导入

一辆丰田卡罗拉轿车，行驶中尾灯总成中所有灯不亮。经检查，尾灯电路上的熔丝TAIL断路，更换熔丝后上述故障现象消失。

学习目标

1. 能通过与客户交流、查阅相关的维修技术资料等方式获取车辆信息。
2. 能根据尾灯、制动灯的故障现象制订正确的维修计划。
3. 能正确地选择诊断设备对尾灯、制动灯电路检测。
4. 能根据检测结果进行分析，并做出故障判断。
5. 能进行后组合灯总成和尾灯总成的拆卸、检测、安装及灯泡的更换。
6. 能进行维修场地的维护，注重场地环保。

理论知识

汽车的信号灯主要有倒车灯、制动灯、转向灯和示位灯等。汽车尾灯总成一般包括倒车灯、制动灯及危险警告灯等。

一、尾灯电路

尾灯系统有两类：一类尾灯直接连接到灯光控制开关；另一类带有尾灯继电器。

1. 直接连接型

直接连接型尾灯电路如图7-3-1a所示。可以看出尾灯的控制由灯光控制开关直接控制，当灯光控制开关连接TAIL触点时，电流从蓄电池正极流出，流经灯光控制开关后经左右两个尾灯搭铁，如图7-3-1b所示。

2. 继电器控制型

有些车上尾灯采用了继电器控制，采用继电器控制的好处是利用较小的电流控制继电器的开闭，从而通过继电器控制尾灯的接通与否，这样就能实现小电流控制较大的电流，防止电路中开关触电的损坏。继电器控制型如图7-3-2a所示。当灯光控制开关移到TAIL位置时，电流流到尾灯继电器的线圈。尾灯继电器接通尾灯电路，尾灯发亮，如图7-3-2b所示。

3. 卡罗拉尾灯电路

卡罗拉尾灯电路采用继电器控制型，并且尾灯和左、右前示位灯以及左、右牌照灯同时点亮，如图7-3-3所示。

在图7-3-3中，A8和A19分别为左、右前示位灯，L9、L10分别为左、右牌照灯，L7和L29分别为左、右尾灯组合灯。

当组合开关打到 TAIL 位置时，尾灯继电器 T-LP 接通，电流经熔丝 TAIL 后流经 A8、A19、L9、L10、L7 以及 L29 后搭铁，点亮了示位灯、牌照灯和尾灯组合灯。

可知，卡罗拉轿车后组合灯和尾灯总成除尾灯外还包括制动灯、倒车灯和后雾灯，但是制动灯、倒车灯和后雾灯单独控制，不受尾灯控制。

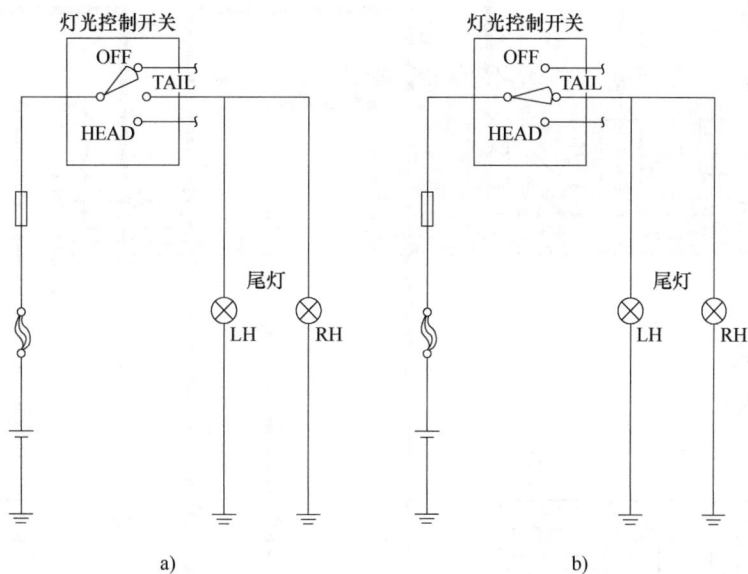

图 7-3-1　直接连接型尾灯电路

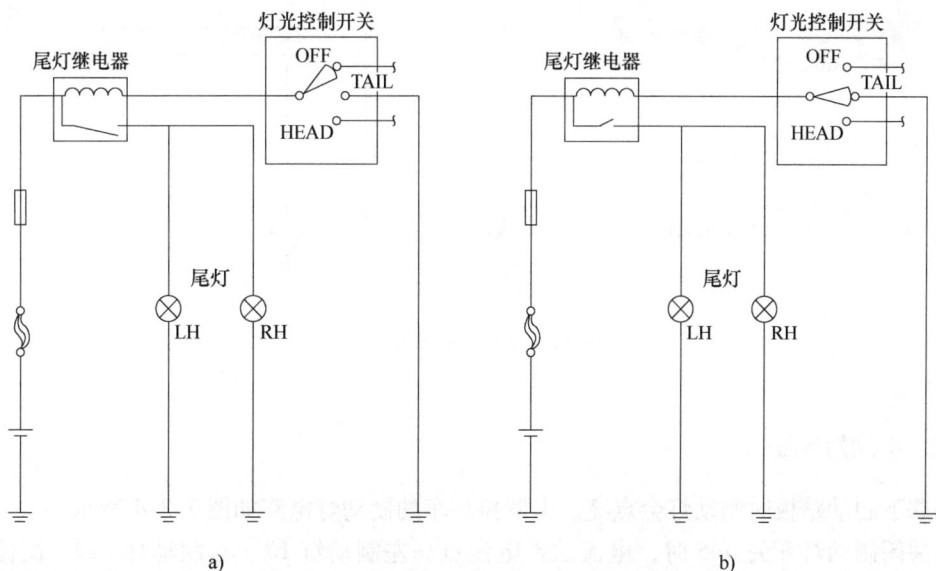

图 7-3-2　继电器控制型尾灯电路

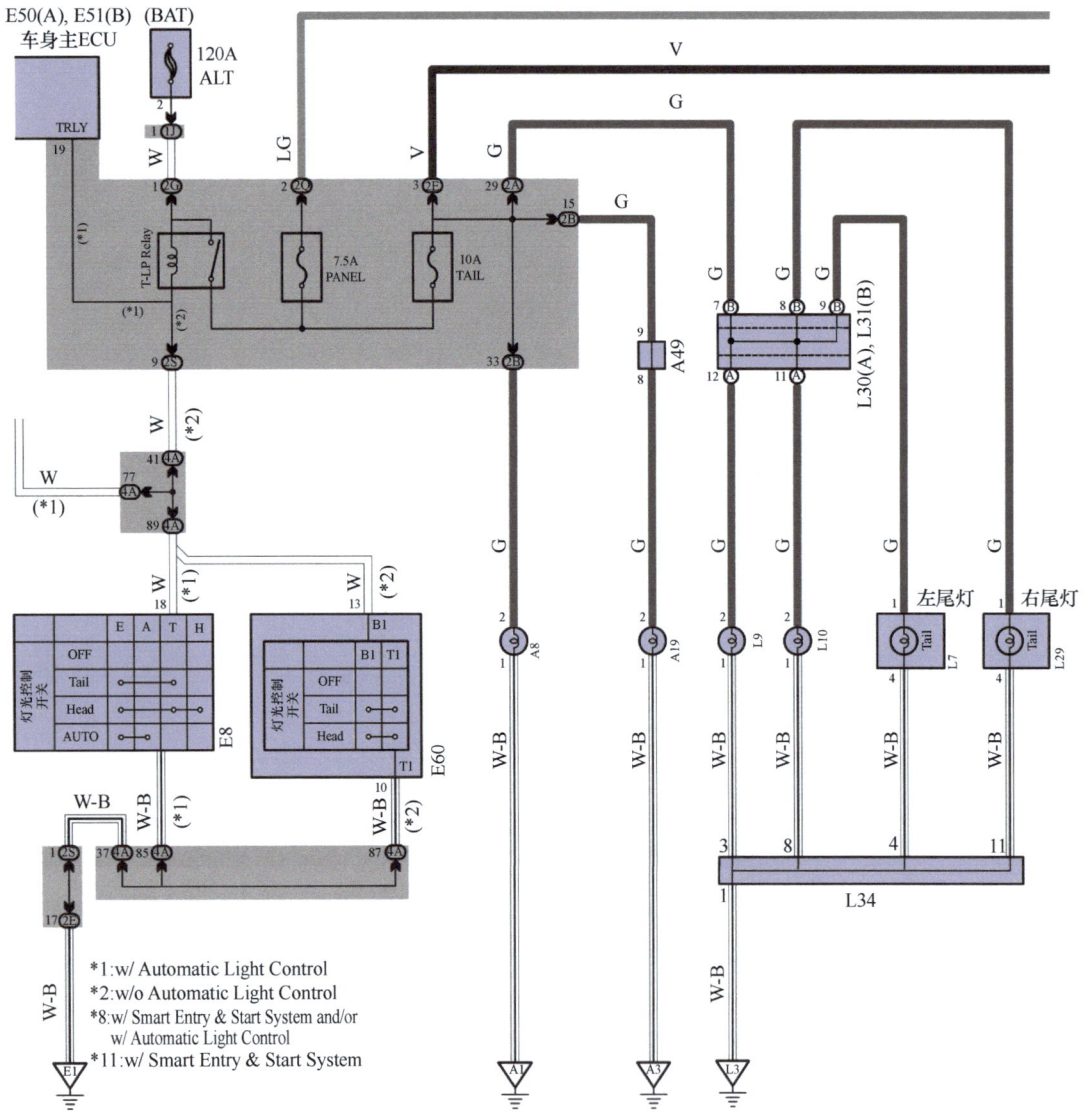

图 7-3-3　卡罗拉轿车尾灯电路

二、制动灯电路

当踩下制动踏板时制动灯会点亮。卡罗拉轿车的制动灯电路如图 7-3-4 所示。

当关闭制动灯开关 A45 时，电流从蓄电池点亮左制动灯 L7、右制动灯 L29、高位制动灯 L44 和 L8 后搭铁。

制动灯开关安装在制动踏板下面，如图 7-3-5 所示。

(BAT)

10A
STOP

*1:w/ Rear Spoiler
*2:w/o Rear Spoiler

W

2

A1

1

L

6

A45

5

L

12 (2B) 9 (2A)

L

L

9 (A)   7 (A)   8 (A)

L30(A),L31(B)
Junction
Connector

11 (B)   10 (B)   12 (B)

L   L   L   L   L
(*1)   (*2)

2   2   2   1   2

B   Stop   L44   L8   Stop

L20   L7   L29

4   4   1   2   4

W-B   W-B   W-B   W-B   W-B
(*1)   (*2)

4   2   10   11

1   L34

W-B   Junction Connector

L3

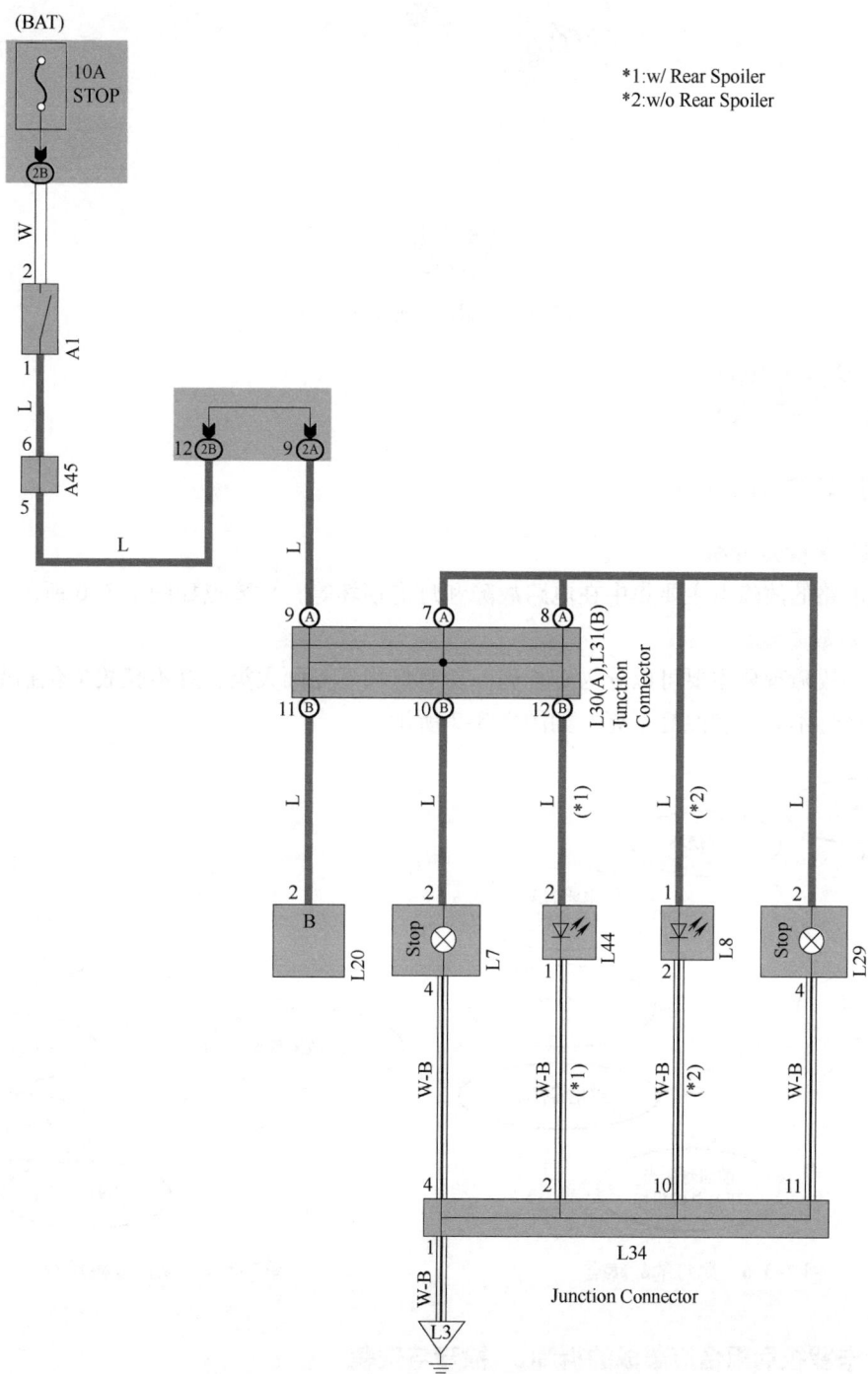

图 7-3-4 卡罗拉轿车的制动灯电路

165

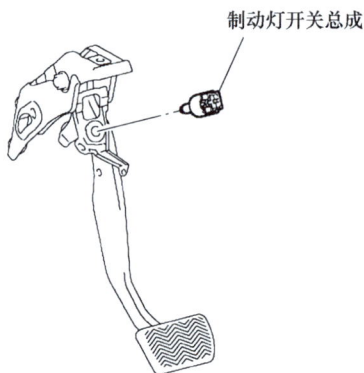

图 7-3-5　制动灯开关的位置

实践技能

一、尾灯的故障诊断

1. 尾灯故障点分析

尾灯电路的故障点主要集中在电路故障和灯泡损坏等，故障点如图 7-3-6 所示。

2. 尾灯故障现象

尾灯的故障现象主要可以分为灯不亮、所有灯均不亮两大类，灯不亮故障包括前驻车灯不亮、后尾灯不亮、牌照灯不亮，如图 7-3-7 所示。

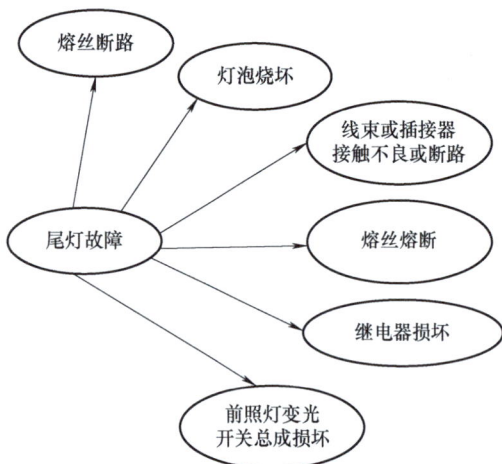

图 7-3-6　尾灯的故障点

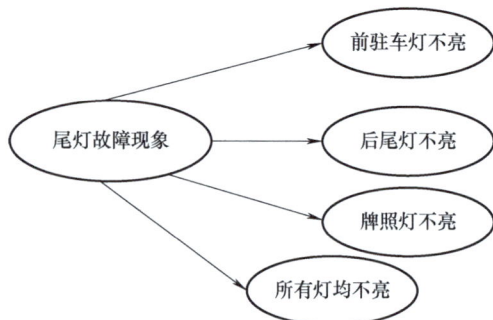

图 7-3-7　尾灯故障现象

二、卡罗拉后组合灯总成的拆卸、检查与安装

1. 车上检查

在拆卸之前首先进行车上检查，步骤如下：

（1）检查后组合灯总成　首先从后组合灯总成上断开插接器，测量图 7-3-8 中的插接

器端子，根据表 7-3-1 中的值判断电压是否正常。

表 7-3-1　后组合灯总成插接器电压测量标准值

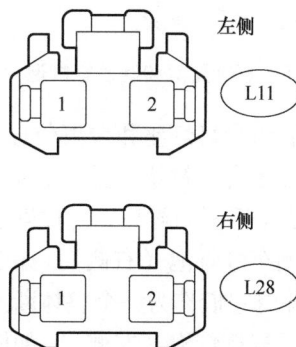

方向	诊断仪连接	条　件	规 定 状 态
左侧	L7.1-L7.4	灯控开关置于 OFF 位	低于 1V
		灯控开关置于 TAIL 位	11~14V
	L7.2-L7.4	松开制动踏板	低于 1V
		踩下制动踏板	11~14V
	L7.3-L7.4	转向信号开关置于 OFF 位	低于 1V
		点火开关置于 ON（IG）位，转向信号开关置于 LH 位	11~14V（60~120 次/min）
右侧	L29.1-L29.4	灯控开关置于 OFF 位	低于 1V
		灯控开关置于 TAIL 位	11~14V
	L29.2-L29.4	松开制动踏板	低于 1V
		踩下制动踏板	11~14V
	L29.3-L29.4	转向信号开关置于 OFF 位	低于 1V
		点火开关置于 ON（IG）位，转向信号开关置于 LH 位	11~14V（60~120 次/min）

（2）检查尾灯总成　从尾灯总成上断开插接器，测量图 7-3-9 中的插接器端子，根据表 7-3-2 中的值判断电压是否正常。

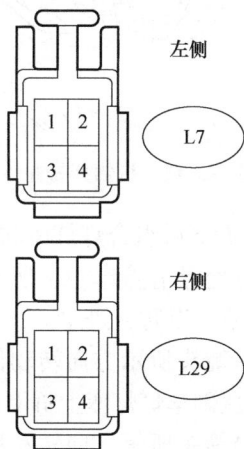

图 7-3-8　后组合灯总成插接器　　　图 7-3-9　尾灯总成上的电路插接器

表 7-3-2　尾灯总成插接器电压测量标准值

方向	诊断仪连接	条　件	规 定 状 态
左侧	L11.1-L11.2	后雾灯开关置于 OFF 位	低于 1V
		灯控开关置于 TAIL 位，后雾灯开关置于 ON 位（带后雾灯）	11~14V
右侧	L28.1-L28.2	变速杆不在 R 位	低于 1V
		变速杆在 R 位	11~14V

2. 后组合灯总成的拆卸

（1）拆卸后组合灯检修孔盖　首先脱开两个卡爪，然后脱开两个导向销。

（2）拆卸后组合灯总成　首先断开插接器并脱开两个卡夹，然后拆下三个螺母，并脱开销，拆下后组合灯总成。

（3）拆卸行李舱侧盖　首先脱开两个卡爪，然后脱开两个导向销，并拆下行李舱侧盖。

（4）拆卸尾灯总成　先断开插接器并拆下两个螺母，然后脱下卡夹，拆下尾灯总成。

3. 拆解

（1）拆卸尾灯和制动灯灯泡　沿着图 7-3-10 中所示的箭头方向转动尾灯和制动灯灯泡、后组合灯灯座和线束分总成，并将它们作为一个整体断开，将尾灯和制动灯灯泡从后组合灯灯座和线束分总成上拆下。

（2）拆卸后转向信号灯灯泡　沿着图 7-3-11 中所示的箭头方向转动后转向信号灯灯泡、后组合灯灯座和线束分总成，并将它们作为一个整体断开。将后转向信号灯灯泡从后组合灯灯座和线束分总成上拆下。

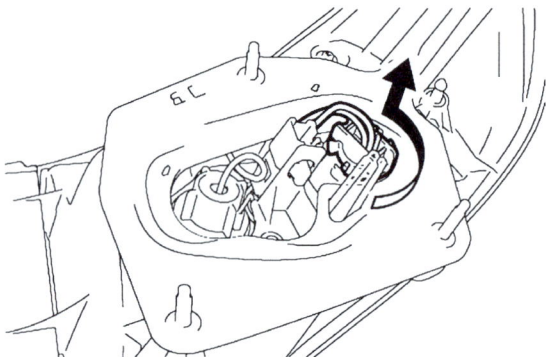

图 7-3-10　拆卸尾灯和制动灯灯泡　　　　图 7-3-11　拆卸后转向信号灯灯泡

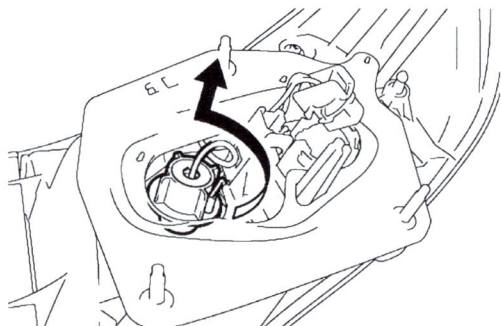

（3）拆卸后组合灯灯座和线束分总成　脱开卡夹，并拆下后组合灯灯座和线束分总成。

（4）拆卸后组合灯衬垫　拆下后组合灯衬垫。拆卸时确保清除车身上所有旧衬垫的痕迹。不要重复使用拆下的衬垫。确保安装新的后组合灯衬垫，以防止进水。

（5）拆卸倒车灯灯泡（右侧）　如图 7-3-12 所示，沿箭头所示方向转动倒车灯灯泡和倒车灯灯座，并将它们作为一个整体断开，将倒车灯灯泡从倒车灯灯座上拆下。

（6）拆卸后雾灯灯泡（左侧）　如图 7-3-13 所示，沿箭头所示方向转动后雾灯灯泡和后雾灯灯座，并将它们作为一个整体断开，将后雾灯灯泡从后雾灯灯座上拆下。

（7）拆卸尾灯衬垫　如图 7-3-14 所示，拆卸时确保清除车身上所有旧衬垫的痕迹。不要重复使用拆下的衬垫。确保安装新的尾灯衬垫，以防止进水。

4. 重新装配

（1）安装尾灯衬垫　安装一个新的尾灯衬垫。

（2）安装倒车灯灯泡（右侧）　将倒车灯灯泡安装到倒车灯灯座上。转动倒车灯灯泡和倒车灯灯座，并将它们作为一个整体安装。

（3）安装后雾灯灯泡（左侧）　将后雾灯灯泡安装到后雾灯灯座上。转动后雾灯灯泡和后雾灯灯座，并将它们作为一个整体安装。

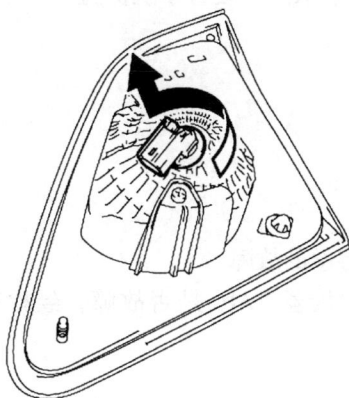

图 7-3-12 拆卸倒车灯灯泡（右侧）

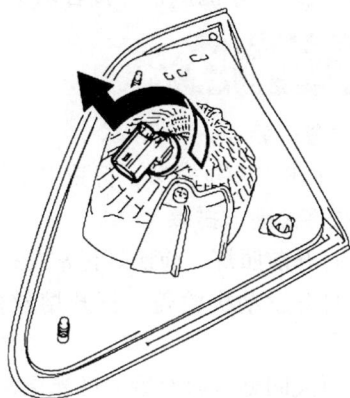

图 7-3-13 拆卸后雾灯灯泡（左侧）

（4）安装后组合灯衬垫 安装一个新的后组合灯衬垫。

（5）安装后组合灯灯座和线束分总成 连接卡夹，并安装后组合灯灯座和线束分总成。

（6）安装后转向信号灯灯泡 将后转向信号灯灯泡安装至后组合灯灯座和线束分总成上。如图 7-3-15 所示箭头的方向转动后转向信号灯灯泡、后组合灯灯座和线束分总成，并将它们作为一个整体安装。

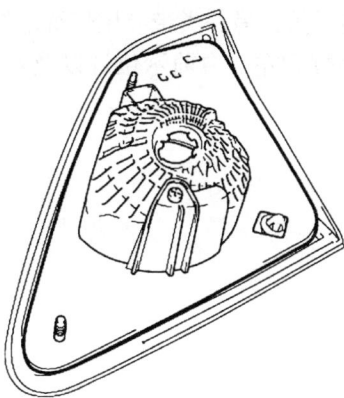

图 7-3-14 拆卸尾灯衬垫

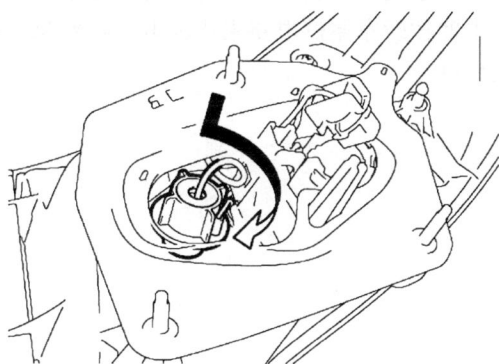

图 7-3-15 安装后转向信号灯灯泡

（7）安装尾灯和制动灯灯泡 将尾灯和制动灯灯泡安装到后组合灯灯座和线束分总成上。

5. 安装

（1）安装后组合灯总成 安装接合销，然后用三个螺母安装后组合灯总成，螺母转矩为 5.4N·m。

然后连接插接器并接合两个卡夹。

（2）安装后组合灯检修孔盖 接合两个导向销，接合两个卡爪，并安装后组合灯检修孔盖。

（3）安装尾灯总成 接合卡夹即可，然后用两个螺母安装尾灯总成，螺母转矩 5.4N·m，连接插接器。

（4）安装行李舱侧盖　接合两个导向销，接合两个卡爪并安装行李舱侧盖。

情境分析

1. 故障现象

一辆丰田卡罗拉轿车，行驶中尾灯总成中所有灯不亮。

2. 故障诊断与排除

1）打开前照灯，前照灯正常亮，排除蓄电池和总熔丝的故障。

2）打开发动机舱盖，打开熔丝盒检查尾灯电路中熔丝 TAIL 是否故障，经检查熔丝 TAIL 断路。

3）更换同型号熔丝后，灯光正常，故障排除。

4）整理工具，清洁场地。

3. 故障原因分析

尾灯电路上的熔丝 TAIL 断路，使尾灯上所有的灯都断路，因此不亮。更换熔丝后故障排除。

学习小结

1）汽车的信号灯主要有倒车灯、制动灯、转向灯和示位灯等。

2）尾灯系统有两类：一类尾灯直接连接到灯光控制开关，另一类带有尾灯继电器。

3）卡罗拉轿车尾灯电路采用继电器控制型，并且尾灯和左、右前示位灯以及左、右牌照灯同时点亮。

学习单元 7.4 转向信号灯的检修

情境导入

一辆丰田卡罗拉轿车，右转向时，打开右转向信号灯，发现右转向指示灯闪光频率加快，经检查，右前转向信号灯灯泡损坏，更换后，故障排除。

学习目标

1. 能通过与客户交流、查阅相关的维修技术资料等方式获取车辆信息。
2. 能根据转向信号灯、危险警告灯的故障现象制订正确的维修计划。
3. 能正确地选择诊断设备对转向信号灯、危险警告灯、闪光器总成等进行电路检测。
4. 能根据检测结果进行分析，并判断故障发生的位置。
5. 能进行转向信号和危险警告灯、侧转向信号灯及闪光器总成的拆卸、检测、安装及灯泡的更换。
6. 能进行维修场地的维护，注重场地环保。

理论知识

在汽车起步、转弯、变更车道或路边停车时，需要打开转向信号灯以表示汽车的趋向，提醒周围车辆和行人注意。

转向信号灯按照位置分为前转向信号灯、侧转向信号灯和后转向信号灯。转向信号灯系统由闪光继电器（简称为闪光器）、转向信号灯开关、转向信号灯和仪表盘上的转向指示灯等组成。转向信号灯闪烁是由闪光器控制电流通断实现的，闪光频率规定为 (1.5 ± 0.5) Hz。有的汽车转向信号闪光器和危险警报闪光器共用，有的汽车转向信号闪光器和危险警报闪光器单独设置。

当接通危险报警信号开关时，所有的转向信号灯同时闪烁，表示车辆遇紧急情况，请求其他车辆避让。根据 GB 7258—2017《机动车运行安全技术条件》规定，危险警告灯操纵装置不受点火开关控制。

一、闪光器

常见的闪光器（Flasher）有电容式、翼片式和晶体管式等几类。翼片式闪光器和带继电器的晶体管式闪光器结构简单、体积小、闪光频率稳定、监控作用明显、工作时伴有响声，故被广泛使用。这里主要讲述晶体管式闪光器。

晶体管式闪光器有带继电器晶体管闪光器（有触点）、无触点闪光器和集成电路闪光器等。

1. 带继电器的晶体管闪光器

带继电器的晶体管闪光器的工作原理如图 7-4-1 所示，其主要由晶体管开关电路和小型继电器组成。

当汽车打开右转向信号灯时，电流由蓄电池正极→电源开关 SW→接线柱 B→电阻 R_1→继电器的动断触点 J→接线柱 S→转向灯开光 K→右转向信号灯→搭铁→蓄电池负极形成回路，右转向信号灯点亮。当电流通过电阻 R_1 时，在电阻 R_1 上产生电压降，晶体管 VT 因正向偏压而导通，集电极电流通过继电器线圈 J，使继电器的动断触点立即打开，右转向信号灯随之熄灭。

晶体管接通的同时，其基极电流向电容器 C 充电。电流由蓄电池正极→电源开关 SW→接线柱

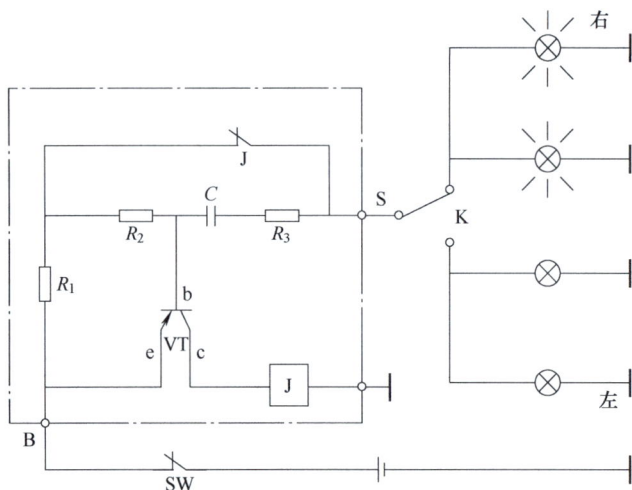

图 7-4-1　带继电器的晶体管闪光器的工作原理

B→晶体管的发射极 e、基极 b→电容器 C→电阻 R_3→接线柱 S→转向灯开光 K→右转向信号灯→搭铁→蓄电池负极形成回路。

随着电容器电荷的积累，充电电流逐渐减小，晶体管的集电极电流也随之减小，当电流减小，线圈中产生的电磁力不能为之衔铁的 I 吸合而释放时，继电器触点重新闭合，转向信号灯又再次发亮。

这时电容器 C 通过电阻 R_2、继电器触点 J、电阻 R_3 放电。放电电流在 R_2 上产生的电压降为晶体管提供反向偏压，加速晶体管的截止。当放电电流接近零时，R_1 上的电压降为晶体管 VT 提供正向偏压使其导通。

这样，电容器不断地充电和放电，晶体管也就不断地导通与截止，控制继电器触点反复地断开、闭合，使转向信号灯闪烁。

2. 集成电路闪光器

图 7-4-2 为上海桑塔纳汽车用的集成电路闪光器的工作原理，U243B 型集成块是一块低功率、高精度的汽车电子闪光器专用集成电路。U243B 的标称电压为 12V，实际工作电压范围为 9～18V，采用双列 8 脚直插塑料封装。内部电路主要由输入检测器 SR、电压检测器 D、振荡器 Z 及功率输出级 SC 四部分组成。

输入检测器用来检测转向信号灯是否接通。振荡器由一个电压比较器和外接的电阻 R_4 和电容器 C_1 组成。内部电路比较器的一端提供了一个参考电压，其值由电压检测器控制，比较器的另一端则外接的电阻 R_4 和电容器 C_1 提供一个变化的电压，从而形成电路的振荡。振荡器工作时，输出级的矩形波便控制继电器线圈的电路并使继电器触点反复断开和闭合。于是转向信号灯和转向指示灯闪烁，频率为 80 次/min。

如果一只转向信号灯烧坏，流过取样电阻 R_S 的电流减小，其电压降减小，经电压检测器识别后，便控制振荡器电压比较器的参考电压，从而改变振荡频率，使转向指示灯的闪光频率加快一倍，以提示驾驶人及时检修。

当打开危险警告灯开关时，汽车的前后左右转向信号灯同时闪烁作为危险警报信号。

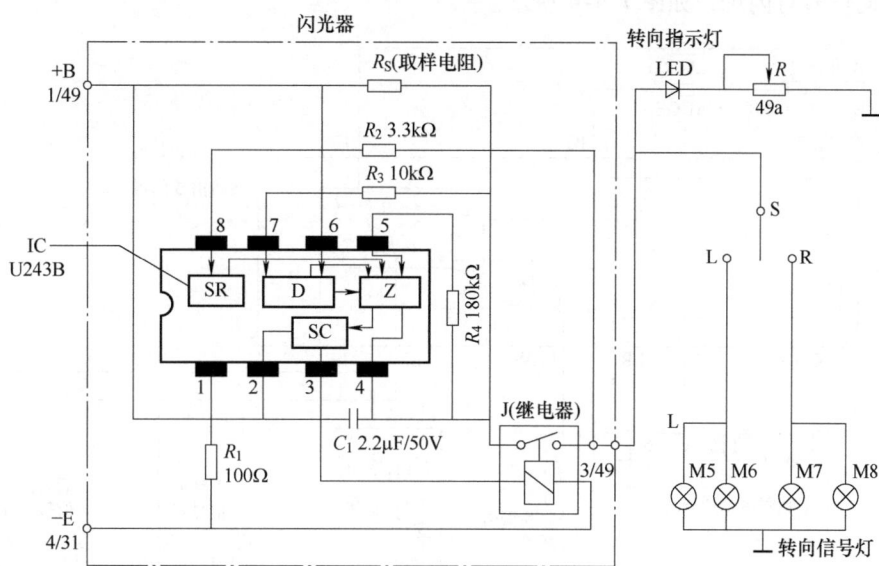

图 7-4-2　上海桑塔纳汽车用的集成电路闪光器的工作原理

二、转向信号灯电路

一般转向信号和危险报警系统电路如图 7-4-3 所示。

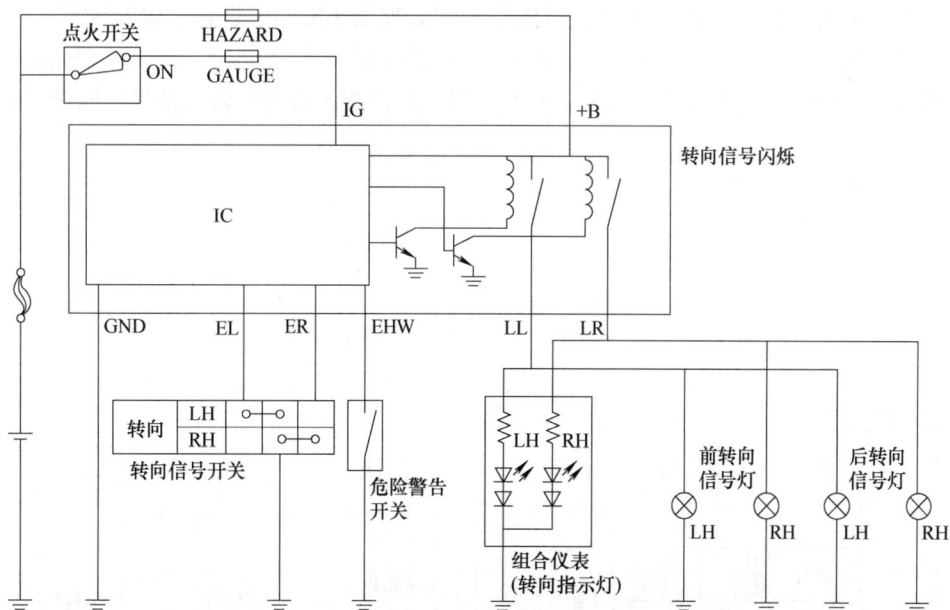

图 7-4-3　一般转向信号和危险报警系统电路

当操作转向信号开关时，转向信号闪光器打开转向信号灯 LH 或 RH，它发出闪光。为了使驾驶人关注此操作，发出操作声音。

当转向信号开关移动到左边位置时，转向信号闪光器的 EL 端子搭铁，电流流到 LL 端子，左转向信号灯闪烁，如图 7-4-4 所示。

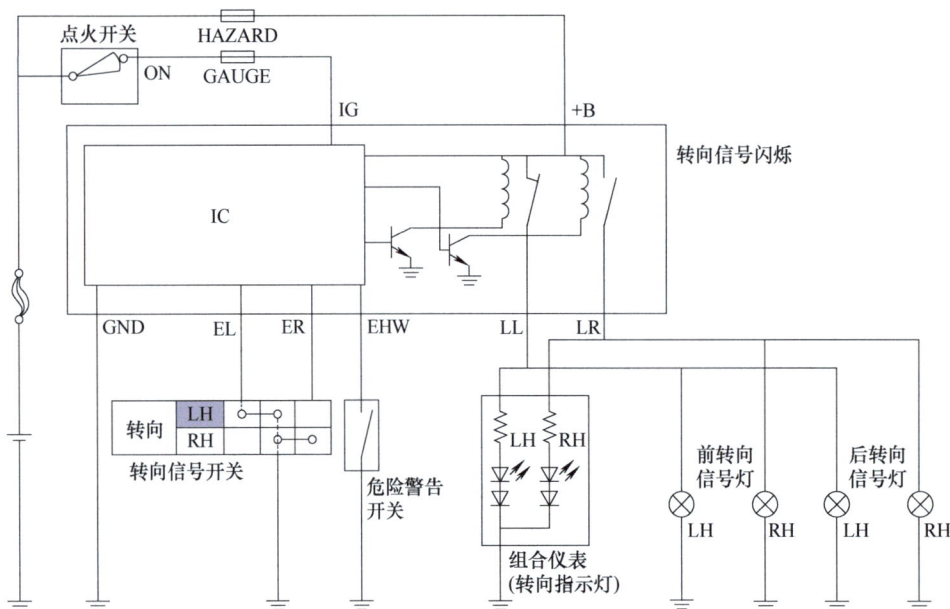

图 7-4-4　左转向信号灯点亮

在点亮前后左转向信号灯的同时，组合仪表内左转向指示灯也被点亮，提醒驾驶人左转向信号灯点亮，且左转向指示灯与左转向信号灯同步闪烁。

当转向信号开关移到右侧位置时，转向信号闪光器的 ER 端子搭铁，电流流到 LR 端子，右转向信号灯闪烁，如图 7-4-5 所示。在点亮前后右转向信号灯的同时，组合仪表内右转向指示灯也被点亮，提醒驾驶人右转向信号灯点亮，且右转向指示灯与右转向信号灯同步闪烁。

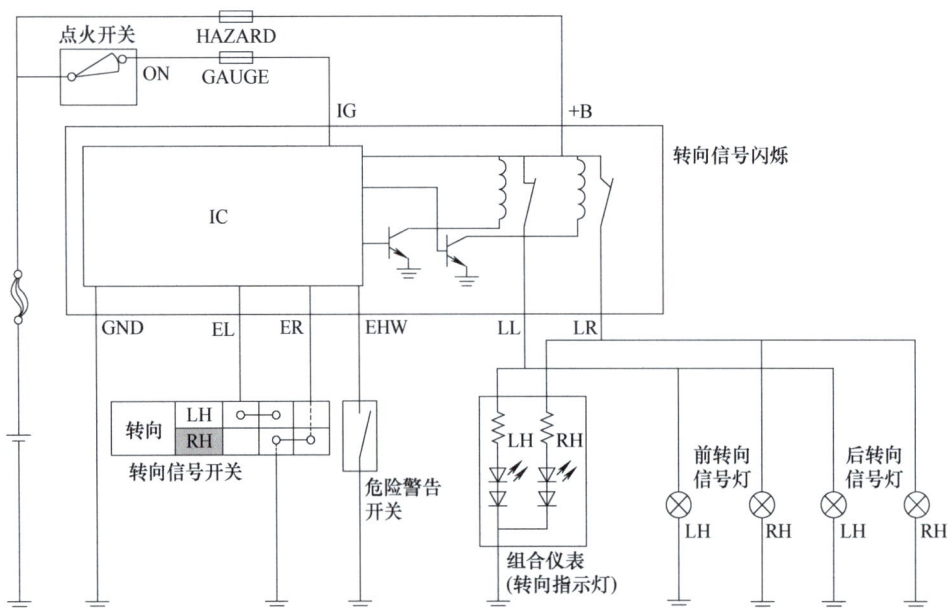

图 7-4-5　右转向信号灯点亮

如果某只转向信号灯灯泡烧坏了，电流减小。闪烁变快，这样来通知驾驶人信号灯灯泡损坏。

当危险警告灯开关移到 ON 位时，转向信号闪光器的 EHW 端子搭铁，电流流向 LL 和 LR 两个端子，并且所有的转向信号灯闪烁，如图 7-4-6 所示。在点亮危险警告灯的同时，组合仪表内左右转向指示灯也被点亮，提醒驾驶人危险警告灯点亮，且左右转向指示灯与危险警告灯同步闪烁。

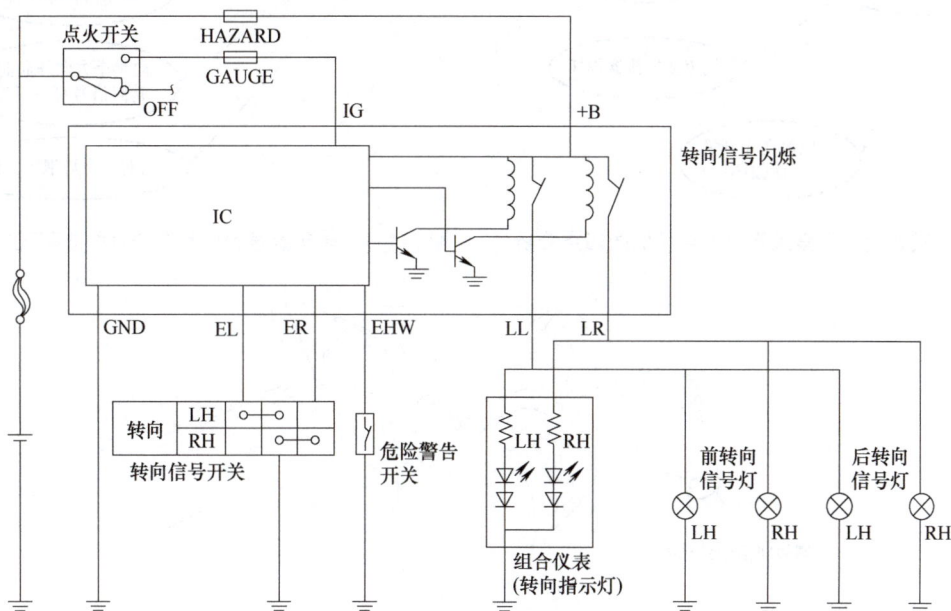

图 7-4-6　危险警告灯点亮

实践技能

一、转向信号和危险警告灯的故障诊断

1. 转向信号和危险警告灯的故障点分析

转向信号和危险警告灯电路的故障点主要集中在电路故障、灯泡损坏、开关故障和闪光器故障等，故障点如图 7-4-7 所示。

2. 转向信号和危险警告灯故障现象

转向信号和危险警告灯的故障现象如图 7-4-8 所示。

二、侧转向信号灯总成的检查

侧转向信号灯总成安装在汽车前车门附近，如图 7-4-9 所示。

1. 拆卸

松开两个卡爪，断开侧转向信号灯总成，然后断开插接器，拆下侧转向信号灯总成。

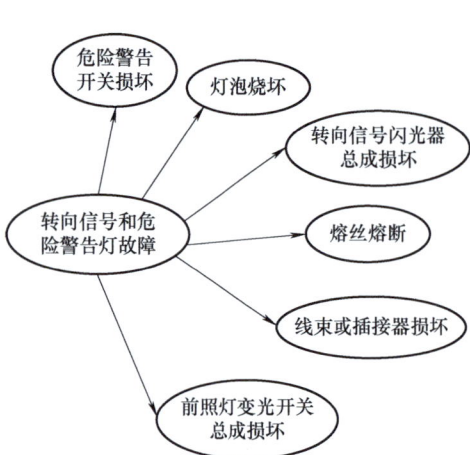

图7-4-7　转向信号和危险警告灯电路的故障点分析

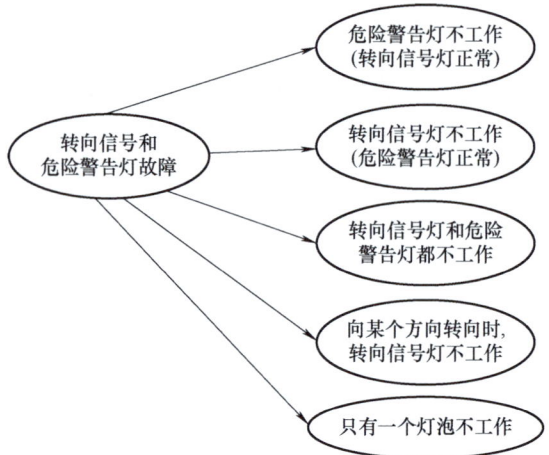

图7-4-8　转向信号和危险警告灯的故障现象

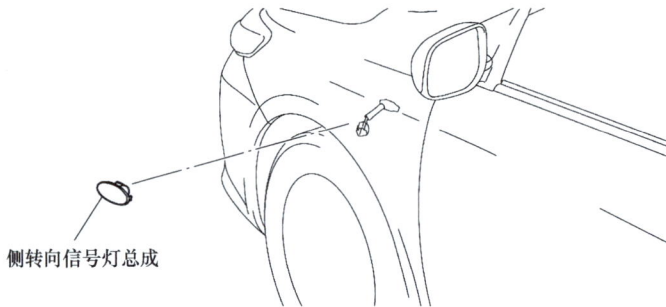

图 7-4-9　侧转向信号灯总成的位置

2. 检查

检查侧转向信号灯总成，首先将蓄电池（＋）引线连接到端子1，（－）引线连接到端子2，如图7-4-10所示。检查并确认侧转向信号灯亮起，若亮起则正常，如果结果不符合规定，更换灯总成。

3. 安装

首先连接插接器，然后接合两个卡爪，最后安装侧转向信号灯总成。

至此，完成侧转向信号灯总成的拆卸、检查和安装。

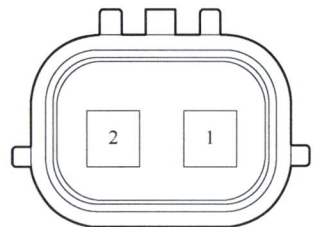

图 7-4-10　检查侧转向信号灯总成

三、转向信号闪光器总成的检修

1. 拆卸

1）拆卸仪表板下装饰板总成。

2）从接线盒上拆下转向信号闪光器总成。

2. 检查

1）检查转向信号闪光器总成接线盒：从仪表板接线盒上拆下转向信号闪光器总成，根据图 7-4-11 所示标号和表 7-4-1 中的值测量电压。

仪表板接线盒

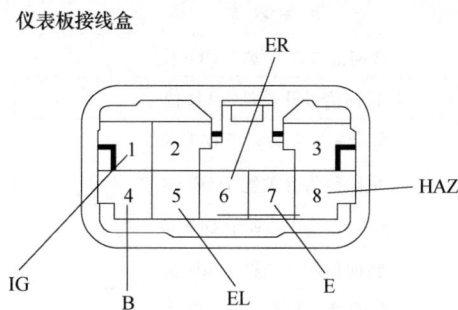

图 7-4-11　闪光器总成标号

表 7-4-1　闪光器总成标准电压

诊　断　仪	连　接　条　件	规　定　状　态
4（B）-车身搭铁	始终	11 ~ 14V
1（IG）-车身搭铁	点火开关置于 OFF 位	低于 1V
	点火开关置于 ON（IG）位	11 ~ 14V

如果结果不符合规定，线束侧有故障。

2）根据表 7-4-2 中的值测量电阻。

表 7-4-2　闪光器总成电阻

诊　断　仪	连　接　条　件	规　定　状　态
5（EL）-车身搭铁	转向信号开关置于 OFF 位	10kΩ 或更大
	转向信号开关置于 LH 位	小于 1Ω
6（ER）-车身搭铁	转向信号开关置于 OFF 位	10kΩ 或更大
	转向信号开关置于 RH 位	小于 1Ω
7（E）-车身搭铁	始终	小于 1Ω
8（HAZ）-车身搭铁	危险警告开关置于 OFF 位	10kΩ 或更大
	危险警告开关置于 ON 位	小于 1Ω

如果结果不符合规定，线束侧有故障。

3）将转向信号闪光器总成安装到仪表板接线盒上，根据图 7-4-12 所示标号和表 7-4-3 中的值测量电压。

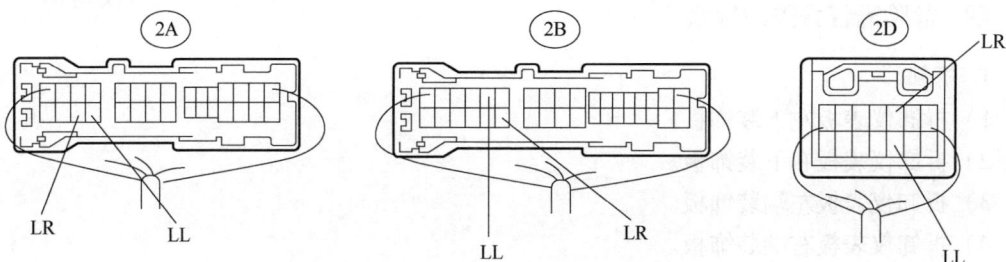

图 7-4-12　有线束连接的仪表板接线盒

177

表7-4-3　连接器的标准电压

诊　断　仪	开关状态	规　定　状　态
2A-27（LL）- 车身搭铁	转向信号开关置于 OFF 位	低于 1V
	转向信号开关置于 LH 位	11～14V（60～120 次/min）
	危险警告开关置于 OFF 位	低于 1V
	危险警告开关置于 ON 位	11～14V（60～120 次/min）
2A-28（LR）- 车身搭铁	转向信号开关置于 OFF 位	低于 1V
	转向信号开关置于 RH 位	11～14V（60～120 次/min）
	危险警告开关置于 OFF 位	低于 1V
	危险警告开关置于 ON 位	11～14V（60～120 次/min）
2B-14（LL）- 车身搭铁	转向信号开关置于 OFF 位	低于 1V
	转向信号开关置于 LH 位	11～14V（60～120 次/min）
	危险警告开关置于 OFF 位	低于 1V
	危险警告开关置于 ON 位	11～14V（60～120 次/min）
2B-31（LR）- 车身搭铁	转向信号开关置于 OFF 位	低于 1V
	转向信号开关置于 RH 位	11～14V（60～120 次/min）
	危险警告开关置于 OFF 位	低于 1V
	危险警告开关置于 ON 位	11～14V（60～120 次/min）
2D-10（LL）- 车身搭铁	转向信号开关置于 OFF 位	低于 1V
	转向信号开关置于 LH 位	11～14V（60～120 次/min）
	危险警告开关置于 OFF 位	低于 1V
	危险警告开关置于 ON 位	11～14V（60～120 次/min）
2D-3（LR）- 车身搭铁	转向信号开关置于 OFF 位	低于 1V
	转向信号开关置于 RH 位	11～14V（60～120 次/min）
	危险警告开关置于 OFF 位	低于 1V
	危险警告开关置于 ON 位	11～14V（60～120 次/min）

如果结果不符合规定，更换转向信号闪光器总成。

3. 安装

1）将转向信号闪光器总成安装到接线盒上。

2）安装仪表板下装饰板总成。

四、危险警告开关的检查

1. 拆卸

1）拆卸仪表板左下装饰板。

2）拆卸仪表板右下装饰板。

3）拆卸仪表板左端装饰板。

4）拆卸仪表板右端装饰板。

5）拆卸中央仪表板调风器总成。

6）拆卸危险警告开关总成：脱开两个卡爪，拆下危险警告开关总成。

2. 检查

检查危险警告开关总成：根据图 7-4-13 中标号，测量 1 和 4 之间的电阻，开关在 ON 状态下规定值小于 1Ω，在 OFF 状态下为 10kΩ 或更大，如果结果不符合规定，更换开关。

然后将蓄电池（＋）引线连接到端子 3，（－）引线连接到端子 2，检查并确认开关闭合。正常状态下闭合，如果结果不符合规定，更换开关。

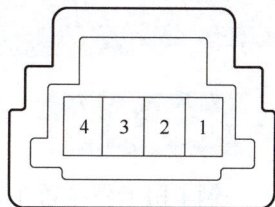

图 7-4-13　危险警告开关总成

3. 安装

1）首先接合两个卡爪，然后安装危险警告开关总成。
2）安装中央仪表板调风器总成。
3）安装仪表板左端装饰板。
4）安装仪表板右端装饰板。
5）安装仪表板左下装饰板。
6）安装仪表板右下装饰板。

至此完成危险警告开关总成的拆卸、检查与安装。

情境分析

1. 故障现象

一辆丰田卡罗拉轿车，向右转向时，打开右转向信号灯，发现右转向指示灯闪光频率加快。

2. 故障诊断与排除

1）打开右转向指示灯，发现闪光频率相比正常情况下较快。
2）下车检查转向指示灯闪光情况，右前转向信号灯不亮。
3）更换同型号转向信号灯灯泡，左右转向及危险警告灯均正常，故障排除。
4）整理工具，清洁场地。

3. 故障原因分析

右前转向信号灯损坏，闪光器闪光频率加快，更换后故障排除。

学习小结

1）转向信号灯系统由闪光器、转向信号灯开关、转向信号灯和转向指示灯等组成。转向信号灯闪烁是由闪光器控制电流通断实现的。

2）晶体管式闪光器有带继电器晶体管闪光器（有触点）、无触点闪光器和集成电路闪光器等。

学习单元7.5　　灯光控制开关的更换

情境导入

一辆丰田卡罗拉轿车，远近光都正常，但是会车灯功能失效。经检查，灯光控制开关（简称为灯控开关）损坏，更换灯控开关后上述故障现象消失。

学习目标

1. 能通过与客户交流、查阅相关的维修技术资料等方式获取车辆信息。
2. 能根据照明灯的故障现象制订正确的维修计划。
3. 能正确地选择诊断设备对灯控开关进行检测。
4. 能根据检测结果进行分析，并做出故障判断。
5. 能进行后灯控开关总成的拆卸、检测、安装及灯泡的更换。
6. 能进行维修场地的维护，注重场地环保。

理论知识

控制车上照明灯亮与灭的开关称为灯控开关。它利用接通或者断开灯光电路，由驾驶人根据实际的车况要求控制灯光的一种装置。一般的灯控开关最重要的也是最复杂的就是前照灯灯控开关。

一、灯控开关电路

丰田卡罗拉前照灯灯控开关总成一般安装在转向盘的下部，并与风窗玻璃刮水器开关对置，前照灯变光开关总成的操作如图7-5-1所示。

当灯控开关移到TAIL位时，电流流到尾灯继电器的线圈。尾灯继电器开到ON位，尾灯点亮，如图7-5-2所示。

当灯控开关移动到HEAD（LOW）位时，前照灯继电器打开，前照灯（近光灯）点亮，如图7-5-3所示。

当灯控开关移到HEAD（HIGH）位时，前照灯继电器打开，前照灯（远光灯）点亮，如图7-5-4所示。

当灯控开关移动到FLASH位时，前照灯继电器打开，前照灯（远光灯）点亮，也称为会车功能，如图7-5-5所示。

当灯控开关在TAIL和HEAD位时，前雾灯可以操作。当前雾灯开关被打到ON位时，前雾灯继电器运行，并且前雾灯点亮，如图7-5-6所示。

与前雾灯一样，当灯控开关在TAIL和HEAD位时，后雾灯可以操作。如果开关从前雾灯开关的ON位进一步前移，后雾灯开关接通，如图7-5-7所示。

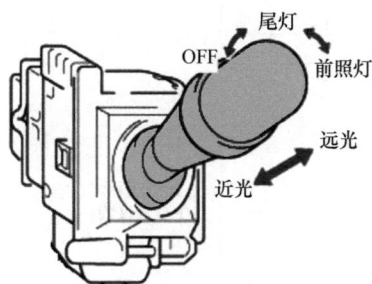

图 7-5-1　前照灯变光开关总成的操作

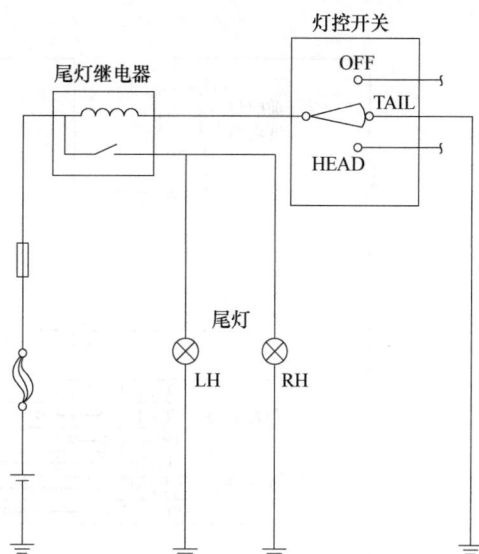

图 7-5-2　尾灯点亮

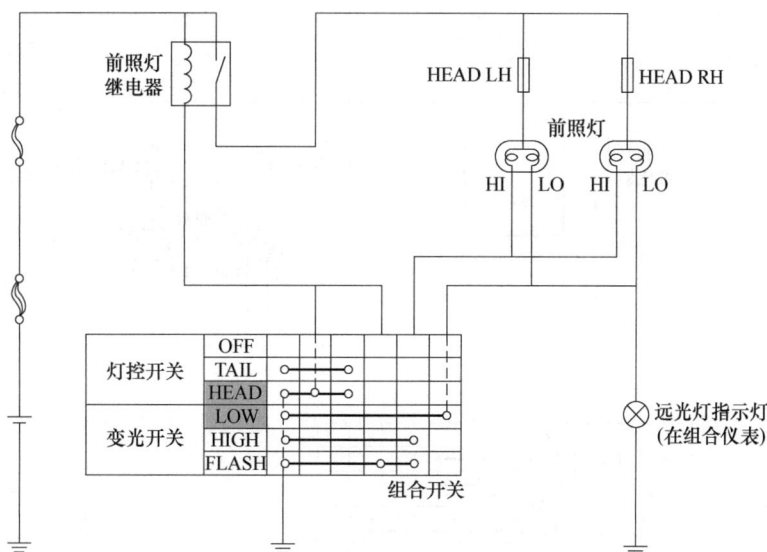

图 7-5-3　前照灯（近光灯）点亮

丰田卡罗拉灯控开关电路图如图 7-5-8 所示。

灯控开关总成包括了灯控开关、变光开关和前雾灯开关。在不同的位置时，接通相应的灯光电路从而实现对灯光的点亮。

灯控开关控制前照灯的远近光和自动点亮，也控制尾灯的点亮；变光开关控制会车功能，雾灯开关有两个，即前、后雾灯开关，分别控制前、后雾灯的点亮和熄灭。

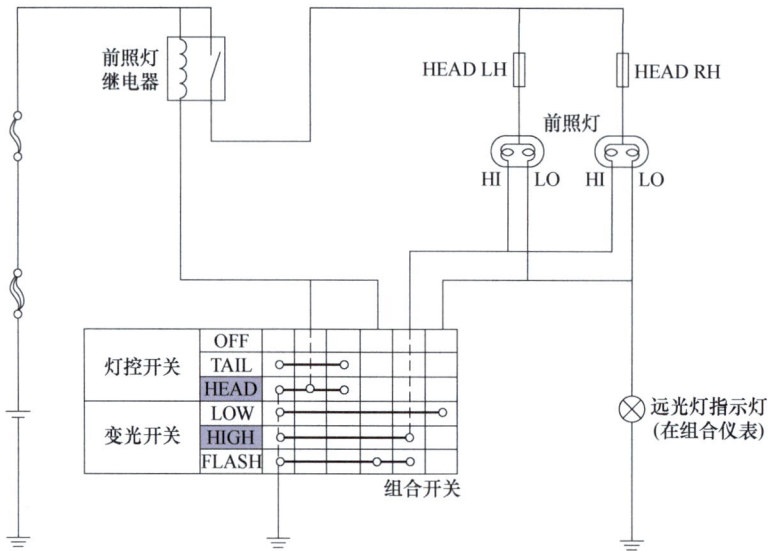

图 7-5-4 前照灯（远光灯）点亮

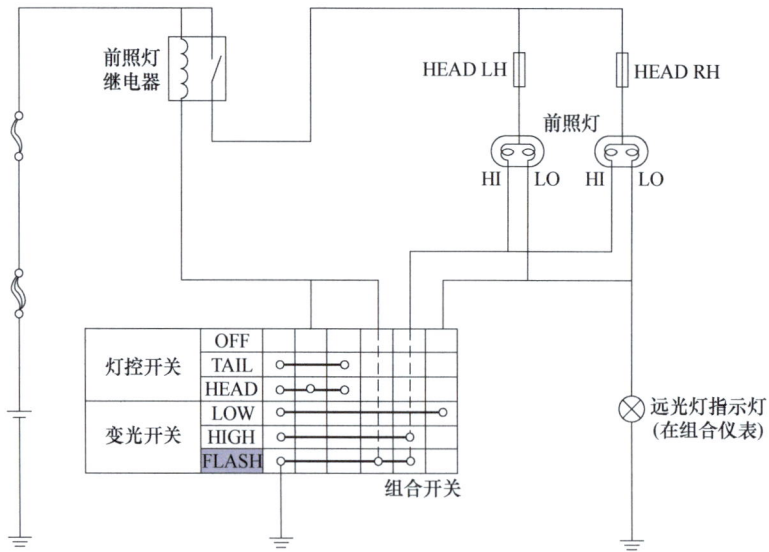

图 7-5-5 会车功能

二、门控开关电路

门控开关安装在车门门框上，当打开车门时，门控灯开关闭合使门灯点亮，在黑暗环境

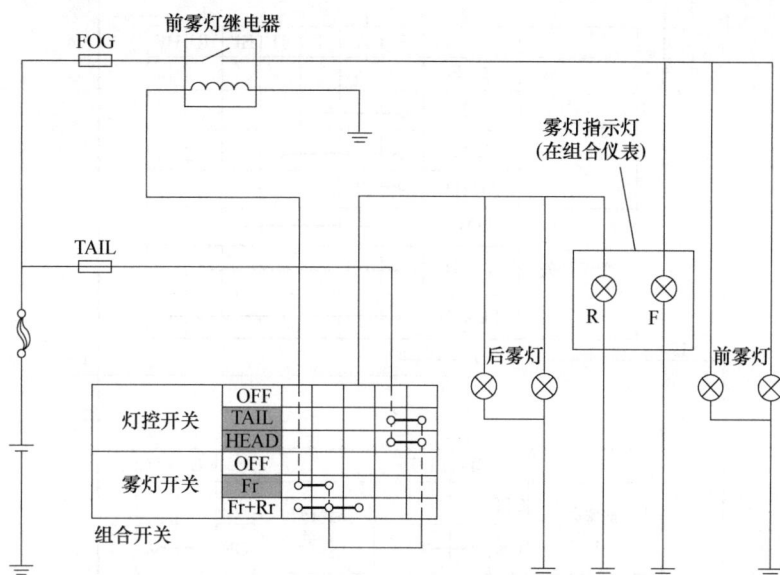

图 7-5-6　前雾灯点亮

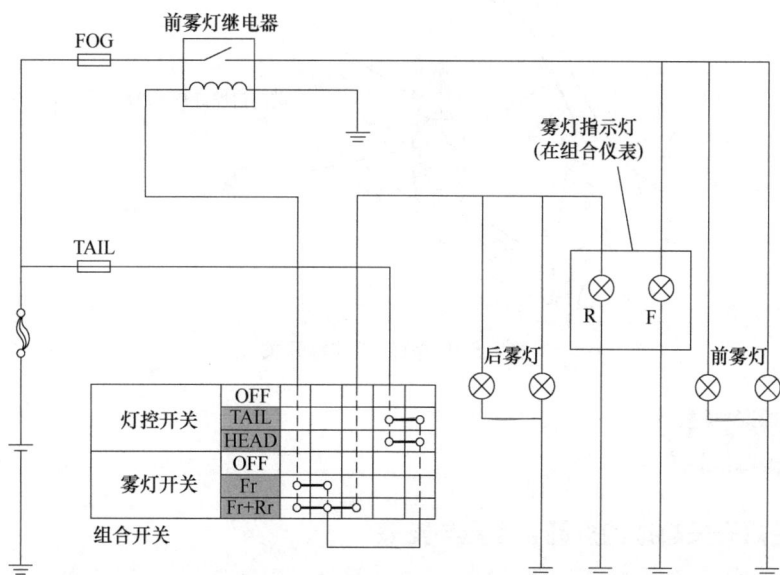

图 7-5-7　后雾灯点亮

下为乘客下车照明。

以前门门控灯光为例，其位置如图 7-5-9 所示。

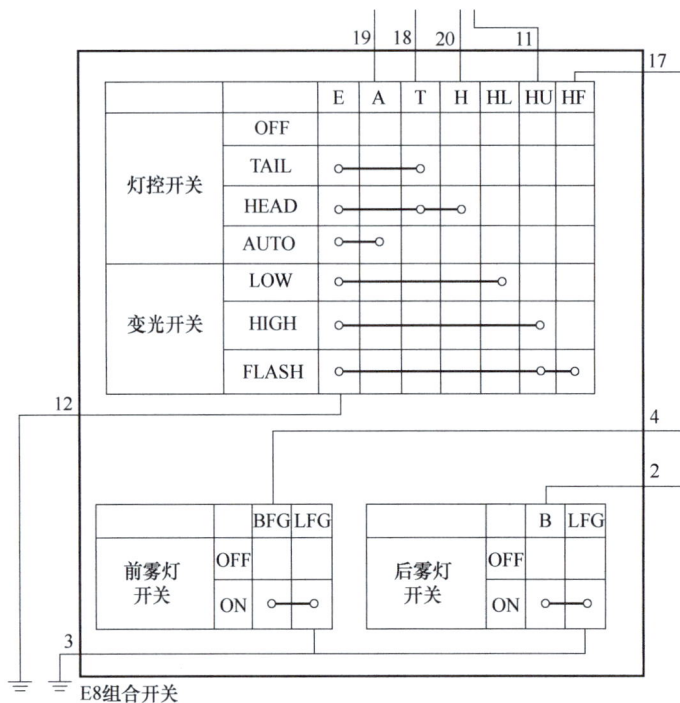

图 7-5-8　丰田卡罗拉灯控开关电路图

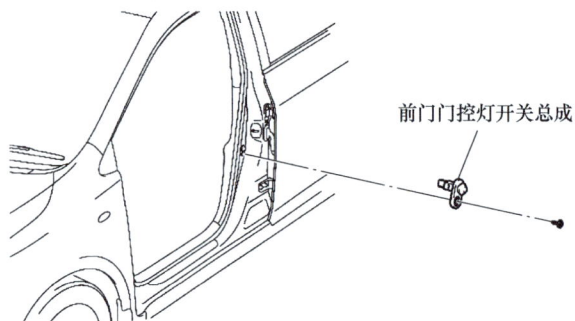

图 7-5-9　前门门控灯开关

实践技能

前照灯变灯开关总成的拆卸、检查与安装

1. 拆卸

1）定位前轮，使其面向正前位置。

2）从蓄电池负极端子断开电缆：断开电缆后等待 90s，以防气囊展开，并注意，断开蓄电池电缆后重新连接时，某些系统需要初始化。

3）拆卸仪表板 1 号底罩分总成：首先拆下两个螺钉，然后脱开卡爪，最后脱开导向销，可拆下仪表板 1 号底罩分总成。

4）拆卸仪表板下装饰板分总成：脱开五个卡爪、两个导向销和两个卡夹，并拆下仪表板下装饰板分总成。

5）拆卸转向盘 3 号下盖：使用头部缠有保护性胶带的螺钉旋具，脱开卡爪并拆下转向盘 3 号下盖。

6）拆卸转向盘 2 号下盖：使用头部缠有保护性胶带的螺钉旋具，脱开卡爪并拆下转向盘 2 号下盖。

7）拆卸转向盘装饰盖：使用"TORX"梅花套筒（T30），松开两个"TORX"梅花螺钉，直至螺钉边沿的凹槽与螺钉座齐平。

8）拆卸转向盘总成：首先拆下转向盘总成紧固螺母，在转向盘总成和转向主轴上做装配标记，将插接器从螺旋电缆上断开，然后用 SST 拆下转向盘总成。

9）拆卸下转向柱罩：拉动下转向柱罩的左右两侧，并脱开四个卡爪。

将手指插入下转向柱罩斜度调节杆的开口处，以脱开卡爪。转动下转向柱罩，以脱开两个卡爪并拆下下转向柱罩。

10）拆卸上转向柱罩：脱开卡爪和两个销，并拆下上转向柱罩。

11）拆卸转向柱罩。

12）拆卸带转向角传感器的螺旋电缆：从带转向角传感器的螺旋电缆上断开插接器，处理气囊插接器时，小心不要损坏气囊线束，脱开三个卡爪，并拆下带转向角传感器的螺旋电缆。

13）拆卸风窗玻璃刮水器开关总成：断开两个插接器，脱开卡爪并拆下风窗玻璃刮水器开关总成。如果按下卡爪时用力过大，卡爪可能会损坏。

14）拆卸前照灯变光开关总成：首先断开插接器，然后脱开卡夹。拆下前照灯变光开关总成。至此，前照灯变光开关总成拆解完成。

2. 检查

检查前照灯变光开关总成：根据图 7-5-10 所示标号针对各个开关测量电阻。

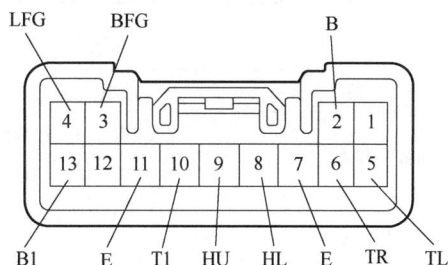

图 7-5-10 没有线束连接的前照灯变光开关总成

1）灯控开关的标准电阻值见表 7-5-1。

表 7-5-1 灯控开关的标准电阻值

诊断仪连接	开关状态	规定状态
10（T1)-13（B1）	OFF	10kΩ 或更大
10（T1)-13（B1）	TAIL	小于 1Ω
10（T1)-13（B1）	HEAD	小于 1Ω
11（E)-13（B1）		

2）变光开关的标准电阻值见表 7-5-2。

表7-5-2　变光开关的标准电阻值

诊断仪连接	开关状态	规定状态
9（HU）-11（E）	HIGH FLASH	小于1Ω
8（HL）-11（E）	LOW	小于1Ω
9（HU）-11（E）	HIGH	小于1Ω
8（HL）-11（E）	HIGH 或 HIGH FLASH	10kΩ 或更大（变光开关置于 HIGH 位，近光前照灯熄灭） 小于1Ω（变光开关置于 HIGH 位，近光前照灯和远光前照灯同时亮起）

3）转向信号开关的标准电阻值见表7-5-3。

表7-5-3　转向信号开关的标准电阻值

诊断仪连接	开关状态	规定状态
6（TR）-7（E）	OFF	10kΩ 或更大
5（TL）-7（E）		
6（TR）-7（E）	RH	小于1Ω
5（TL）-7（E）	LH	小于1Ω

4）雾灯开关的标准电阻值见表7-5-4。

表7-5-4　雾灯开关的标准电阻值

开　　关	诊断仪连接	开关状态	规定状态
前雾灯开关	3（BFG）-4（LFG）	OFF	10kΩ 或更大
	3（BFG）-4（LFG）	ON	小于1Ω
后雾灯开关	2（B）-4（LFG）	OFF	10kΩ 或更大
	2（B）-4（LFG）	ON	小于1Ω

3. 安装

1）安装前照灯变光开关总成：在松开卡夹的同时接合卡爪。然后用卡夹安装前照灯变光开关总成，最后连接插接器。

2）安装风窗玻璃刮水器开关总成。

3）安装带转向角传感器的螺旋电缆。

4）安装上转向柱罩。

5）安装下转向柱罩。

6）安装转向柱盖。

7）安装转向盘总成。

8）检查转向盘中心点。

9）调整螺旋电缆。

10）安装转向盘装饰盖。

11）安装转向盘 3 号下盖。

12）安装转向盘 2 号下盖。

13）安装仪表板下装饰板分总成。

14）安装仪表板 1 号底罩分总成。

15）将电缆连接到蓄电池负极端子。

16）检查转向盘装饰盖。

17）检查 SRS 警告灯。

至此，完成前照灯变光开关总成的拆卸、检查与安装。

情境分析

1. 故障现象

一辆丰田卡罗拉轿车，远近光都正常，但是会车灯功能失效。

2. 故障诊断与排除

1）打开前照灯，前照灯正常点亮，排除蓄电池和主熔丝的故障，同时排除熔丝和继电器故障。

2）拔下远光灯插接器，将灯控开关打到会车灯档位，检查插接器端子与搭铁之间的电压，检测为 0V，说明在会车灯档位没有给前照灯供电。

3）拆下前照灯灯控开关并进行检查，发现会车灯档位断路。

4）更换灯控开关后，会车灯灯光正常，故障排除。

5）整理工具，清洁场地。

3. 故障分析

灯控开关会车灯档位断路，当将开关开到该档位时，并未给前照灯供电，因此会车功能失效。

学习小结

1）控制车上照明灯亮与灭的开关称为灯控开关。它利用接通或者断开灯光电路，由驾驶人根据实际的车况要求控制灯光的一种装置。

2）丰田卡罗拉前照灯灯控开关总成一般安装在转向盘的下部，并与风窗玻璃刮水器开关对置，可以控制尾灯、前照灯和雾灯等的点亮和熄灭。

3）门控开关安装在车门门框上，当打开车门时，门控开关闭合使门灯点亮，在黑暗环境下为乘客提供照明。

辅助电气系统的检修

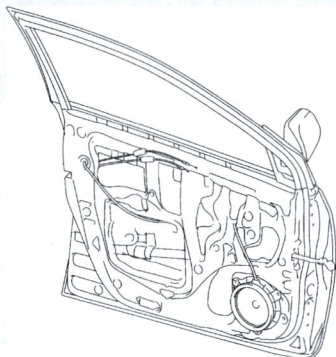

学习单元 8.1　电动车窗与门窗的检修

情境导入

一辆丰田卡罗拉轿车，按下右前电动车窗开关，车窗玻璃无反应，驾驶人侧可控制。经检查，右前电动车窗开关损坏，更换后故障排除。

学习目标

1. 能通过与客户交流、查阅相关的维修技术资料等方式获取相关信息。
2. 能根据电动车窗故障现象制订正确的维修计划。
3. 能正确地选择诊断设备对电动车窗电路和零部件进行电路检测。
4. 能根据检测结果进行分析，并做出故障判断。
5. 能进行电动车窗电路、电动机、开关的检查、拆卸和更换。
6. 能进行维修场地的维护，注重场地环保。

理论知识

为了减轻驾驶人和乘客的劳动强度，提高乘坐舒适性和操作方便性，汽车上应用的电动辅助装置越来越多，如电动车窗、电动后视镜和刮水器等。

一、电动车窗的作用

电动车窗也称为自动车窗，它利用电动机驱动玻璃升降器（又称为换向器）实现车窗玻璃的自动升降。操作电动车窗开关后，相应的电动车窗升降器电动机随即通电，电动机的转动经过机械传动装置转变为车窗玻璃的升降。电动车窗主要的功能有：手动开/关的功能、单触式自动开/关功能、车窗锁止功能、防夹保护功能、无钥匙电动车窗功能。

1. 手动开/关的功能

当电动车窗开关被推或拉到一半时，窗户打开或关闭直至开关被松开。

2. 单触式自动开/关功能

当电动车窗开关被推或拉到底时，窗户全开或全关。

3. 车窗锁止功能

当车窗锁止开关打开时，将使部分车窗打开和关闭功能失效，如图 8-1-1 所示。

4. 防夹保护功能

在单触式自动关窗期间，如果异物卡在窗内，此功能自动停止电动车窗并将车窗玻璃向下移动约 50mm。

5. 无钥匙电动车窗功能

在不开启驾驶人车门的情况下，将点火开关转动到 ACC 或 LOCK 位后约 45s 内，可以进行电动车窗的操作。

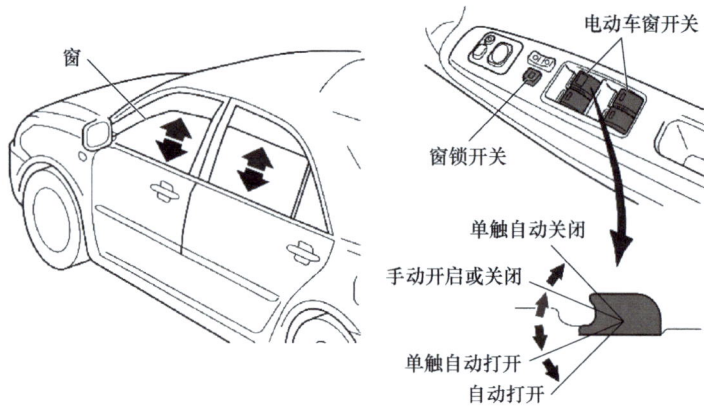

图 8-1-1　开关和锁止功能

驾驶人车门锁芯联动功能，此功能按照驾驶人车门锁芯和无线控制门锁的操作打开和关闭车窗。

二、电动车窗的组成

电动车窗主要由玻璃升降器、电动车窗电动机、电动车窗总开关（由电动车窗开关和车窗锁止开关组成）、电动车窗开关、点火开关及门控开关（驾驶人侧）等组成。

1. 玻璃升降器（车窗调节器）

玻璃升降器的功能是将电动车窗电动机的旋转运动转换为上下运动，打开和关闭车窗。

一般用到的玻璃升降器有 X 臂型、齿扇型和拉索型三种。

（1）X 臂型　X 臂型玻璃升降器的结构如图 8-1-2 所示。

车窗玻璃由玻璃升降器的提升臂支撑，提升臂用 X 臂支撑，玻璃升降器均衡器臂与其相连。车窗玻璃通过 X 臂高度的改变实现打开和关闭。当车窗电动机转动时，带动 X 臂的一条臂绕车窗电动机和 X 臂的铰接中心旋转，而玻璃升降器平衡臂不动，X 臂的另一条臂下端在玻璃升降器平衡臂上滑动；同时，X 臂两条臂的另一端都在玻璃升降器的提升臂上滑动。在 X 臂两条臂的共同作用下，玻璃升降器的提升臂上升，从而带动车窗玻璃上升。

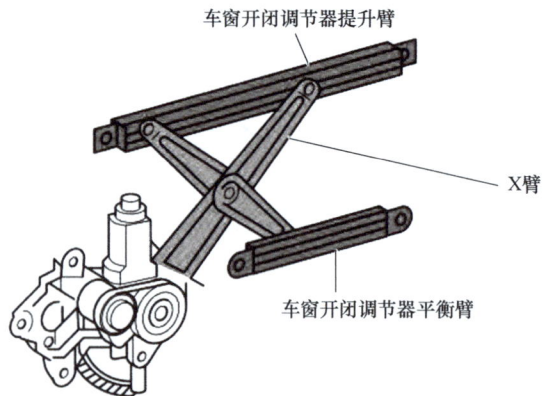

图 8-1-2　X 臂型玻璃升降器的结构

车窗玻璃下降时由于玻璃自重，车窗电动机驱动力较小，而上升时车窗电动机驱动力较大，为了使车窗电动机驱动力变化不大，一般在与车窗电动机连接的 X 臂铰链处安装有平衡簧，该弹簧在玻璃下降时吸收能量被拉紧，玻璃上升时释放能量松开，从而实现车窗电动机驱动力的平衡。

（2）齿扇型　齿扇型玻璃升降器如图 8-1-3 所示。齿扇上连有螺旋弹簧，当车窗上升时，弹簧伸展，放出能量，以减轻车窗电动机负荷；当车窗下降时，弹簧压缩，吸收能量，从而使车窗无论是上升还是下降，车窗电动机负荷基本相同。

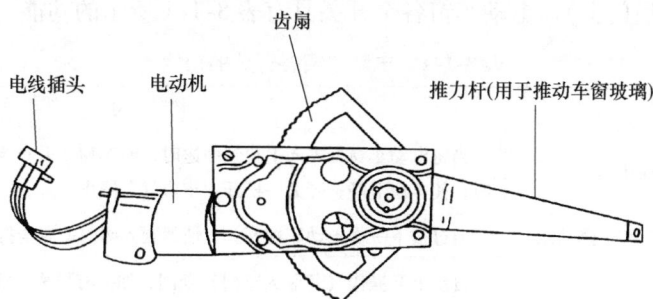

图 8-1-3　齿扇型玻璃升降器

（3）拉索型　拉索型使用柔性齿条和小齿轮，车窗玻璃连在齿条的一端，车窗电动机带动轴端小齿轮转动，使齿条移动，以带动车窗玻璃升降，其结构如图 8-1-4 所示。

2. 电动车窗电动机

电动车窗电动机正向或反向转动，驱动玻璃升降器上升或下降。

不同汽车电动车窗的控制电路不同，采用的电动机也不同，主要有永磁式和双线组串励式两类。

电动车窗电动机由电动机、传动机构和传感器三部分组成，如图 8-1-5 所示。

通过开关操作，电动机正向和反向转动。传动装置将电动机旋转传输到玻璃升降器。传感器由用于控制防夹功能的限位开关和速度传感器组成。

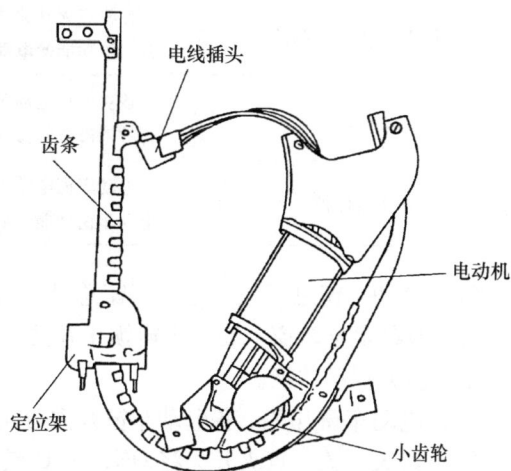

图 8-1-4　拉索型车窗齿条升降器

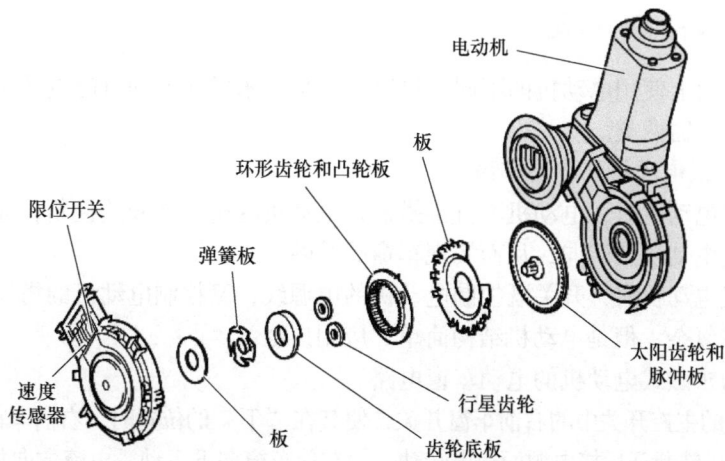

图 8-1-5　电动车窗电动机的结构

3. 电动车窗开关

电动车窗的开关包括电动车窗总开关（安装在驾驶人侧车门上）和电动车窗开关（安装在乘客侧车门和后门上）。电动车窗各个开关具有表 8-1-1 所示的功能。

表 8-1-1　电动车窗各开关的功能

功　能	描　述
手动上升和下降功能	当将电动车窗开关向上拉到中途时，使车窗上升；当将开关向下推到中途时，使车窗下降；开关一松开，车窗就会停止
驾驶人侧门窗自动上升和下降功能	通过按下一次电动车窗开关，使驾驶人侧门窗完全打开或关闭
防夹功能	自动上升操作（驾驶人车门）期间，如果有异物卡滞在门窗内，使电动车窗自动停止并向下移动
遥控功能	可让电动车窗总开关控制前排乘客侧门窗和后门窗的手动上升和下降操作
KEY-OFF 操作功能	在将点火开关置于 ON（IG）或 OFF 位后约 45s 内，如果任一前门未打开，该功能使电动车窗仍可以工作
诊断	该功能在电动车窗开关检测到电动车窗系统故障时，可让电动车窗开关进行故障部位的诊断。电动车窗开关灯亮起或闪烁，以通知驾驶人
失效保护	电动车窗电动机内的脉冲传感器出现故障时，失效保护功能能够禁用部分电动车窗功能，如驾驶人车门的自动上升和下降功能以及遥控功能

（1）电动车窗总开关　电动车窗总开关控制整个电动车窗系统，驱动所有的电动车窗电动机。有些电动车窗上装有车窗锁止开关，作用是使部分车窗开关操作无效。在有些车型上还带有防夹保护功能。

（2）电动车窗开关　各电动车窗开关分别驱动前部乘员和后面乘员车窗的电动机。

（3）点火开关　点火开关将 ON、ACC 或 LOCK 信号传输到电动车窗总开关，以便控制无钥匙电动车窗功能。

（4）门控开关　门控开关将驾驶人车门的打开或关闭信号（门打开：ON，关闭：OFF）传送到电动车窗总开关，以便控制无钥匙电动车窗功能。

三、电动车窗的工作原理

根据电动车窗上使用电动机的不同，可以分为采用永磁式电动机的电动车窗和采用励磁式电动机的电动车窗两类。

1. 采用永磁式电动机的电动车窗

采用永磁式电动机时，电动机不直接搭铁，电动机的搭铁受开关控制，通过改变电动机的电流方向改变电动机的转向，从而实现车窗的升降。

采用永磁式电动机时，开关既控制电动机的电源线，又控制电动机的搭铁线，所以开关结构和电路比较复杂，但是电动机结构简单，应用广泛。

图 8-1-6 为永磁式电动机的电动车窗电路。

驾驶人操作的主控开关中的右前车窗开关，使其在"下"的位置时，右前车窗电动机的一端通过主控开关与搭铁断开后接电源而通电转动，使右前车窗向下运动，电流方向如图 8-1-7 中箭头所指。

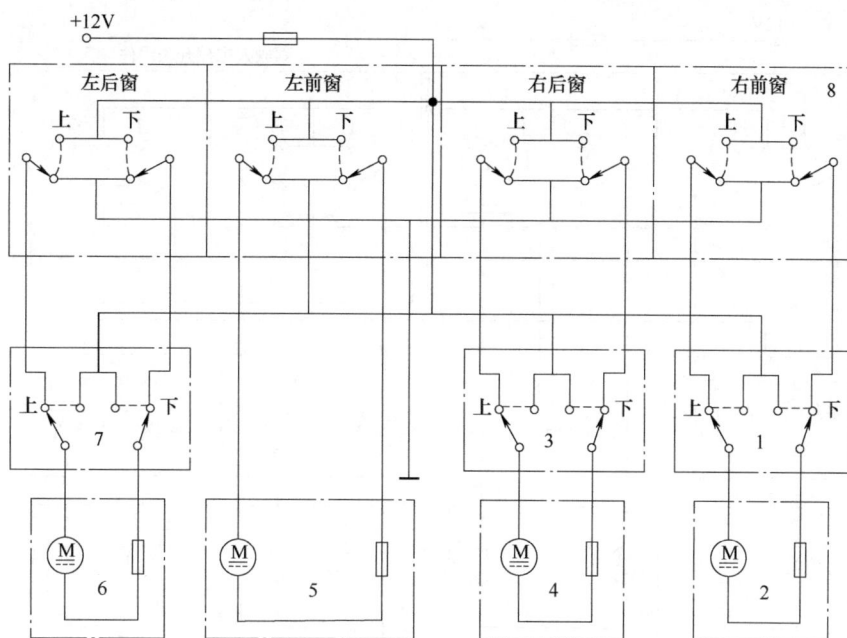

图 8-1-6　采用永磁式电动机的电动车窗控制电路

1—右前车窗开关　2—右前车窗电动机　3—右后车窗开关　4—右后车窗电动机
5—左前车窗电动机　6—左后车窗电动机　7—左后车窗开关　8—驾驶人主控开关组件

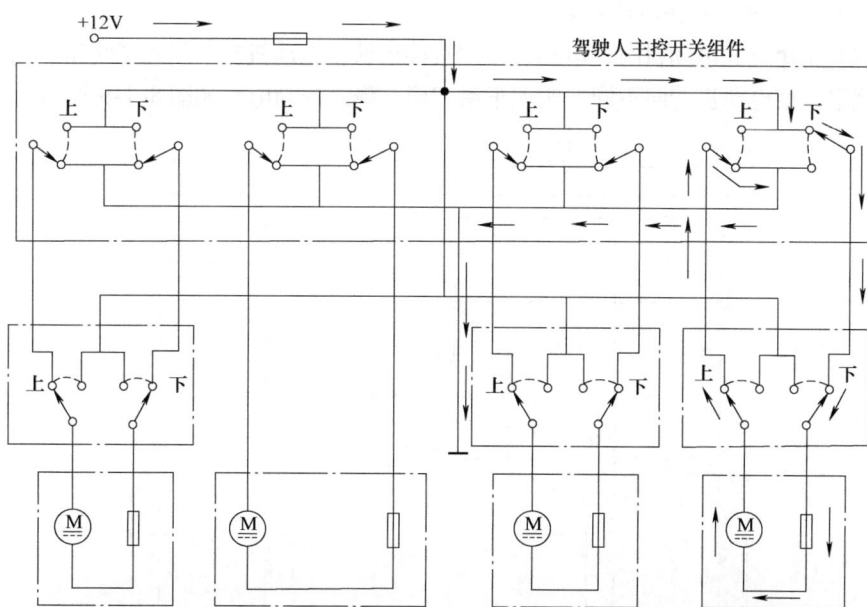

图 8-1-7　永磁式电动机电动车窗驾驶人用主控开关操作右前车窗下降时的电流方向

图 8-1-8 为永磁式电动机电动车窗乘客用右前车窗开关操作右前车窗下降时的电流方向。

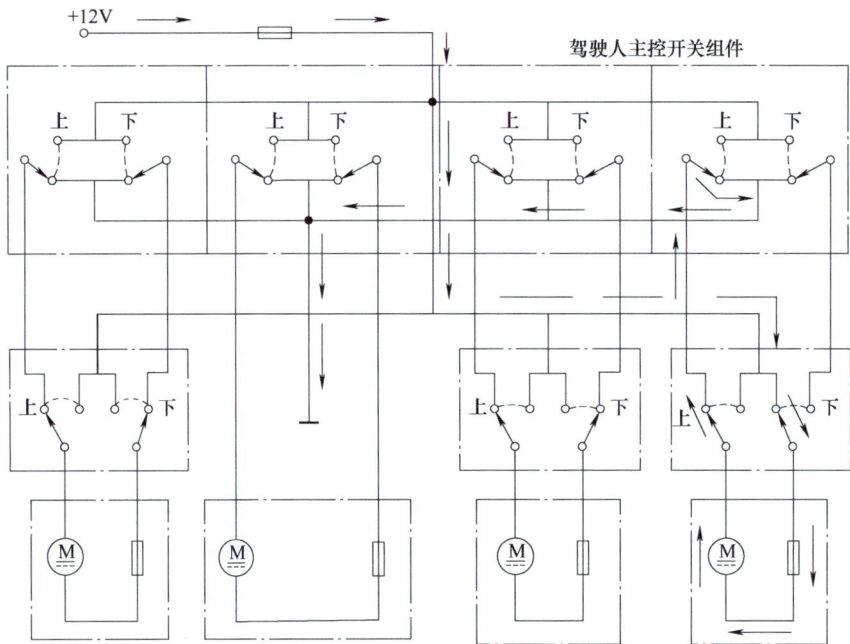

图 8-1-8　永磁式电动机电动车窗乘客用右前车窗开关操作右前车窗下降时的电流方向

乘客操作右前车窗的独立操作开关，使其在"下"的位置时，右前车窗电动机的一端通过独立操作开关与搭铁断开后接电源而通电转动，使右前车窗向下运动。

2. 采用励磁式电动机的电动车窗

采用双绕组串励式电动机时，电动机一端直接搭铁，电动机有两组磁场绕组，通过接通不同的磁场绕组，使电动机转向不同，实现车窗玻璃升降，控制电路如图 8-1-9 所示。

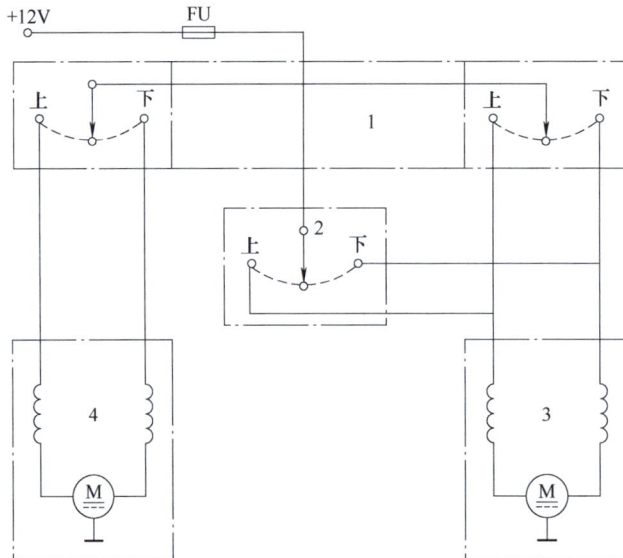

图 8-1-9　用双绕组串励式电动机的电动车窗控制电路

1—驾驶人主控开关组件　2—右前车窗开关　3—右前车窗电动机　4—左前车窗电动机

实践技能

一、电动车窗的故障点和故障现象

1. 电动车窗的故障点

电动车窗的故障点分析如图 8-1-10 所示。

2. 电动车窗的故障现象

电动车窗的故障现象如图 8-1-11 所示。

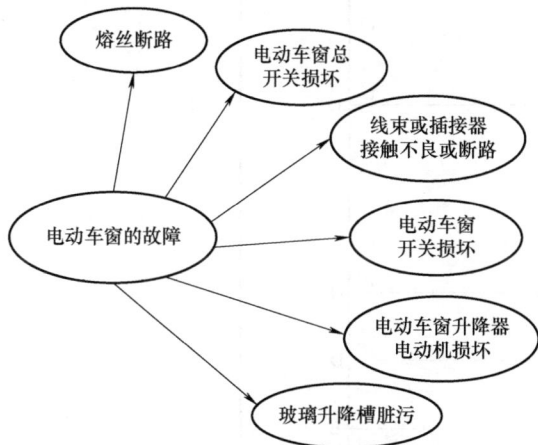

图 8-1-10　电动车窗的故障点分析

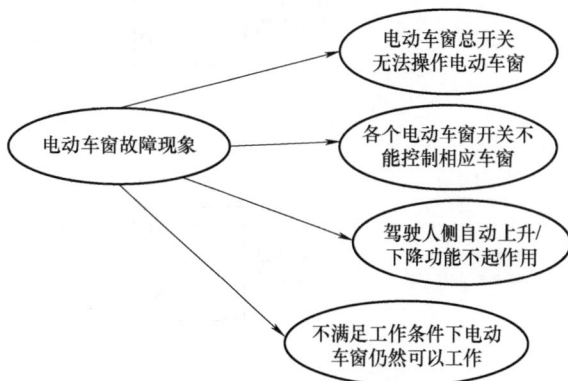

图 8-1-11　电动车窗故障现象

二、电动车窗总开关电路的检查

卡罗拉轿车电动车窗总开关的电路如图 8-1-12 所示。

1. 检查线束和插接器（电动车窗总开关 - 蓄电池和车身搭铁）

断开插接器 I3，根据图 8-1-13 中标号测量电压和电阻。

6（B）触点和车身搭铁在点火开关置于 ON（IG）位时，电压值为 11 ~ 14V；1（E）触点和车身搭铁之间的电阻小于 1Ω。如有异常，维修或更换线束或插接器。

2. 检查电动车窗总开关

测量插接器 I3 的电阻，标准值见表 8-1-2。

表 8-1-2　插接器 I3 电阻的标准值

诊断仪连接	条　件	规定状态
6-16、15-1	UP（乘客侧）	小于 1Ω
6-15、16-1	DOWN（乘客侧）	小于 1Ω
6-12、13-1	UP（左后）	小于 1Ω
6-13、12-1	DOWN（左后）	小于 1Ω
6-10、18-1	UP（右后）	小于 1Ω
6-18、10-1	DOWN（右后）	小于 1Ω

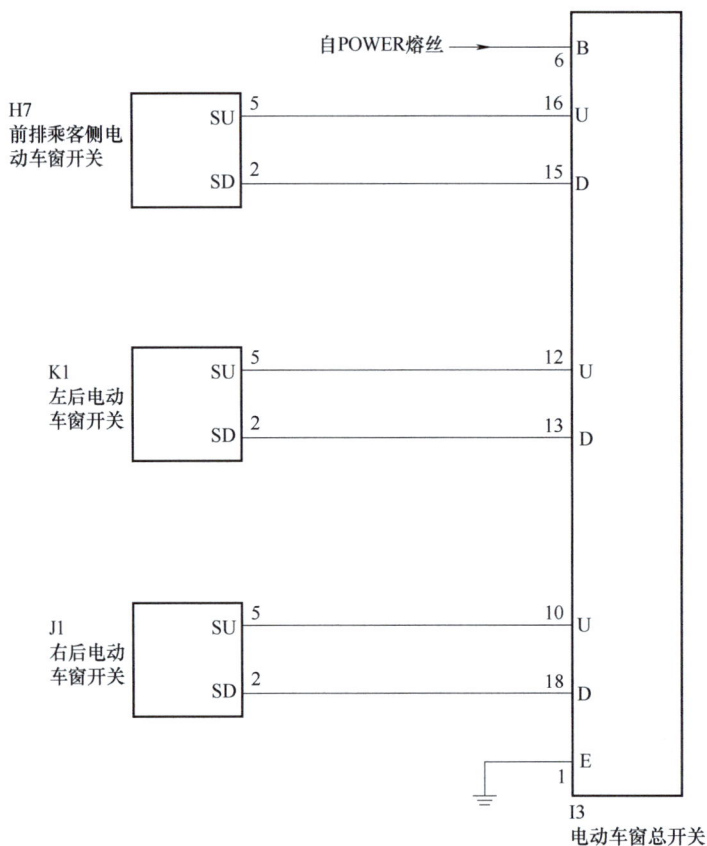

自POWER熔丝 →

H7
前排乘客侧电
动车窗开关

K1
左后电动
车窗开关

J1
右后电动
车窗开关

I3
电动车窗总开关

图 8-1-12　卡罗拉轿车电动车窗总开关的电路

3. 检查线束和插接器（主开关 - 前排乘客、左后/右后开关）

（1）前排乘客侧　断开插接器 I3 和
H7，根据图 8-1-14 中标号和表 8-1-3 中
的值测量电阻。

（2）左后侧　断开插接器 K1，根据
图 8-1-15 中标号和表 8-1-4 中的值测量
电阻。

（3）右后侧　断开插接器 J1，根据
图 8-1-16 中标号和表 8-1-5 中的值测量
电阻。

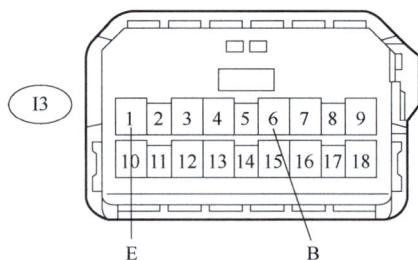

I3

E　　　　　B

图 8-1-13　插接器 I3

表 8-1-3　电阻标准值

诊断仪连接	条　件	规 定 状 态
I3-16（U）- H7-5（SU）	始终	小于 1Ω
I3-15（D）- H7-2（SD）	始终	小于 1Ω
I3-16（U）- 车身搭铁	始终	10kΩ 或更大
I3-15（D）- 车身搭铁	始终	10kΩ 或更大

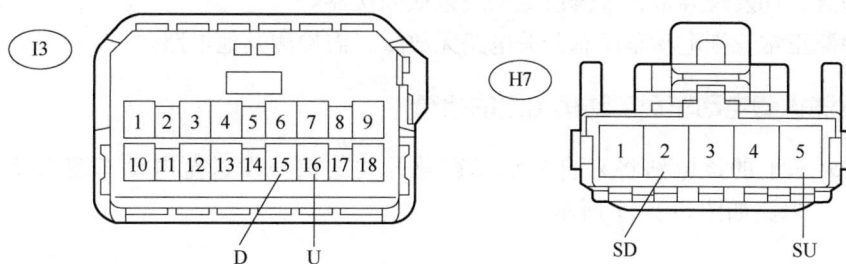

图 8-1-14　插接器 I3 和 H7

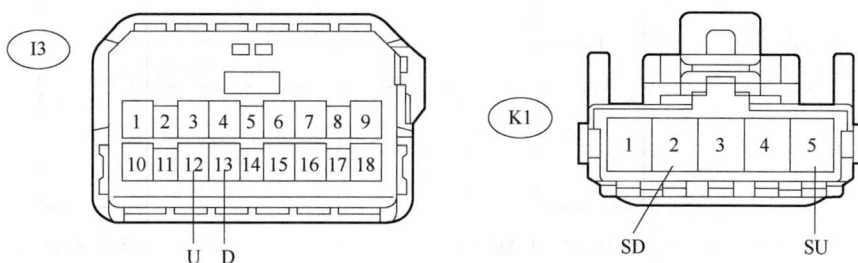

图 8-1-15　插接器 I3 和 K1

表 8-1-4　电阻标准值

诊断仪连接	条　件	规 定 状 态
I3-12（U）-K1-5（SU）	始终	小于 1Ω
I3-13（D）-K1-2（SD）	始终	小于 1Ω
I3-12（U）-车身搭铁	始终	10kΩ 或更大
I3-13（D）-车身搭铁	始终	10kΩ 或更大

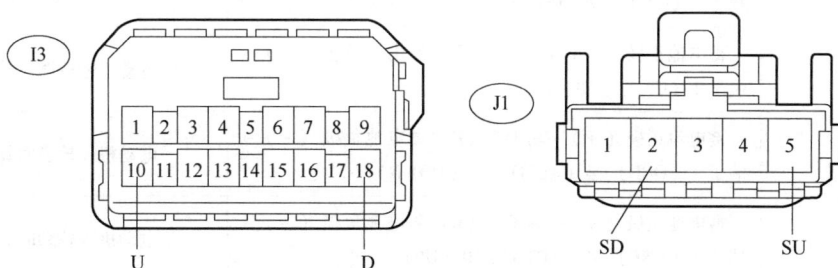

图 8-1-16　插接器 I3 和 J1

表 8-1-5　电阻标准值

诊断仪连接	条　件	规 定 状 态
I3-10（U）-J1-5（SU）	始终	小于 1Ω
I3-18（D）-J1-2（SD）	始终	小于 1Ω
I3-10（U）-车身搭铁	始终	10kΩ 或更大
I3-18（D）-车身搭铁	始终	10kΩ 或更大

以上检查，如发现异常，维修或更换线束或插接器。

如果检测正常，则电动车窗总开关电路无故障，需检测其他电路。

三、驾驶人侧电动车窗电动机电路的检查

卡罗拉轿车上的该电路将来自电动车窗总开关的信号发送至电动车窗升降器电动机（驾驶人侧），电路如图 8-1-17 所示。

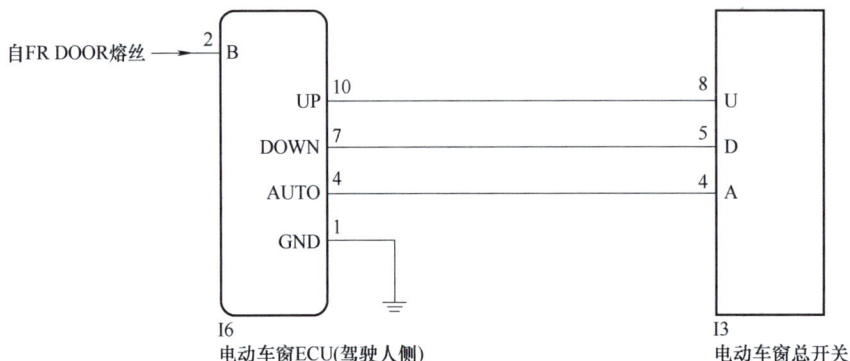

```
自FR DOOR熔丝 ──→ 2 ┌B
                  │
           UP  10 ├──────────────────── 8 ┐U
                  │                         │
        DOWN   7  ├──────────────────── 5 │D
                  │                         │
        AUTO   4  ├──────────────────── 4 │A
                  │                         │
         GND   1  └─┐                       │
                    ⏚
         I6                              I3
   电动车窗ECU(驾驶人侧)                电动车窗总开关
```

图 8-1-17　驾驶人侧电动车窗电动机的电路检查

1. 检查电动车窗升降器电动机

拆下电动车窗升降器电动机，向电动机插接器施加蓄电池电压，根据表 8-1-6 所示进行测量。一定要注意不要向端子 1、2、4、7 和 10 之外的任何端子施加蓄电池电压。

表 8-1-6　测量电动车窗升降器电动机

开 关 状 态	测 量 条 件	规 定 状 态
手动操作	蓄电池正极（+）→端子 2（B）蓄电池负极（-）→端子 1（GND）、7（DOWN）	电动机齿轮逆时针旋转
	蓄电池正极（+）→端子 2（B）蓄电池负极（-）→端子 1（GND）、10（UP）	电动机齿轮顺时针旋转
自动操作	蓄电池正极（+）→端子 2（B）蓄电池负极（-）→端子 1（GND）、4（AUTO）、7（DOWN）	电动机齿轮逆时针旋转
	蓄电池正极（+）→端子 2（B）蓄电池负极（-）→端子 1（GND）、4（AUTO）、10（UP）	电动机齿轮顺时针旋转

如有异常，更换前排驾驶人侧电动车窗升降器电动机。如正常，执行以下操作。

2. 检查线束和插接器（车窗升降器电动机 - 电动车窗总开关）

断开插接器 I3 和 I6，根据图 8-1-18 中标号和表 8-1-7 中的值测量电阻。

如发现异常，维修或更换线束或插接器。如正常，执行以下操作。

3. 检查线束和插接器（电动车窗 ECU - 蓄电池和搭铁）

根据图 8-1-18 所示进行测量。

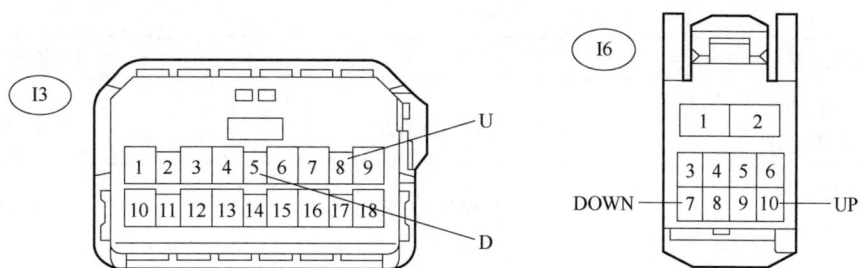

图 8-1-18　插接器 I3 和 I6

表 8-1-7　电阻标准值

诊断仪连接	条　件	规 定 状 态
I3-8 (U)-I6-10 (UP)	始终	小于 1Ω
I3-5 (D)-I6-7 (DOWN)	始终	小于 1Ω
I3-8 (U)-车身搭铁	始终	10kΩ 或更大
I3-5 (D)-车身搭铁	始终	10kΩ 或更大

当点火开关置于 ON（G）位，I6-2（B）-车身搭铁电压为
11~14V、I6-1（GND）-车身搭铁始终小于 1Ω 为正常。

I6-1（GND）-车身搭铁之间的电阻始终小于 1Ω 为正常。

如发现异常，维修或更换线束或插接器。如正常，继续检查
其他电路。

四、电动车窗总开关的检查

1. 拆卸

1）拆卸前扶手座上面板。

2）拆卸电动车窗升降器总开关总成。

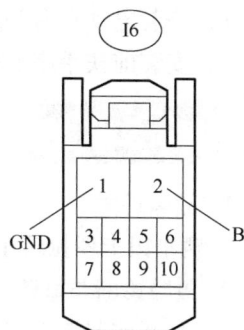

图 8-1-19　插接器 I6

2. 检查

1）检查电动车窗总开关：首先检查并确认开关功能，然后检查 I3 插接器，根据表 8-1-8
中的值测量电阻。

表 8-1-8　测量 I3 插接器触点之间的电阻

诊断仪连接	条　件	规 定 状 态
8 (U)-1 (E)-4 (A)	自动 UP（驾驶人侧）	小于 1Ω
8 (U)-1 (E)	手动 UP（驾驶人侧）	小于 1Ω
5 (D)-1 (E)	手动 DOWN（驾驶人侧）	小于 1Ω
4 (A)-5 (D)-1 (E)	自动 DOWN（驾驶人侧）	小于 1Ω
6 (B)-16 (U)、 15 (D)-1 (E)	UP（乘客侧）	小于 1Ω
6 (B)-15 (D)、 16 (U)-1 (E)	DOWN（乘客侧）	小于 1Ω

（续）

诊断仪连接	条　件	规定状态
6（B）-12（U）、13（D）-1（E）	UP（左后）	小于1Ω
6（B）-13（D）、12（U）-1（E）	DOWN（左后）	小于1Ω
6（B）-10（U）、18（D）-1（E）	UP（右后）	小于1Ω
6（B）-18（D）、10（U）-1（E）	DOWN（右后）	小于1Ω

如果结果不符合规定，则更换开关总成。

2）检查并确认 LED 亮起：向总开关施加蓄电池电压，检查并确认 LED 亮起。

正常测量条件规定状态：蓄电池正极（＋）→端子3（LED）、蓄电池负极（－）→端子1（E），该条件下 LED 亮起。如果结果不符合规定，更换开关总成。

3. 安装

1）安装电动车窗升降器总开关总成。

2）安装前扶手座上板。

情境分析

1. 故障现象

一辆丰田卡罗拉轿车，按下右前电动车窗开关，车窗玻璃无反应，驾驶人侧可控制。

2. 故障诊断与排除

1）打开前照灯，前照灯正常亮，排除蓄电池和总熔丝的故障。

2）检查右前电动车窗电路，发现开关按下时，右前车窗升降器电动机无反应。

3）拔下右前车窗升降器电动机电路插接器，按下开关时用万用表测量插接器正极端子有无电压，经检查无电压。

4）拆卸并检测右前电动车窗开关，发现其损坏。

5）更换右前电动车窗开关后，车窗恢复正常，故障排除。

6）整理工具，清洁场地。

3. 故障原因分析

右前电动车窗开关损坏，当按下开关时，无电流通过右前车窗升降器电动机，而驾驶人侧的未损坏，因此能用。更换右前电动车窗开关，故障排除。

学习小结

1）电动车窗也称为自动车窗，它利用电动机驱动玻璃升降器（又称为换向器）实现车窗玻璃的升降。操作电动车窗开关后，相应的电动车窗升降器电动机随即通电，电动机的转动经过机械传动装置转变为车窗玻璃的升降。

2）电动车窗主要由玻璃升降器、电动车窗电动机、电动车窗总开关（由电动车窗开关和车窗锁止开关组成）、电动车窗开关、点火开关及门控开关（驾驶人侧）等组成。

3）在电动车窗控制电路中，一般都设有驾驶人集中控制的总开关和每一个车窗的独立操作开关，每个车窗的操作开关可由乘客自己操作。有些汽车的总开关备有安全开关，可以切断其他各个车窗的电源，这个开关只能由驾驶人一人操作。

学习单元 8.2　电动后视镜的检修

情境导入

一辆丰田卡罗拉轿车，按下车外后视镜开关调节后视镜角度，发现后视镜不能向上调节，其他方向调节正常。经检查，车外后视镜开关损坏，更换后故障排除。

学习目标

1. 能通过与客户交流、查阅电动后视镜相关的维修技术资料等方式获取车辆信息。
2. 能根据电动后视镜故障现象制订正确的维修计划。
3. 能利用诊断设备对电动后视镜和零部件进行电路检测。
4. 能根据检测结果进行分析，并做出故障判断。
5. 能进行电动后视镜电路、开关的检查、拆卸和更换。
6. 能进行维修场地的维护，注重场地环保。

理论知识

一、后视镜

1. 后视镜的作用

汽车上后视镜的作用是利用曲面镜的反射，使驾驶人能够观察到后面交通情况，与行车安全有重要的影响。

2. 后视镜的分类

后视镜分为内后视镜和外后视镜两类。内后视镜安装在驾驶室内，外后视镜安装在车外。

3. 车外后视镜的组成

外后视镜的组成如图 8-2-1 所示，分为外后视镜盖、外后视镜玻璃和中间的后视镜本体。

二、电动后视镜的工作原理

后视镜需要能够适应不同驾驶人的驾驶要求，后视镜的手动调节较为复杂，采用电动后视镜使驾驶人能够通过操作调节开关，利用电动机对后视镜的后视角度进行调整，操作十分方便。

卡罗拉轿车的电动后视镜总成如图 8-2-2 所示。

电动后视镜由调整开关、电动机、传动和执行机构等组成。一般装有两套电动机和驱动电路，可操纵后视镜上下及左右转动。通常上下方向的转动用一个电动机控制，左右方向的转动由一个电动机控制。通过改变电动机的电流方向，即可完成后视镜的上下及左右调整。

卡罗拉轿车的电动后视镜电路图如图 8-2-3 所示。可以看出，外后视镜开关总成 E17 控制外后视镜的两个电动机。电动机 MH 控制后视镜的左右转动，而电动机 MV 控制后视镜的上下转动。

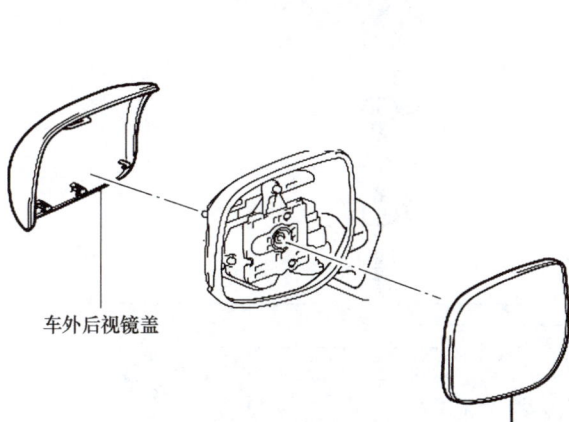

车外后视镜盖

车外后视镜玻璃

图 8-2-1　外后视镜的组成

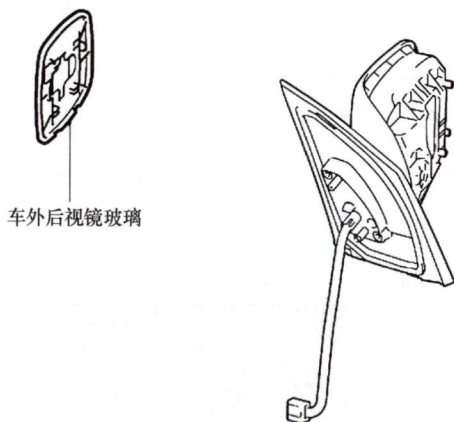

图 8-2-2　卡罗拉轿车的电动后视镜总成

实践技能

一、电动后视镜故障点和故障现象

1. 电动后视镜的故障点

电动后视镜的常见故障点如图 8-2-4 所示。

2. 电动后视镜的故障现象

电动后视镜的常见故障现象有：电动后视镜不工作或工作异常，如图 8-2-5 所示。

3. 故障检修

如果电动后视镜都不工作，往往是由于熔丝装置或电源电路、搭铁电路断路引起的，也可能是控制开关故障。可以先检查熔丝装置是否正常，然后检查控制开关插头有无脱落、松动，电源电路或搭铁电路是否正常，最后检修控制开关。

如果某个电动后视镜工作异常，往往是由于个别电动机及控制开关对应部分有故障，或对应电路断路、接触不良导致的。可以先检查导线的连接情况，再检查开关和电动机。

二、车外后视镜的拆卸、检查与安装

1. 拆卸

1）拆卸前门内把手框。

2）拆卸前扶手座上板。

3）拆卸门控灯总成。

4）拆卸前门装饰板分总成。

5）拆卸前门下门框支架装饰条。

6）断开插接器，拆下三个螺栓，然后就可拆下带盖的车外后视镜总成。

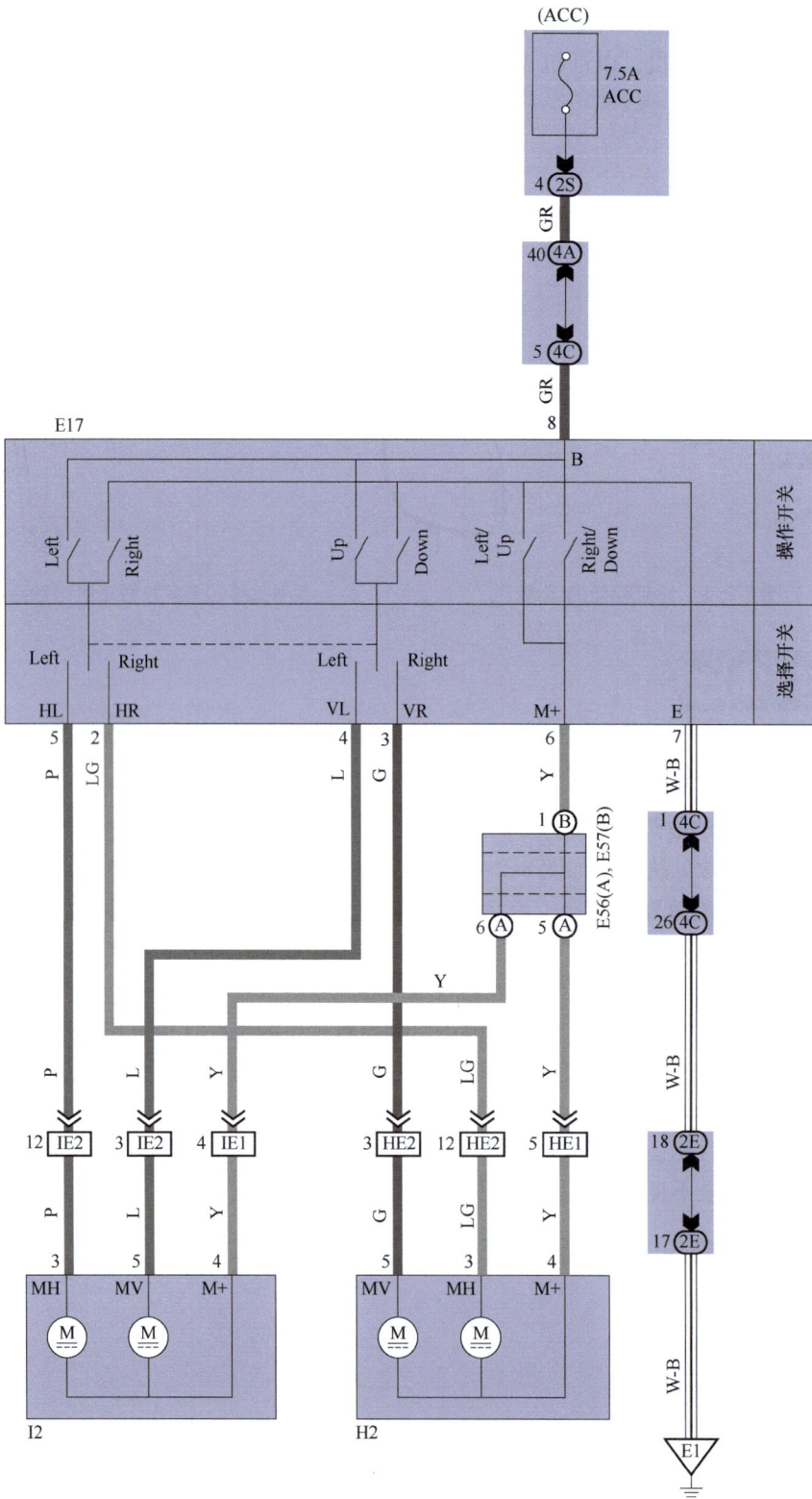

图 8-2-3　卡罗拉轿车的电动后视镜电路图

7）拆卸车外后视镜玻璃。

8）拆卸车外后视镜盖。

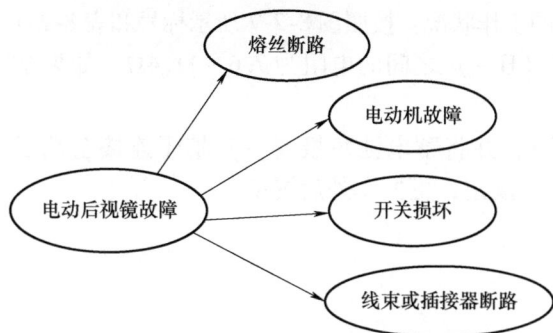

图 8-2-4　电动后视镜的故障点

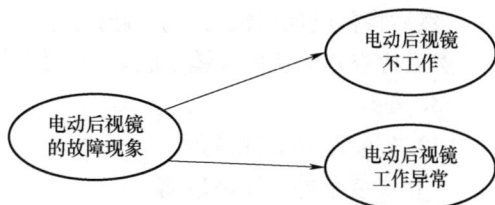

图 8-2-5　电动后视镜的故障现象

2. 检查

断开后视镜插接器，按照图 8-2-6 所示标号和表 8-2-1 的要求，施加蓄电池电压并检查后视镜的工作情况。

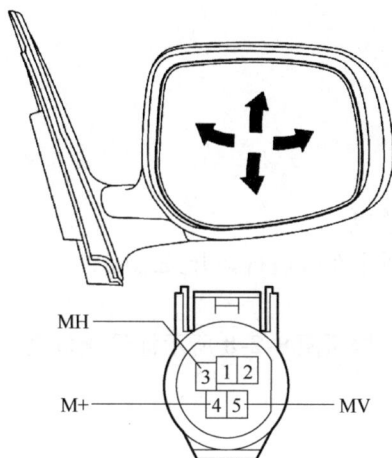

图 8-2-6　后视镜插接器

表 8-2-1　电压标准值

测 量 条 件	规 定 状 态
蓄电池正极（＋）→端子 5（MV） 蓄电池负极（－）→端子 4（M＋）	上翻
蓄电池正极（＋）→端子 4（M＋） 蓄电池负极（－）→端子 5（MV）	下翻
蓄电池正极（＋）→端子 3（MH） 蓄电池负极（－）→端子 4（M＋）	左转
蓄电池正极（＋）→端子 4（M＋） 蓄电池负极（－）→端子 3（MH）	右转

如果结果不符合规定，更换后视镜总成。

检查左侧车外后视镜总成和右侧后视镜的方法相同。

如带后视镜加热器，需要检测后视镜加热器的工作状况：按照图 8-2-7 所示标号和表 8-2-1 要求，测量电阻。常温（25℃）下 1（H＋）-2（H－）之间的电阻为 7.6～11.4Ω。如果结果不符合规定，更换后视镜总成。

然后将蓄电池正极（＋）端子连接至端子 1，并将蓄电池负极（－）端子连接至端子 2，然后检查并确认后视镜变暖。如果结果不符合规定，更换车外后视镜。

3. 安装

1）安装车外后视镜盖。

2）安装车外后视镜玻璃。

3）安装带盖的车外后视镜总成：接合卡爪，并暂时安装带盖的车外后视镜总成，然后安装三个螺栓，最后连接插接器。

4）安装前门下门框支架装饰条。

5）安装前门装饰板分总成。

6）安装门控灯总成。

7）安装前扶手座上板。

8）安装前门内把手框。

三、车外后视镜开关

1. 拆卸

1）拆卸仪表板下装饰板总成。

2）首先脱开两个卡爪并拆下车外后视镜开关总成。

2. 检查

左/右调整开关的 L 位置，按照图 8-2-8 所示标号测量电阻并和表 8-2-2 标准电阻对照。

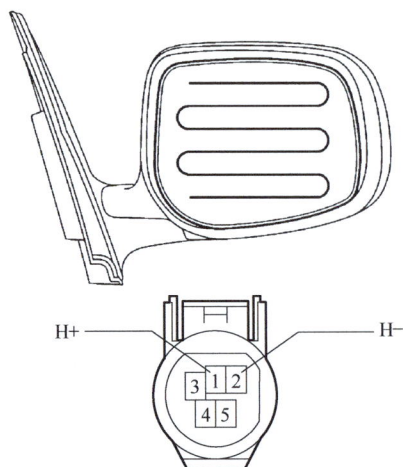

图 8-2-7　后视镜插接器加热器测量端子

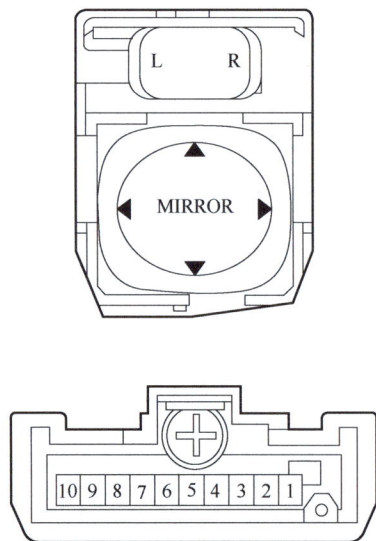

图 8-2-8　车外后视镜插接器

左/右调整开关的 R 位置检测方法同上。

如果结果不符合规定，更换开关总成。

表 8-2-2　车外后视镜开关电阻

诊断仪连接	开关条件	规定状态
4（VL）-8（B）	UP	小于 1Ω
6（M＋）-7（E）	OFF	10kΩ 或更大
4（VL）-7（E）	DOWN	小于 1Ω
6（M＋）-8（B）	OFF	10kΩ 或更大
5（HL）-8（B）	LEFT	小于 1Ω
6（M＋）-7（E）	OFF	10kΩ 或更大
5（HL）-7（E）	RIGHT	小于 1Ω
6（M＋）-8（B）	OFF	10kΩ 或更大

3. 安装

1）接合两个卡爪，并安装车外后视镜开关总成。

2）安装仪表板下装饰板总成。

1. 故障现象

一辆丰田卡罗拉轿车，按下车外后视镜开关调节后视镜角度，发现后视镜不能向上调节，其他方向调节正常。

2. 故障诊断与排除

1）打开前照灯，前照灯正常点亮，排除蓄电池和总熔丝的故障。

2）按照故障症状表，检查 ACC 熔丝，没有故障。

3）检查车外后视镜开关，在 UP 状态下，4 脚和 8 脚电阻为无穷大，即车外后视镜开关损坏。

4）更换开关后，电动后视镜恢复正常，故障排除。

5）整理工具，清洁场地。

3. 故障原因分析

在 UP 状态下，车外后视镜开关 4 脚和 8 脚的电阻应为接通状态，电阻应小于 1Ω，测量结果为无穷大，判断为车外后视镜开关损坏。

1）汽车后视镜的作用是利用曲面镜的反射，使驾驶人能够观察到后面交通情况，对行车安全有重要的影响。

2）电动后视镜由调整开关、电动机、传动和执行机构等组成，一般装有两套电动机和驱动电路，可操纵后视镜上下及左右转动。

学习单元8.3 刮水器与清洗器的检修

情境导入

一辆丰田卡罗拉轿车，行驶中打开前刮水器和清洗器开关，刮水器工作，前清洗器不喷水。经检查，刮水器和清洗器开关损坏，更换后故障排除。

学习目标

1. 能通过与客户交流、查阅车辆相关的维修技术资料等方式获取车辆信息。
2. 能根据前刮水器和清洗器的故障现象制订正确的维修计划。
3. 能利用诊断设备对前刮水器和清洗器系统进行电路检测。
4. 能根据检测结果进行分析，并做出故障判断。
5. 能对前刮水器和清洗器系统的熔丝、开关和电动机等进行更换。
6. 能进行维修场地的维护，注重场地环保。

理论知识

一、刮水器和清洗器的作用

为了保证在各种使用条件下风窗玻璃表面清洁，保持驾驶人视野清晰，汽车都安装了刮水器，这是保证行车安全的一个必要系统。同时，汽车还安装了风窗清洗装置（清洗器系统）。

二、刮水器和清洗器的结构

刮水器和清洗器系统包括前刮水器摇臂/前刮水片、前刮水器电动机和连杆、前清洗器喷嘴、清洗器液槽、刮水器和清洗器开关、后刮水器摇臂/后刮水片、后刮水器电动机、后刮水器继电器、刮水器控制装置及雨量传感器，如图8-3-1所示。

1. 刮水器摇臂/刮水片

图8-3-2为刮水器系统的主要组件。刮水器的结构是一把附着于金属杆的橡胶刮水片，金属杆称为刮水器摇臂，橡胶刮水片称为刮水器，刮水器通过刮水器摇臂进行弧形移动。橡胶刮水片用弹簧压在风窗玻璃上，通过刮水片移动擦拭风窗玻璃。刮水器摇臂通过电动机转动和联动齿轮的共同作用产生弧形移动。橡胶刮水片由于使用和日照温度等原因老化，因此需要定期更换。

传统的刮水器裸露在发动机舱盖外面。为了获得更好的空气动力学性能，保证发动机舱盖表面平整并使驾驶人获得广阔的视野，现在更多的刮水器隐藏在发动机舱盖下面，其中刮水器部分可见的称为半隐藏刮水器，全部看不到的称为全隐藏刮水器。装有全隐藏刮水器时，如果冰冻下雪或其他特殊情况，刮水器不能移动，强制运用刮水器系统清除积雪会损坏刮水器电动机。为了防止这一情况发生，大多数的车型装了手动将全隐藏刮水器变为半隐藏刮水器的结构，切换到半隐藏刮水器后，刮水器摇臂可以通过向图 8-3-3 中箭头指示方向移动实现锁定。

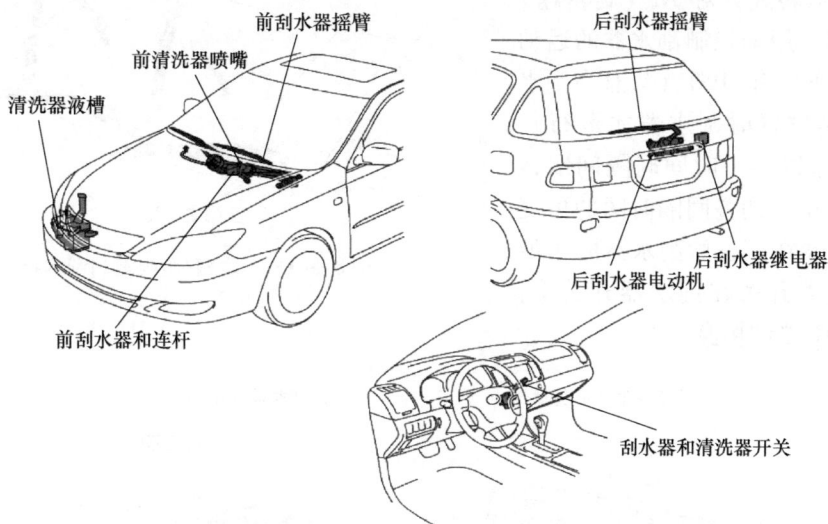

图 8-3-1 刮水器和清洗器系统的结构

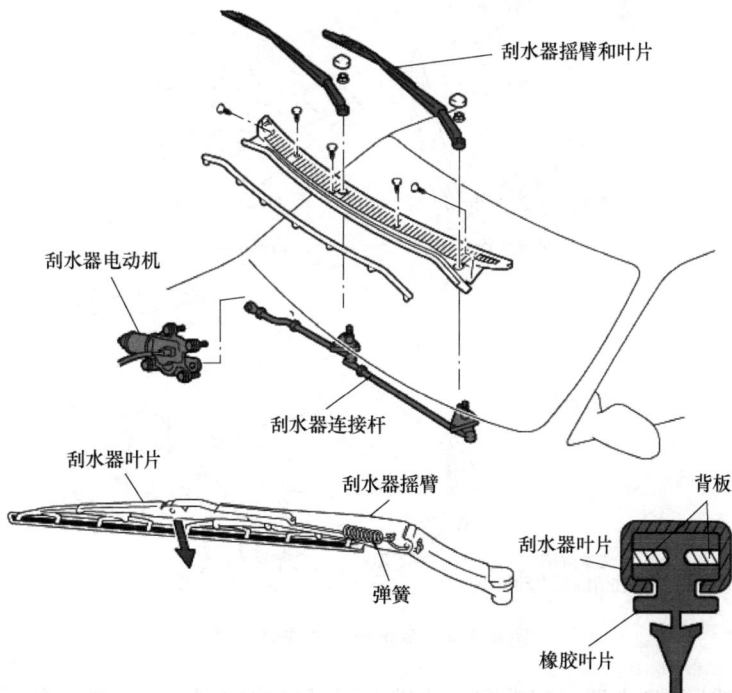

图 8-3-2 刮水器系统的主要组件

2. 刮水器和清洗器开关

刮水器和清洗器开关如图 8-3-4 所示，包括刮水器开关、间歇刮水器继电器以及清洗器开关三个主要构件。

（1）刮水器开关　刮水器开关在转向轴上。刮水器开关有 OFF（停止）、LO（低转速）和 HI（高转速）及其他位置，用来控制刮水器的运动速度。某些车型有 MIST（只有当刮水器开关在雾位置时刮水器才运行）、INT（刮水器以某一时间间隔间歇运行）和一个用于调整间隔时间的可变开关。清洗器在配备后刮水器的车型中，后刮水器开关在刮水器开关上，在 ON 和 OFF 之间切换。

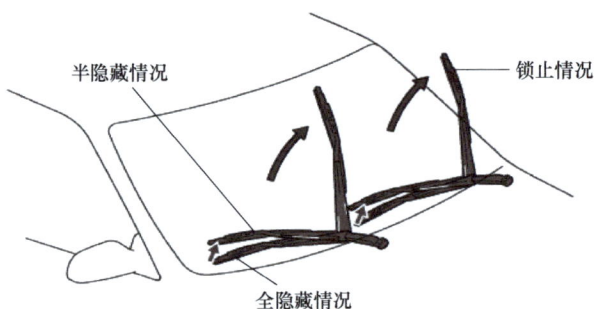

图 8-3-3　半隐藏/全隐藏的刮水器

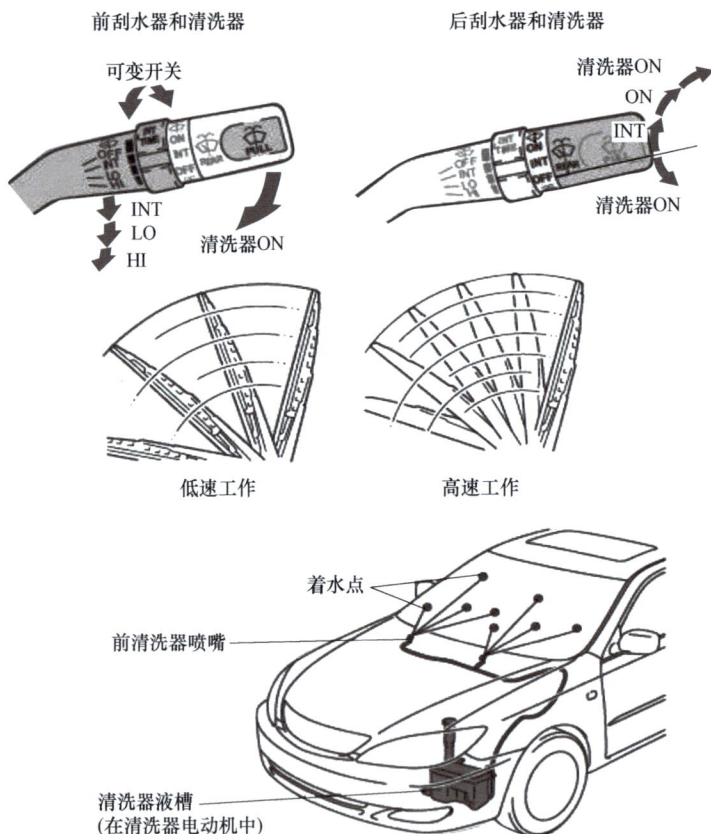

图 8-3-4　刮水器和清洗器开关

（2）间歇刮水器继电器　间歇刮水器继电器可以控制刮水器间歇运行。一般刮水器使用一种带内装继电器的刮水器开关。间歇刮水器有一个小继电器和包括电阻和电容的晶体管电路。这种继电器根据刮水器开关的信号控制流到刮水器电动机的电流，使刮水器电动机间歇运行。

（3）清洗器开关　清洗器开关与刮水器开关组合在一起，因此，它又称为组合开关。

当操作清洗器开关时，清洗器电动机运行并喷射喷洗液。

3. 刮水器电动机

刮水器电动机使用永磁式电动机。刮水器电动机包括永磁式电动机和传动装置。传动装置一般采用蜗轮蜗杆装置对电动机输出减速，如图 8-3-5 所示。永磁式刮水器电动机有低速电刷、高速电刷和共用电刷（供搭铁）三种电刷。在减速部分有一凸轮开关，因此刮水器将每次停在同样的位置。

（1）刮水器电动机的转速控制

刮水器电动机旋转时，当电流从低速电刷流入转子线圈，相当于四对线圈串联，电动机以较低转速稳定旋转，如图 8-3-6a 所示。当电流从高速电刷流入转子线圈，相当于三对线圈串联，电动机转速较高，如图 8-3-6b 所示。

（2）凸轮开关 刮水系统中有个凸轮开关，也称为自动停位器，它的作用是在任何时候打开刮水器开关，刮水片都能自动停止在风窗玻璃底部。此开关包括一只缺口凸轮盘和三个触点，如图 8-3-7 所示。

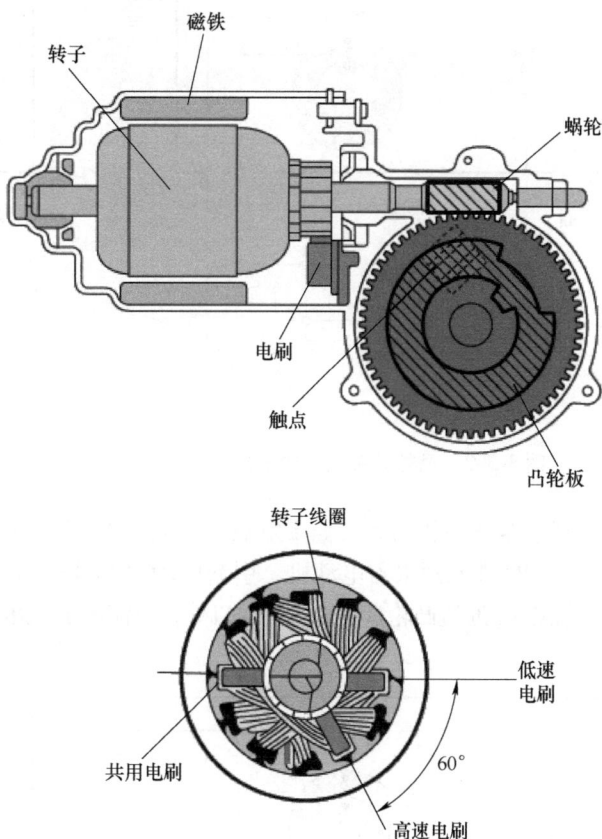

图 8-3-5 刮水器电动机

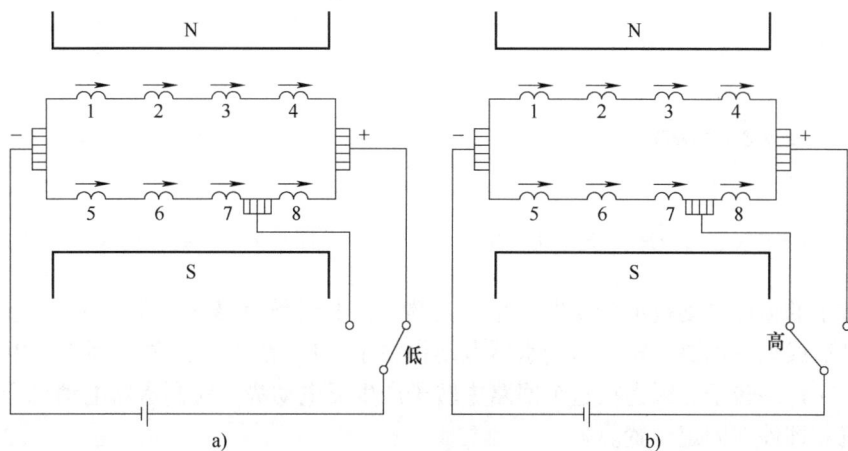

图 8-3-6 刮水器电动机的转速控制

当刮水器开关在 LO/HI 位置时，电流通过刮水器开关进入刮水器电动机，使刮水器电动机运行，如图 8-3-8 所示。

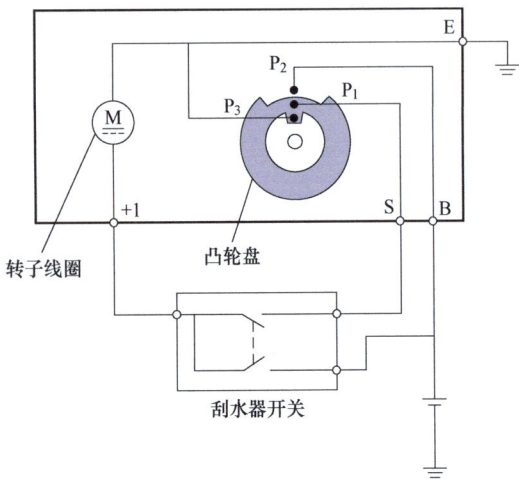

图 8-3-7 凸轮开关的结构及电路

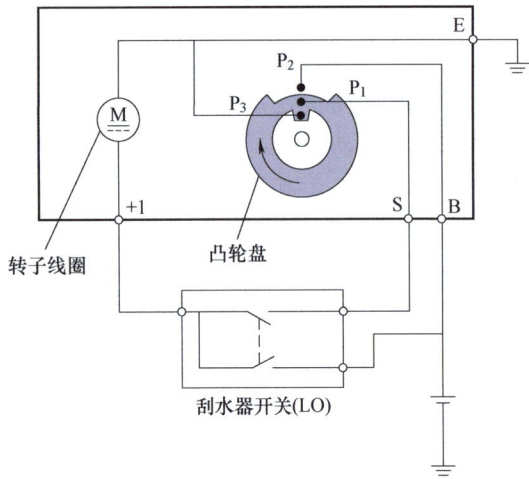

图 8-3-8 刮水器电动机运行

刮水器开关关闭后，如果触点 P_2 不在缺口处，电池电压作用于电路，并且电流通过触点 P_2 到 P_1 进入刮水器电动机，引起电动机继续运转，如图 8-3-9 所示。

触点 P_2 通过凸轮盘旋转到了缺口处，电流不流入电路，刮水器电动机将停转，如图 8-3-10 所示。

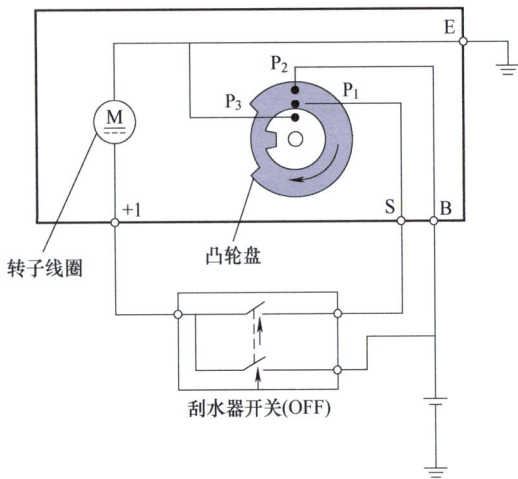

图 8-3-9 刮水器开关在 LO/HI 位置电流流向

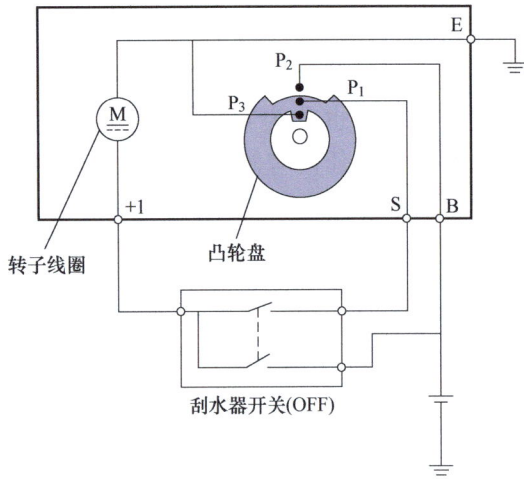

图 8-3-10 触点 P_2 旋转到了缺口

由于转子的惯性电动机不会立即停止，其惯性使其继续旋转带动触点 P_3 穿过凸轮盘的导电点并且形成如下回路：转子→刮水器电动机端子 +1→刮水器开关→刮水器电动机端子 S→触点 P_1 → P_3→转子。因为在这个回路中转子产生反电动势，对刮水器电动机产生电力制动，电动机立即停在固定位置。

（3）清洗器电动机　喷洗液也称为玻璃水，储存在发动机舱的玻璃水箱内，清洗器工作时，清洗器内部的电机带动叶片将喷洗液送至喷嘴处喷出。带有后清洗器的车辆有两种系统：一种是玻璃水箱前、后清洗器系统两者同时使用，另一种有两个玻璃水箱分别用于前、后冲洗系统。此外还有一种类型，通过使用液压阀切换清洗器喷嘴，如图 8-3-11 所示。

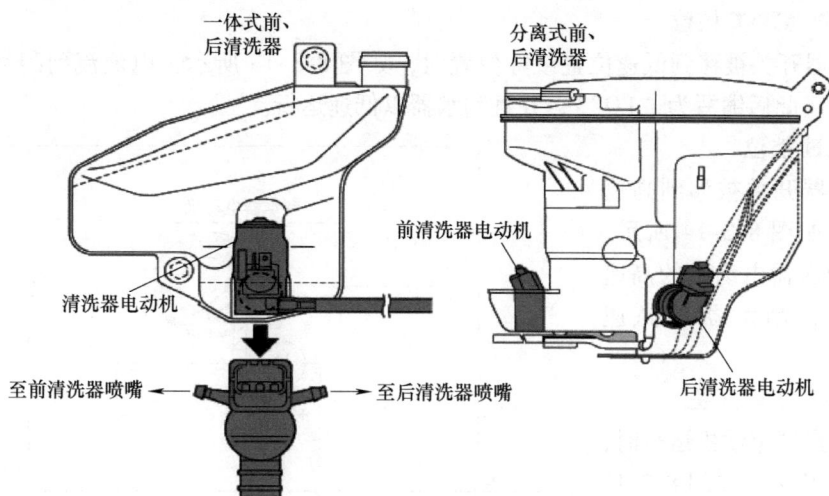

图 8-3-11　清洗器类型

也有的轿车上采用刮水器和清洗器系统在操作清洗器开关一定时间后，在喷射喷洗液时自动运行刮水器，称为"清洗器联动功能"。

三、刮水器电路的工作原理

刮水器的电路如图 8-3-12 所示。

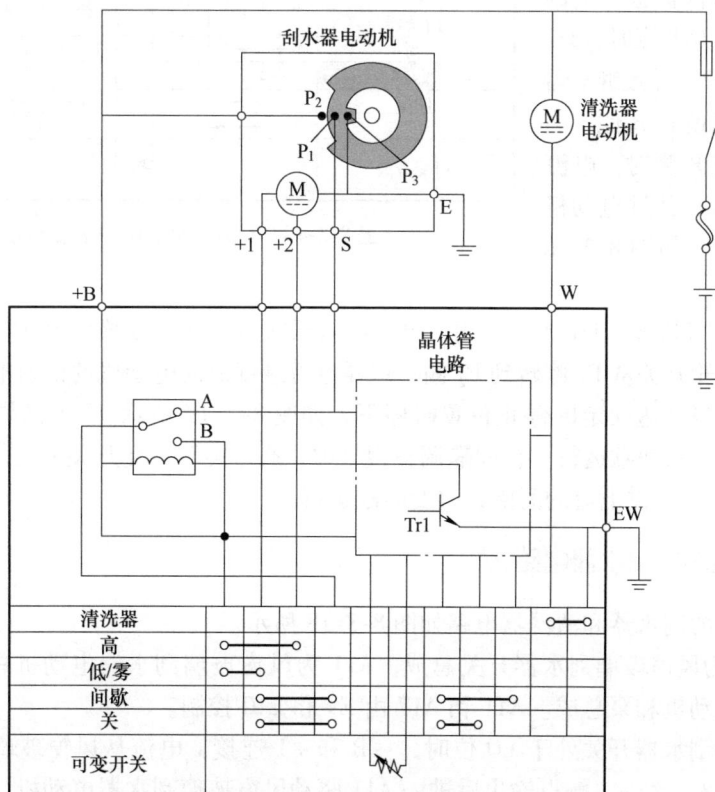

图 8-3-12　刮水器的电路

1. LOW/MIST 档位

当刮水器开关被移到低速位置或雾位置时，如图 8-3-13 所示，电流流到刮水器电动机的低速电刷（此后缩写为"LO"），并且刮水器以低速运行。

2. HIGH 档位

当刮水器开关被移到高速的位置时，如图 8-3-14 所示，电流流到刮水器电动机的高速电刷（HI），刮水器以高速运行。

3. 关闭刮水器开关

如果刮水器电动机运行时，关闭刮水器开关，如图 8-3-15 所示，电流流到刮水器电动机的低速电刷，刮水器以低速运行。当刮水器达到停止位置时，凸轮开关从触点 P_3 一侧切换到 P_2 一侧，电动机停止。

4. INT 档位

（1）低速运行状态　当刮水器开关被开到 INT 位时，Tr1短时间处于 ON 位，导致继电器的触点从 A 侧切换到 B 侧。当继电器触点变到 B 侧时，电流流到电动机（LO）并且电动机开始以低速运行，如图 8-3-16所示。

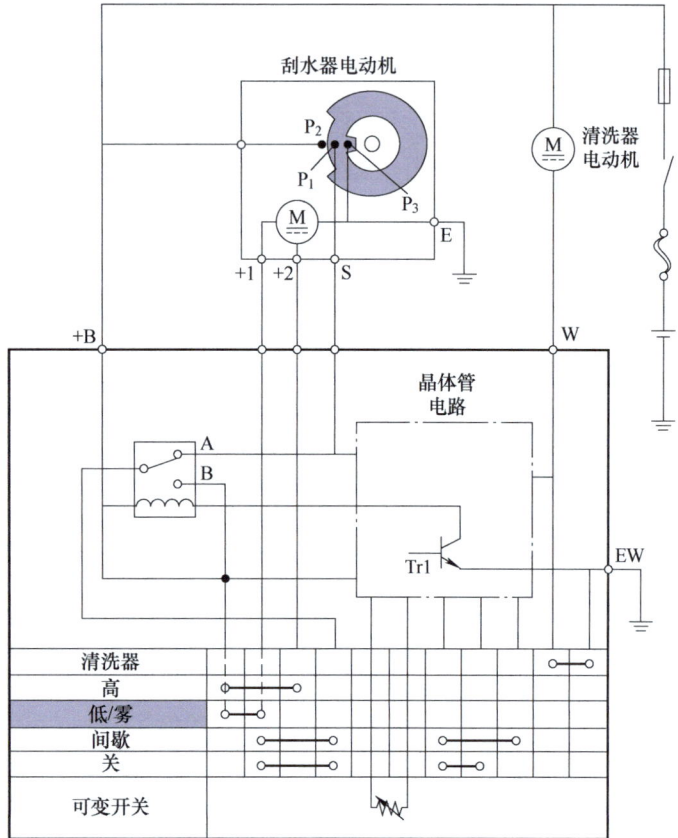

图 8-3-13　LOW/MIST 档位电流流向

（2）间歇运行状态　Tr1 不久关闭，导致继电器触点从 A 侧切换回 B 侧。然而一旦电动机开始转动，凸轮开关从 P_3 侧转到 P_2 侧，这样电流继续流向电动机的低速电刷，并且刮水器以低速运行，当到达固定的停止位置时停下，如图 8-3-17 所示。Tr1 又导通一段时间引起刮水器重复它们的间歇运行。在间隔调整型号中，通过旋转可变开关来变化可变电阻和晶体管电路，调整向 Tr 供电流的间隔，改变间歇运行。

四、卡罗拉轿车刮水器电路

卡罗拉轿车的刮水器和清洗器电路如图 8-3-18 所示。

E9 和 E10 为风窗玻璃刮水器开关总成，A11 为风窗玻璃刮水器电动机总成，A17 为风窗玻璃清洗器电动机和泵总成。A11 和 A17 由 E9 和 E10 控制。

当风窗玻璃刮水器开关处于 LO 位时，+B 和 +1 连接，电流从风窗玻璃刮水器开关总成的 +B 触点进入，经 +1 触点输出后进入 A11 驱动风窗玻璃刮水器电动机。风窗玻璃刮水器开关处于其他位置时的分析类似于 LO 位。

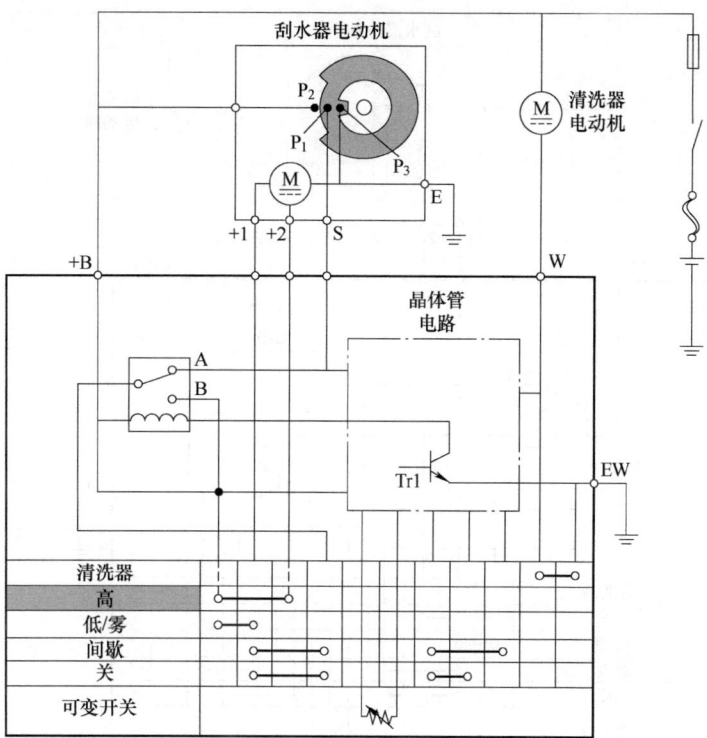

图 8-3-14　HIGH 档位电流流向

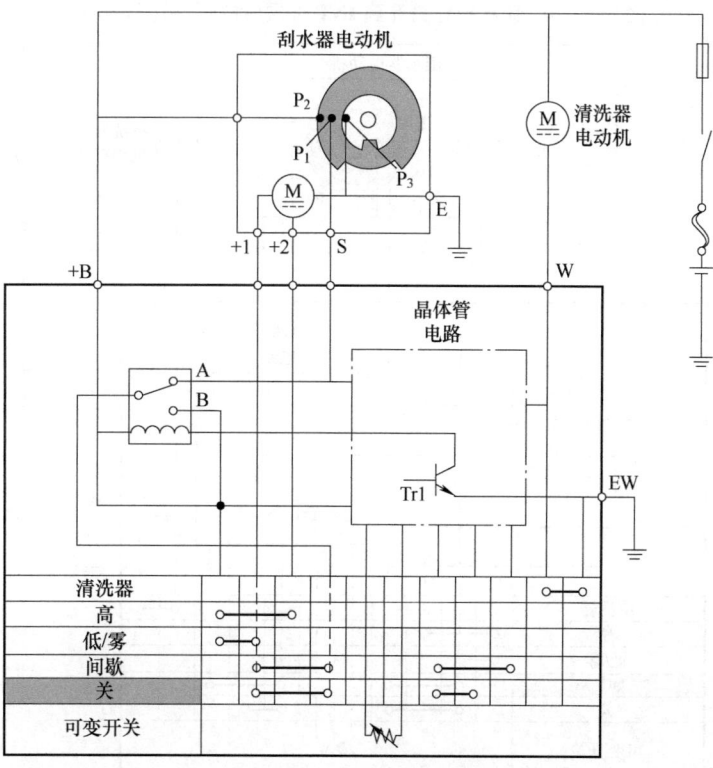

图 8-3-15　关闭刮水器开关

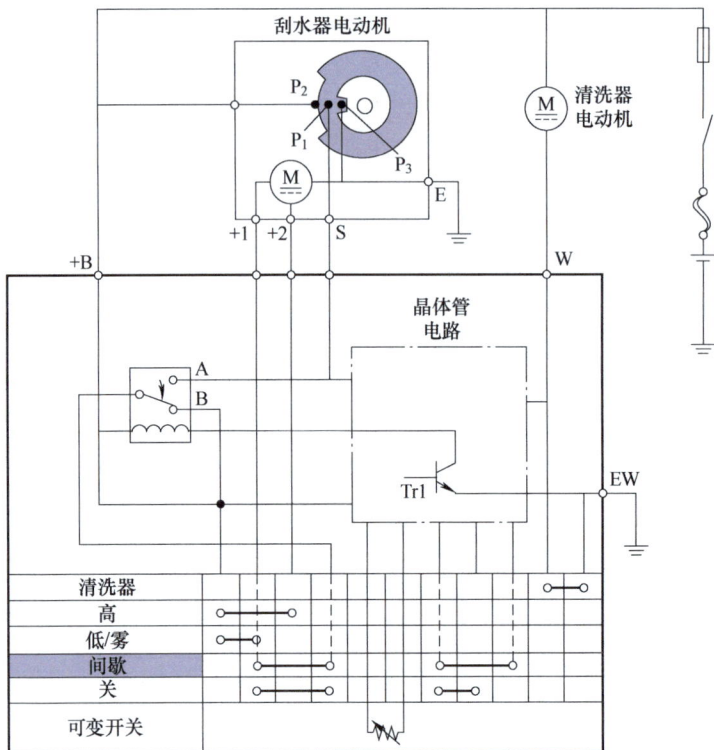

图 8-3-16　刮水器开关开到 INT 位置时的低速运行操作

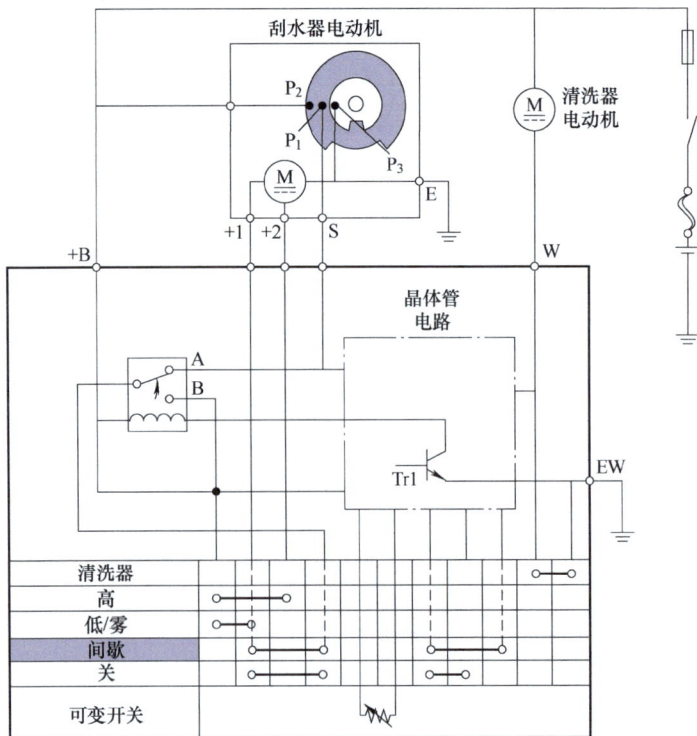

图 8-3-17　间歇运行状态

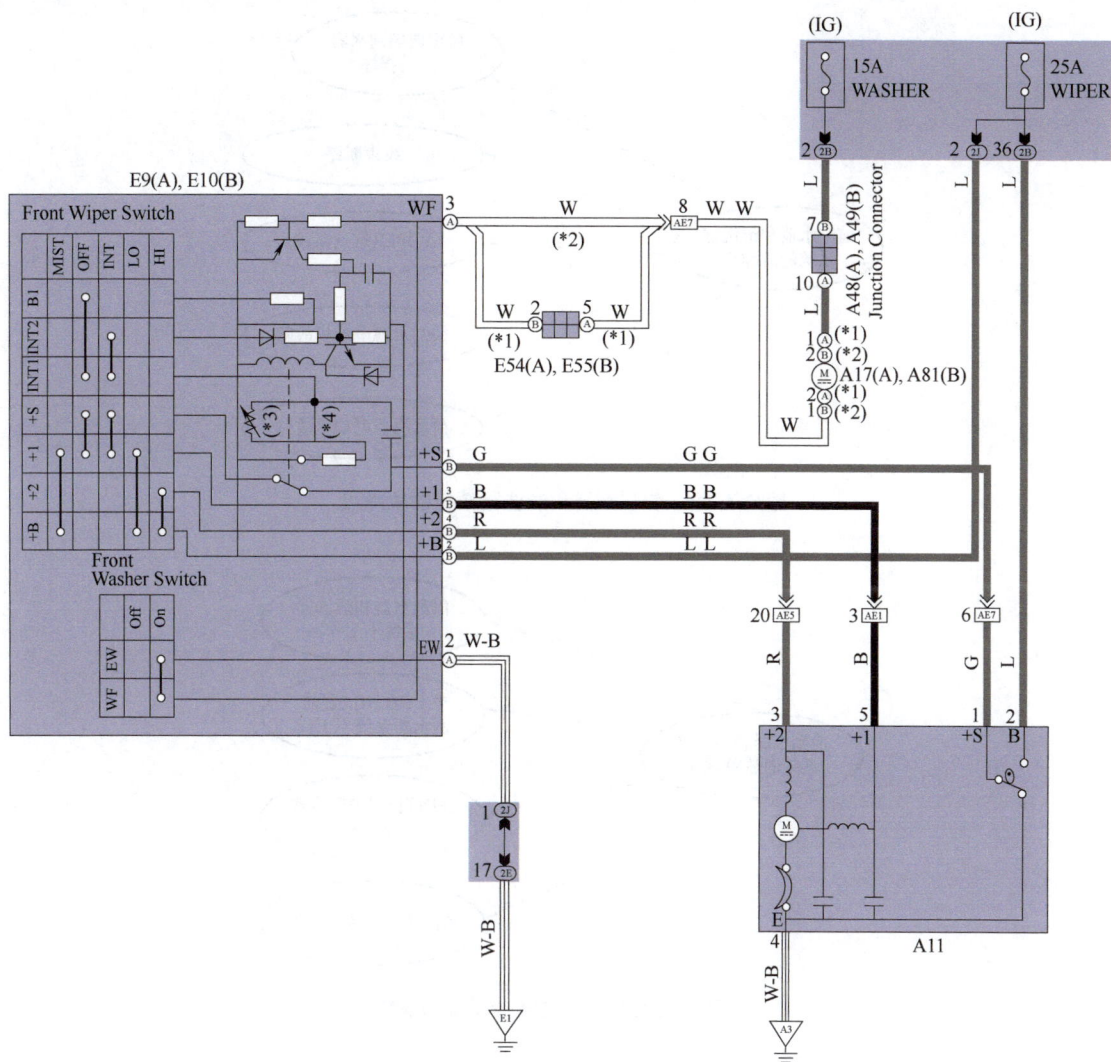

图 8-3-18　卡罗拉轿车的刮水器和清水器电路

实践技能

一、前刮水器和清洗器系统故障分析

1. 前刮水器和清洗器系统的故障点

前刮水器和清洗器系统的常见故障点如图 8-3-19 所示。

2. 前刮水器和清洗器系统的故障现象

前刮水器和清洗系统的常见故障现象如图 8-3-20 所示。

二、前照灯清洗器开关电路的检查

前照灯清洗器开关电路检测前照灯清洗器开关的工作情况，电路如图 8-3-21 所示。

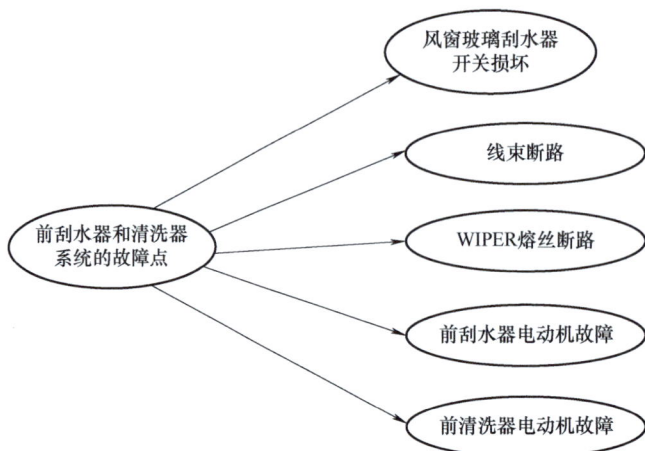

图 8-3-19　前刮水器和清洗器系统的故障点

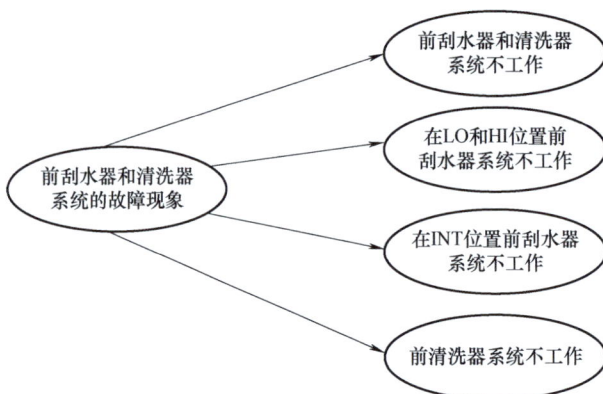

图 8-3-20　前刮水器和清洗器系统的故障现象

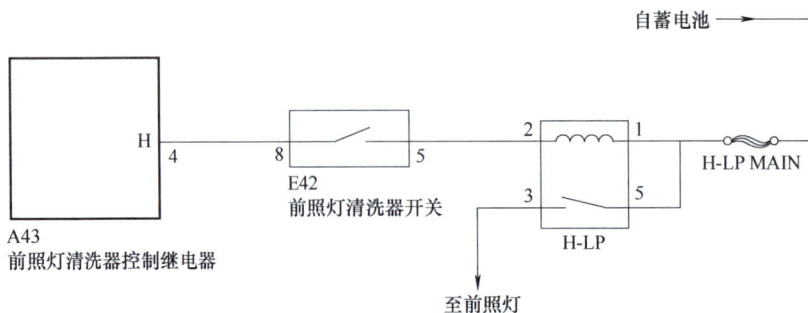

图 8-3-21　前照灯清洗器开关电路

1. 检查前照灯清洗器开关

1）拆下前照灯清洗器开关。

2）如图 8-3-22 所示，测量 5 和 8 之间的电阻，在 ON 状态下应该小于 1Ω，在 OFF 状态下，应该大于 10kΩ。如发现异常，更换前照灯清洗器开关。

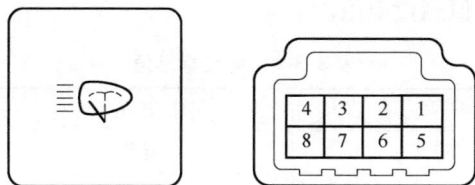

图 8-3-22　前照灯清洗器开关

2. 检查线束和插接器（开关-ECU 和继电器）

1）断开前照灯清洗器开关插接器 E42。

2）断开前照灯清洗器控制继电器插接器 A43。

3）根据图 8-3-23 所示的测量电阻，标准值见表 8-3-1。

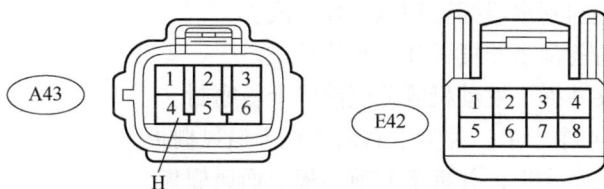

图 8-3-23　线束插接器 A43 和 E42

表 8-3-1　电阻标准值

诊 断 仪	连接条件	规 定 状 态
E42-8 - A43-4（H）	始终	小于 1 Ω
E42-8 - 车身搭铁	始终	10 kΩ 或更大

如有异常，维修或更换线束或插接器。

3. 检查线束和插接器（继电器-ECU）

1）断开前照灯清洗器开关插接器 E42，如图 8-3-24 所示。

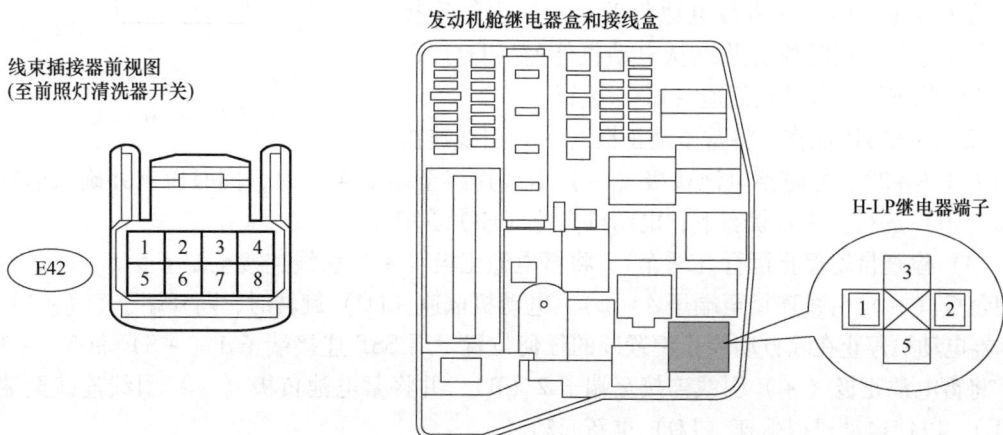

图 8-3-24　线束插接器和继电器盒

219

2）从发动机舱继电器盒上拆下前照灯继电器。

3）根据表 8-3-2 中的值测量电阻。

表 8-3-2　电阻标准值

诊　断　仪	连接条件	规定状态
E42-5 - 前照灯继电器端子 2	始终	小于 1 Ω
E42-5 - 车身搭铁	始终	10 kΩ 或更大

如异常，维修或更换线束或插接器。如未发现异常，进行其他电路的检查。

三、前刮水器电动机的检查

1. 拆卸

1）拆卸前刮水器摇臂端盖。

2）拆下螺母及左前刮水器摇臂和刮水片总成。

3）拆下螺母及右前刮水器摇臂和刮水片总成。

4）脱开七个卡夹并拆下发动机舱盖至前围上板密封。

5）脱开卡夹和 14 个卡爪，并拆下右前围板上通风栅板。

6）脱开卡夹和 8 个卡爪，并拆下左前围板上通风栅板。

7）断开插接器，拆下两个螺栓和风窗玻璃刮水器电动机和连杆总成。

8）用头部缠有胶带的螺钉旋具从风窗玻璃刮水器电动机总成的曲柄臂枢轴上断开风窗玻璃刮水器连杆，然后从线束上拆下绝缘胶布，以便断开插接器。

再断开插接器，拆下三个螺栓和风窗玻璃刮水器电动机总成。如果不能从风窗玻璃刮水器连杆总成上拆下风窗玻璃刮水器电动机总成，转动曲柄臂，以便能拆下风窗玻璃刮水器电动机总成。

2. 检查

检查风窗玻璃刮水器电动机总成，如图 8-3-25 所示。

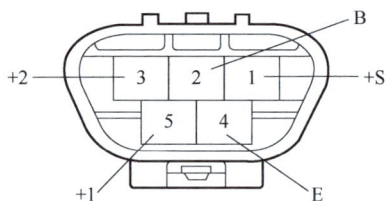

图 8-3-25　检查风窗玻璃刮水器电动机总成

（1）检查 LO 操作　将蓄电池正极（＋）引线连接至端子 5（＋1），并将蓄电池负极（－）引线连接至端子 4（E），同时检查并确认电动机低速（LO）运行。正常状态下，电动机低速（LO）运行。

（2）检查 HI 操作　将蓄电池正极（＋）引线连接至端子 3（＋2），并将蓄电池负极（－）引线连接至端子 4（E），同时检查并确认电动机高速（HI）运行。正常状态下，电动机高速（HI）运行。

（3）检查自动停止运行（轿车）　将蓄电池正极（＋）引线连接至端子 5（＋1），将蓄电池负极（－）引线连接至端子 4（E）。电动机低速（LO）旋转时，断开端子 5（＋1）使刮水器电动机停止在除自动停止位置外的任何位置。用 SST 连接端子 1（＋S）和 5（＋1）。然后将蓄电池正极（＋）引线连接至端子 2（B），并将蓄电池负极（－）引线连接至端子 4（E），以使电动机以低速（LO）重新起动。

检查并确认电动机在自动停止位置自动停止。正常情况下，电动机在自动停止位置自动停止。

如果结果不符合规定，更换电动机总成。

3. 安装

1）安装风窗玻璃刮水器电动机总成。

2）安装风窗玻璃刮水器电动机及连杆总成。

3）安装左前围板上通风栅板。

4）安装右前围板上通风栅板。

5）安装发动机舱盖至前围上板密封。

6）安装右前刮水器摇臂和刮水片总成。

7）安装左前刮水器摇臂和刮水片总成。

8）安装前刮水器摇臂端盖。

1. 故障现象

一辆丰田卡罗拉轿车，行驶中打开前刮水器和清洗器开关，刮水器工作，前清洗器不工作。

2. 故障诊断与排除

1）打开前照灯，前照灯正常亮，排除蓄电池和总熔丝的故障。

2）查故障症状表可知，可能的故障位置包括 WIPER 熔丝断路、前清洗器开关损坏、前清洗器电动机损坏或线束断路。

3）用万用表检查 WIPER 熔丝是否断路，发现熔丝正常。

4）拆卸清洗器开关，ON 状态下检测在清洗器开关测量 5 和 8 之间的电阻，电阻为无穷大，判断其损坏。

5）更换清洗器开关，故障排除。

6）整理工具，清洁场地。

3. 故障原因分析

前清洗器开关损坏，在 ON 状态下，端子 5 和 8 之间的电阻应小于 1Ω，因此判断其损坏。

1）为了保证在各种使用条件下风窗玻璃表面清洁，保持驾驶人视野清晰，汽车都安装了刮水器，这是保证行车安全的一个必要系统。同时，汽车还安装了风窗清洗装置（清洗器系统）。

2）刮水器和清洗器系统包括前刮水器摇臂/前刮水片、前刮水器电动机和连杆、前清洗器喷嘴、清洗器液槽、刮水器和清洗器开关、后刮水器摇臂/后刮水片、后刮水器电动机、后刮水器继电器、刮水器控制装置及雨量传感器。

3）刮水系统中有个凸轮开关，也称为自动停位器，它的作用是在任何时候断开刮水器开关，使刮水器都能自动停止在风窗玻璃底部。

情境导入

一辆丰田卡罗拉轿车，倒车时倒车雷达系统自检完成后不能检测与后方障碍物的距离。经检查，后超声波雷达损坏，更换后故障排除。

学习目标

1. 能通过与客户交流、查阅车辆相关的维修技术资料等方式获取车辆信息。
2. 能根据倒车雷达故障现象制订正确的维修计划。
3. 能利用诊断设备对倒车雷达各个电路进行检测。
4. 能根据检测结果进行分析，并做出故障判断。
5. 能进行倒车雷达零部件的拆卸和更换。
6. 能进行维修场地的维护，注重场地环保。

理论知识

一、倒车雷达

倒车雷达装置在倒车时起到辅助报警功能，使倒车更加安全。倒车雷达装置由倒车超声波雷达、ECU 和蜂鸣器等组成，如图 8-4-1 所示。

超声波雷达安装在车辆后部保险杠上，它向汽车后部发射超声波，并接收反射回来的超声波。

超声波雷达由一个无线电收发机和一个处理器组成，处理器将回波信号转换成数字信号后传递给 ECU。

当驾驶人将变速器挂入倒档后，超声波雷达进入自我检测。当自我检测通过后，就开始检测汽车后部障碍物。ECU 接收从超声波雷达传来的信号，经计算判断障碍物离车尾的距离。

汽车倒车将要遇到障碍物时，倒车雷达系统开始发出报警声响，距离障碍

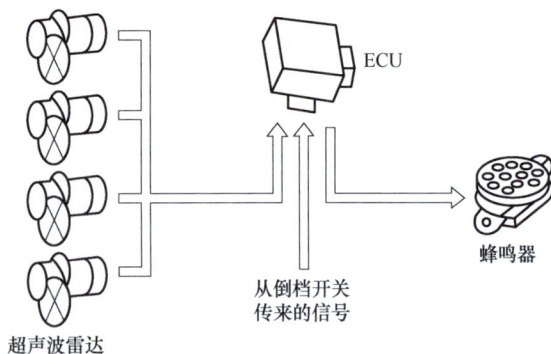

图 8-4-1　轿车倒车雷达

物越近，报警音间隔时间越短，直至连续，从而提醒驾驶人汽车将要碰到障碍物，注意安全。

二、丰田倒车雷达系统

丰田倒车雷达系统又称为倒车辅助传感器系统。它使用超声波雷达来探测转弯处及车辆

后方的障碍物，然后通过多信息显示屏显示并鸣响蜂鸣器，来告知驾驶人超声波雷达和障碍物之间的距离及障碍物的位置。

1. 丰田倒车雷达系统的组成

丰田倒车雷达系统各个零部件的位置如图 8-4-2 和图 8-4-3 所示。

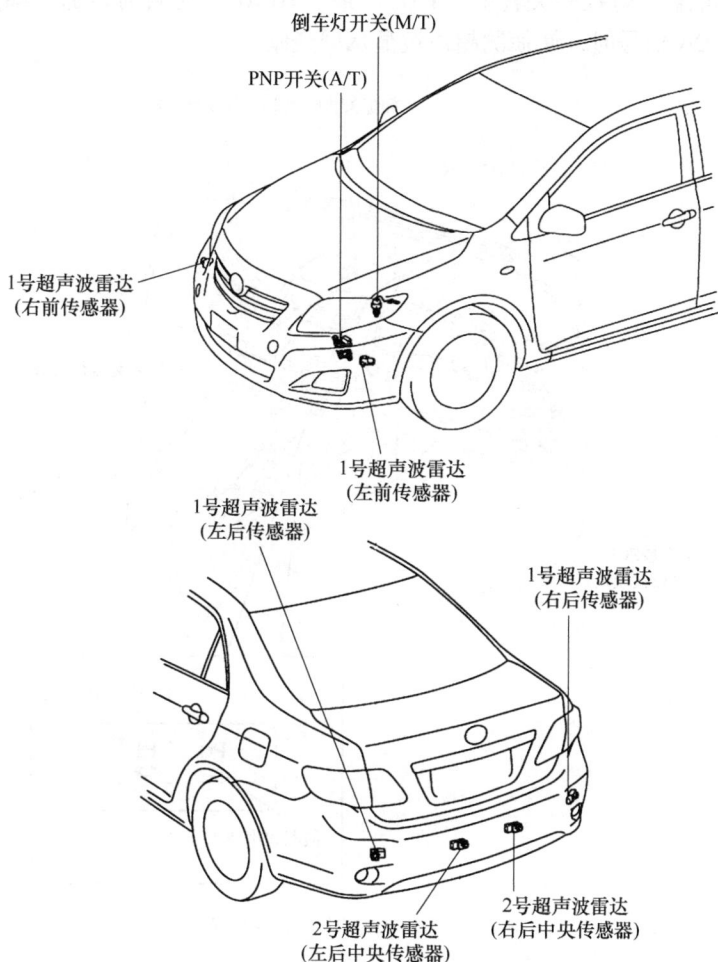

图 8-4-2　丰田倒车雷达系统零件位置一

2. 各零部件的作用

（1）超声波雷达　超声波雷达包括一个发送和接收超声波的传感器部分和一个将超声波放大的预放大器。超声波雷达将超声波发送和接收的信号输出至间隙警告 ECU。

（2）警告灯总成　警告灯总成包括侦测超声波主开关和间隙警告指示灯，作用是打开和关闭侦测超声波系统，显示障碍物的位置和车辆与障碍物之间的大致距离。

（3）间隙警告蜂鸣器　间隙警告蜂鸣器会发出间歇性声音，以通知驾驶人 ECU 检测到在预定的范围内有障碍物。

（4）间隙警告 ECU　根据来自超声波雷达的信号，判定车辆和障碍物之间的大概距离，并将显示信号发送至侦测超声波指示灯，将蜂鸣器信号发送至间隙警告蜂鸣器。

（5）转速传感器　转速传感器检测每个车轮的转速并通过组合仪表将数据输入至间隙警告 ECU。

（6）驻车档/空档位置开关（A/T）　变速杆移至 P 位或 N 位时打开。

（7）倒车灯开关（M/T）　变速杆移至倒档位置时倒车灯开关打开。

（8）尾灯继电器　灯控开关转至"TAIL"或"HEAD"位置时接通，间隙警告 ECU 接收到尾灯继电器 ON 信号时，使侦测超声波显示屏变暗。

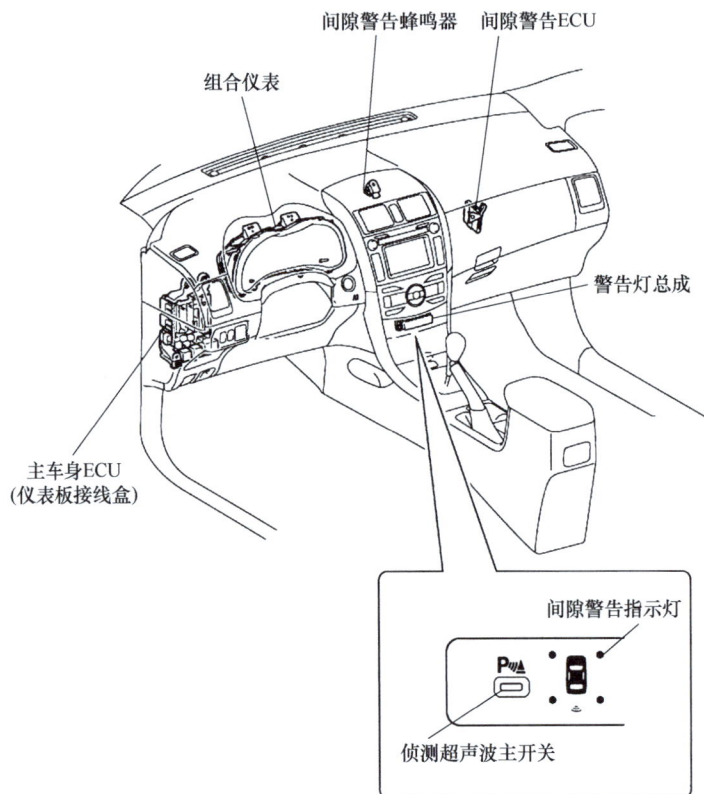

图 8-4-3　丰田倒车雷达系统零件位置二

（9）侦测超声波　侦测超声波用来探测距离。后超声波探测范围如图 8-4-4 所示。

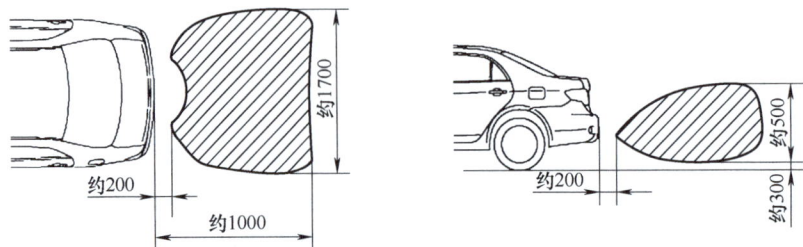

图 8-4-4　后超声波探测范围

侦测超声波的探测范围如图 8-4-5 所示。

　　系统运行时，间隙警告 ECU 从超声波雷达发送超声波。如果这些超声波在各自范围内遇到障碍物，就会被反射回雷达，然后雷达将其发送至间隙警告 ECU。根据这些信息，间隙警告 ECU 发送信号至指示灯和间隙警告蜂鸣器。然后指示车辆和障碍物之间的相应距离并鸣响蜂鸣器。

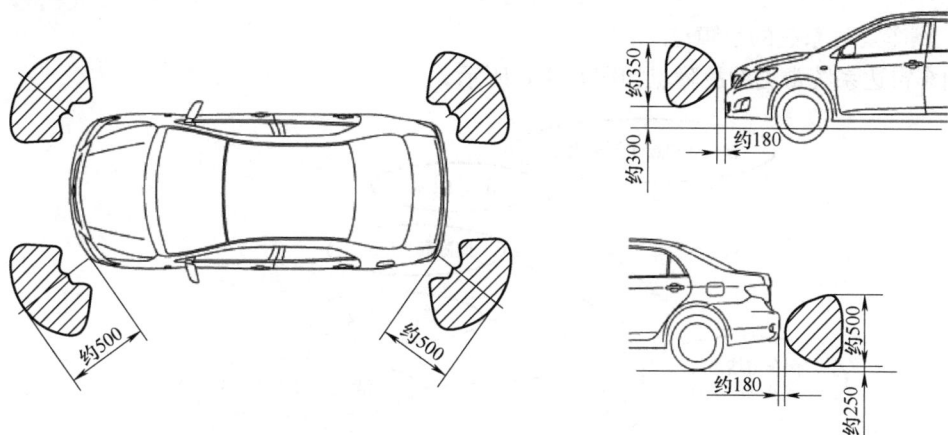

图 8-4-5　侦测超声波的探测范围

3. 丰田倒车雷达系统的工作过程

　　（1）初始化模式　每个雷达分配一个 ID，以执行雷达诊断。

　　1）当满足下列三个条件之一时，间隙警告 ECU 向各系列中的第一个超声波雷达（右前传感器和右后传感器）供电，这三个条件分别为：点火开关置于 ON（IG）位、超声波雷达工作条件已满足且侦测超声波主开关打开、车速低于 10km/h。

　　2）供电后，右前传感器和右后传感器进入待机模式，以从 ECU 接收 ID。特定时间后，ECU 向这些传感器发送一个 ID 分配信号。

　　3）右前传感器和右后传感器从 ECU 接收 ID 分配信号，并执行自诊断。当超声波雷达完成自诊断时，ECU 向超声波雷达发送一个 ID 分配确认信号。

　　4）确认 ID 分配后，ECU 通过第一个超声波雷达向各系列中的第二个超声波雷达（左前传感器和右后中央传感器）供电。通过与第一个超声波雷达相同的方式，第二个超声波雷达进入待机模式。特定时间后，ECU 向第二个超声波雷达发送一个 ID 分配信号。

　　5）将重复上述操作，直至 ID 被分配到后系列中的最后一个超声波雷达（左后传感器）。向所有超声波雷达分配完 ID 后，初始化结束。

　　（2）检测模式　完成初始化模式后，系统切换到检测模式。在检测模式中，间隙警告 ECU 向超声波雷达发送信息请求信号和超声波雷达激活信号，并从超声波雷达接收检测结果信号。

　　1）间隙警告 ECU 按照程序，定时向超声波雷达发送 ID 信号、信息请求信号和超声波雷达激活信号。

　　2）特定时间后（超声波雷达检测操作完成），间隙警告 ECU 向超声波雷达发送一个 ID 信号，以接收检测结果信号。

　　3）超声波雷达向 ECU 发送检测结果信号或检测信息信号。

　　4）对各超声波雷达都要重复执行上述操作。

一、丰田倒车雷达系统的故障分析

1. 倒车雷达系统的故障点

倒车雷达系统常见的故障点如图 8-4-6 所示。

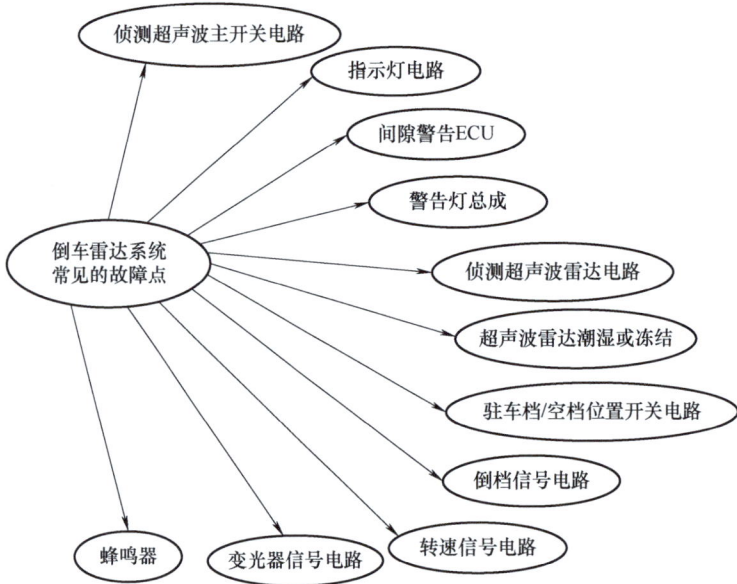

图 8-4-6 倒车雷达系统常见的故障点

2. 倒车雷达系统的故障现象

倒车雷达系统常见的故障现象如图 8-4-7 所示。

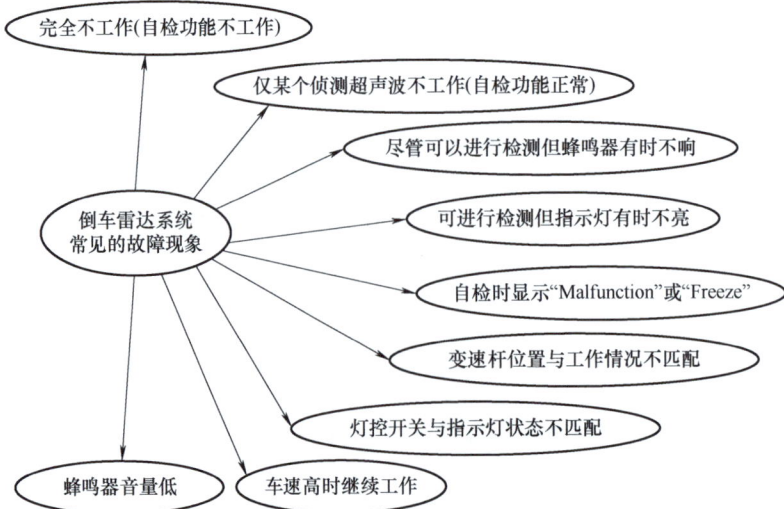

图 8-4-7 倒车雷达系统常见的故障现象

二、前侦测超声波雷达的电路检查

前侦测超声波雷达的电路显示了间隙警告 ECU 和 1 号超声波雷达间的电源、搭铁和信号电路，电路图如图 8-4-8 所示。1 号超声波雷达是数字传感器。

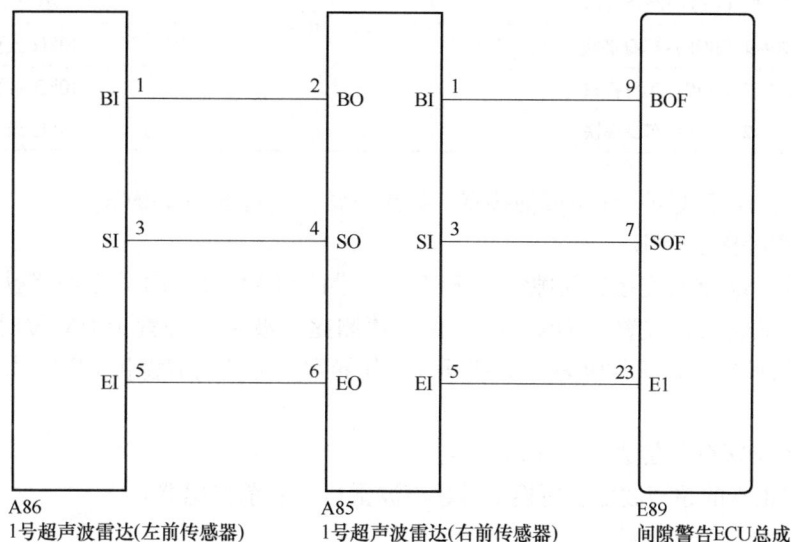

图 8-4-8　前侦测超声波雷达的电路图

检查步骤如下：

1. 检查侦测超声波系统

检查侦测超声波系统的工作情况：所有前传感器指示灯均闪烁，进行第二步操作，左前传感器指示灯或右前传感器指示灯闪烁，进行第四步。

2. 检查线束和插接器（间隙警告 ECU - 右前传感器）

从间隙警告 ECU 上断开插接器 E89，从 1 号超声波雷达上断开插接器 A85，然后根据图 8-4-9 所示端口，按照表 8-4-1 中进行电阻测量。

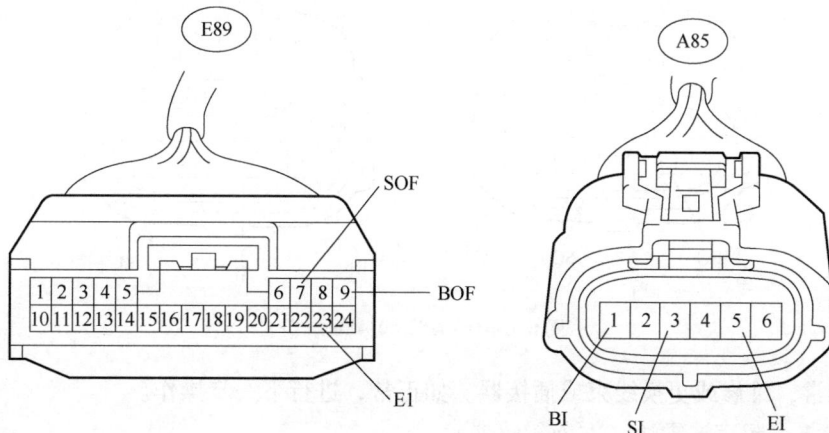

图 8-4-9　E89 和 A85 端口

表 8-4-1　标准电阻测量

诊　断　仪	连接条件	规　定　状　态
E89-9（BOF）-A85-1（BI）		小于 1Ω
E89-7（SOF）-A85-3（SI）		小于 1Ω
E89-23（E1）-A85-5（EI）	始终	小于 1Ω
E89-9（BOF）-车身搭铁		10kΩ 或更大
E89-7（SOF）-车身搭铁		10kΩ 或更大
E89-23（E1）-车身搭铁		10kΩ 或更大

如果异常，维修或更换线束或插接器。如果正常，进行下一步操作。

3. 检查间隙警告 ECU

将插接器 E89 重新连接到间隙警告 ECU 上，测量 E89-23（E1）-车身搭铁电阻，应始终小于 1 Ω。将点火开关置于 ON（IG）位，侦测超声波主开关置于 ON 位时测量 E89-9（BOF）-车身搭铁电压，正常应为 7.2 ~ 8.8 V。如异常，更换间隙警告 ECU。如正常进行下一步操作。

4. 更换 1 号超声波雷达（右前传感器）

使用功能正常的超声波雷达更换 1 号超声波雷达（右前传感器）。

5. 检查侦测超声波系统

检查侦测超声波系统的工作情况：侦测超声波系统正常工作，检修工作完成；侦测超声波系统故障未排除，进行下一步操作。

6. 检查线束和插接器（右前传感器-左前传感器）

从 1 号超声波雷达上断开插接器 A85 和 A86，然后根据图 8-4-10 所示端口，按照表 8-4-2 中进行电阻测量。

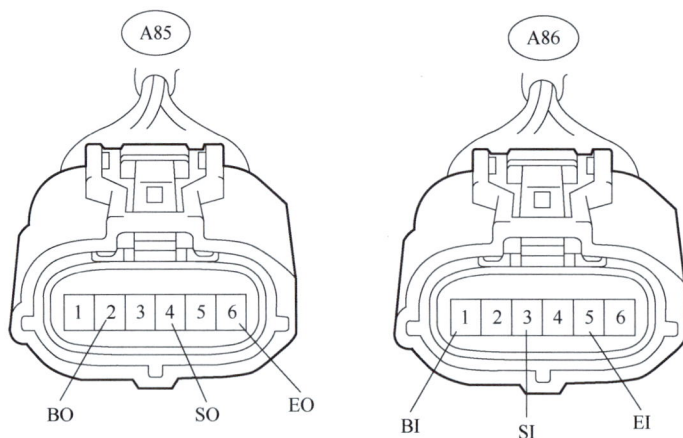

图 8-4-10　A85 和 A86 端口

如果异常，维修或更换线束或插接器。如正常，进行下一步操作。

7. 更换 1 号超声波雷达（左前传感器）

使用功能正常的超声波雷达更换 1 号超声波雷达（左前传感器）。

8. 检查侦测超声波系统

检查侦测超声波系统的工作情况：侦测超声波系统正常工作，检修工作完成；侦测超声波系统故障未排除，需要检查其他电路。

表 8-4-2　标准电阻测量

诊 断 仪	连接条件	规 定 状 态
A85-2（BO）- A86-1（BI）	始终	小于 1Ω
A85-4（SO）- A86-3（SI）		小于 1Ω
A85-6（EO）- A86-5（EI）		小于 1Ω
A85-2（BO）- 车身搭铁		10kΩ 或更大
A85-4（SO）- 车身搭铁		10kΩ 或更大
A85-6（EO）- 车身搭铁		10kΩ 或更大

情境分析

1. 故障现象

一辆丰田卡罗拉轿车，倒车时倒车雷达系统自检完成后不能检测与后方障碍物的距离。

2. 故障诊断与排除

1）挂倒档，倒车雷达系统自检完成后不能检测与后方障碍物的距离。

2）查故障诊断表，可知故障原因有后侦测超声波雷达电路故障和间隙警告 ECU 故障两类。

3）检查后侦测超声波雷达电路发现间隙警告 ECU 工作正常。

4）更换 1 号超声波雷达（右后传感器）。

5）检查倒车雷达系统，发现其工作正常，故障排除。

6）整理工具，清洁场地。

3. 故障原因分析

1 号超声波雷达（右后传感器）损坏使间隙警告 ECU 不能接收到距离后方障碍物的信号，因此不能发出警报。

学习小结

1）倒车雷达装置在倒车时起到辅助报警功能，能使倒车更加安全。倒车雷达装置由超声波雷达、ECU 和蜂鸣器等组成。

2）丰田倒车雷达系统又称为倒车辅助传感器系统，它使用超声波雷达来探测转弯处及车辆后方的障碍物，然后通过多信息显示屏的显示并鸣响蜂鸣器，来告知驾驶人超声波雷达和障碍物之间的距离及障碍物的位置。

3）丰田倒车雷达系统运行时，超声波雷达发送超声波，如果这些超声波在一个或多个超声波雷达范围内遇到障碍物，就会被反射回超声波雷达，然后超声波雷达将其发送至间隙警告 ECU，据这些信息，间隙警告 ECU 发送信号至指示灯指示车辆和障碍物之间的相应距离并鸣响蜂鸣器。

学习单元8.5 **电动门锁与防盗系统的检修**

情境导入

一辆丰田卡罗拉轿车，当驾驶人按下遥控钥匙锁止按钮时，车上门锁系统不工作。经检查，是遥控钥匙电池亏电，更换遥控钥匙电池后故障排除。

学习目标

1. 能通过与客户交流、查阅电动门锁和防盗系统相关的维修技术资料等方式获取车辆信息。

2. 能根据电动门锁和防盗系统的故障现象制订正确的维修计划。

3. 能利用诊断设备对电动门锁和防盗系统进行电路检测。

4. 能根据检测结果进行分析，并做出故障判断。

5. 能进行电动门锁零部件的检查、拆卸和更换。

6. 能进行维修场地的维护，注重场地环保。

理论知识

一、电动门锁的作用、组成

1. 电动门锁的作用

电动门锁的作用是借助电动机（或电磁铁）使车门锁住或打开。除此之外，现在有些电动门锁具有钥匙遥控功能、遗忘保护功能、两步开锁功能以及安全功能等。

具体功能如下：

（1）手动锁定/解锁功能 当门锁控制开关被置于锁定/解锁侧时，所有的车门均被锁定/解锁。

（2）车门钥匙-锁定/解锁功能 当车门用钥匙被插入驾驶人/前座乘员的车门锁芯中转动锁定/开锁时，所有的车门均被锁定/开锁。

（3）两步开锁功能 两步开锁功能为用钥匙开锁的功能。当用钥匙打开一个门锁时只能打开本车门，其他的车门要用第二步操作才能开启。

（4）遗忘保护功能 当驾驶人的车门打开，钥匙被遗留在点火开关锁芯中并将门锁按钮置于锁止位置，钥匙遗忘安全电路发挥作用使所有的车门解锁。上述情况下，当操作门锁控制开关锁门时，所有的车门先锁定后马上解锁。

（5）安全功能 为了防止从车门玻璃和车窗框之间的空隙操作门锁控制开关来开启车门，可用无线门锁遥控器设置门锁安全功能并且使门锁控制开关的开锁操作无效。

（6）无钥匙电动车窗的功能 在某些门锁控制系统中，当无钥匙电动车窗功能触发时，集成继电器中的无钥匙继电器控制电动车窗系统的电源。

2. 电动门锁的组成

一般的电动门锁由门锁开关、电动机（或电磁铁）、传动和执行机构等组成。由集成继电器控制的门锁控制系统如图 8-5-1 所示。

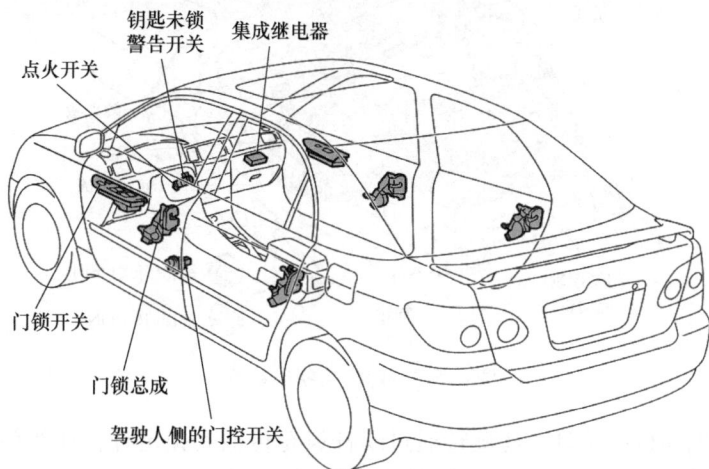

图 8-5-1　由集成继电器控制的门锁控制系统

1）集成继电器：集成继电器接收来自各开关的信号并向各门锁总成传输锁定/解锁信号，以便驱动各车门的门锁控制电动机。

2）门锁总成：门锁总成对各车门进行锁定/解锁。车门也可以通过电信号触发内装的门锁控制电动机锁定/解锁，如图 8-5-2 所示。

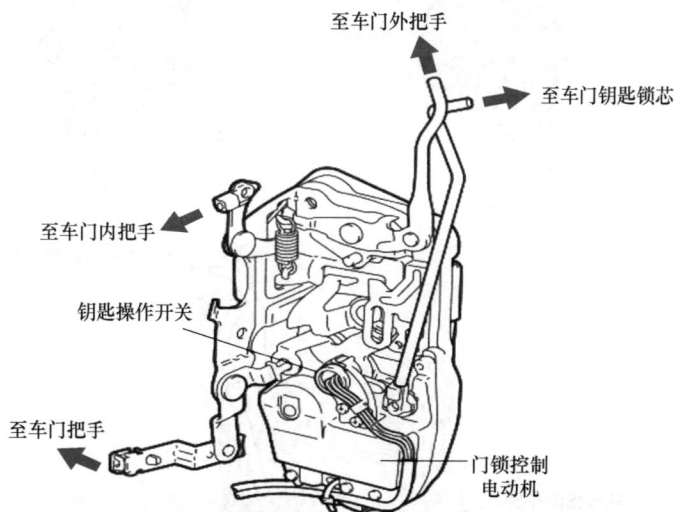

图 8-5-2　门锁总成

通过改变流过车门门锁控制电动机的电流方向来控制其旋转方向，从而实现车门被锁定/解锁。内装的门锁位置开关的作用是检测车门的锁定/解锁状态（车门是锁定的，开关为 OFF；车门是开锁的，开关为 ON），并将其传输到集成继电器。

① 门锁控制电动机:门锁控制电动机充当门锁执行器,如图8-5-3所示。

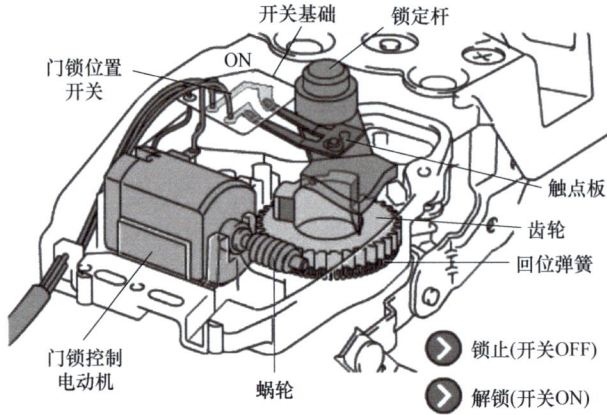

图 8-5-3　门锁控制电动机

当门锁控制电动机旋转时,此旋转通过蜗杆齿轮传输到锁定杆,使车门锁定/解锁,一旦车门的锁定/解锁操作完成,齿轮由回位弹簧回到中性位置。

② 门锁位置开关:门锁位置开关检测车门是否锁定/解锁,它包括触点板和开关座。锁定杆在锁定侧时,开关关闭;锁定杆在开锁侧时,开关打开,如图8-5-4所示。

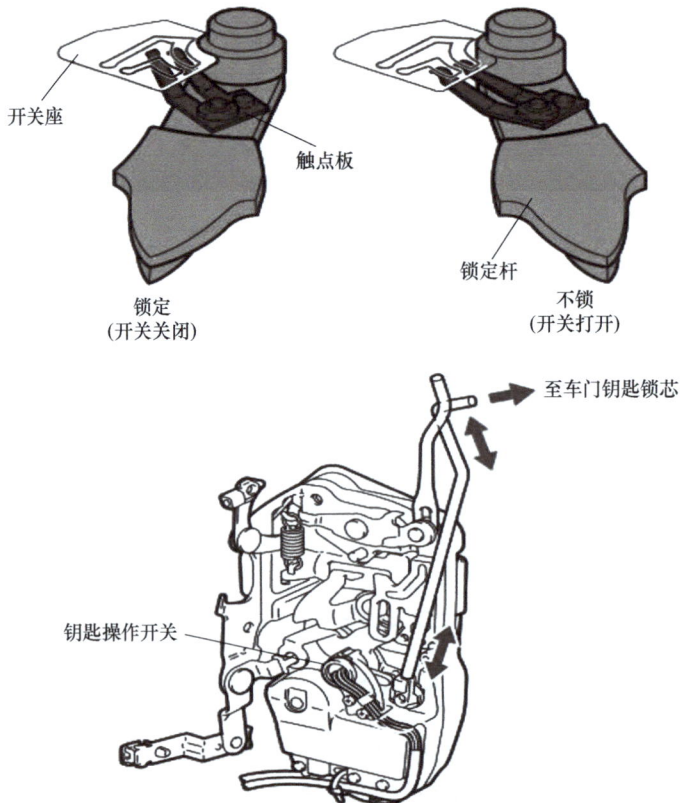

图 8-5-4　门锁位置开关及操作

③ 钥匙操作开关：钥匙操作开关内置于门锁总成内。当车门的门锁从外面操作时，它把锁定/解锁信号传输给集成继电器，从而实现门锁的锁定/解锁。

3）点火开关。

4）钥匙开锁警告开关：钥匙开锁警告开关检测钥匙是否插入点火开关锁芯中。

5）驾驶人侧的门控灯开关。

6）门锁开关：电动车窗主开关。

二、电动门锁电路

以集成继电器控制的门锁控制系统为例进行介绍，电路图如图8-5-5所示。

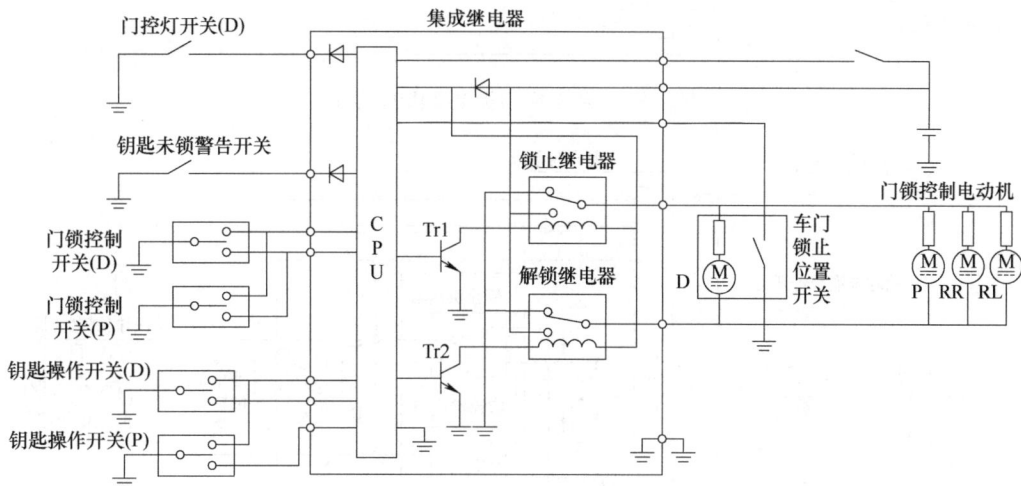

图 8-5-5　集成继电器控制的门锁控制系统电路图

1. 手动车门锁定/解锁功能

当门锁开关被置于锁定/解锁侧时，车门锁定/解锁信号传输到集成继电器中的CPU。收到信号后，CPU打开Tr1或Tr2约0.2s并打开锁定/解锁继电器。在此状态下，锁定/解锁继电器形成搭铁电路，电流从蓄电池通过电动机到搭铁，所有的门锁控制电动机沿锁定/解锁方向旋转，开/关门锁位置开关。锁门时电路和开锁时电路分别如图8-5-6和图8-5-7所示。

2. 车门钥匙锁定/开锁功能

当钥匙插入车门钥匙孔并沿锁定/解锁方向转动时，所有的门锁控制电动机沿锁定/解锁方向转动，锁门时电路和开锁时电路分别如图8-5-8和图8-5-9所示。

3. 两步开锁功能（驾驶人车门）

当钥匙向开锁方向旋动一次，只有本车门被开锁。此状态下，集成继电器的UL3端子被钥匙操作开关搭铁一次，但是Tr2没有接通。如果钥匙在3s内向开锁方向旋转两次，UL3端子被搭铁两次，集成继电器中的CPU导通Tr2，开锁继电器打开，所有的车门被开锁。

当车门钥匙开锁操作连续执行两次时电路如图8-5-10所示。

4. 钥匙遗忘安全功能

当驾驶人车门被打开，钥匙在点火开关锁芯时，如果门锁按钮被置于锁止位置，集成继电器中的CPU将Tr2导通约0.2s，开锁继电器导通，所有的车门被开锁。如果在此状态下

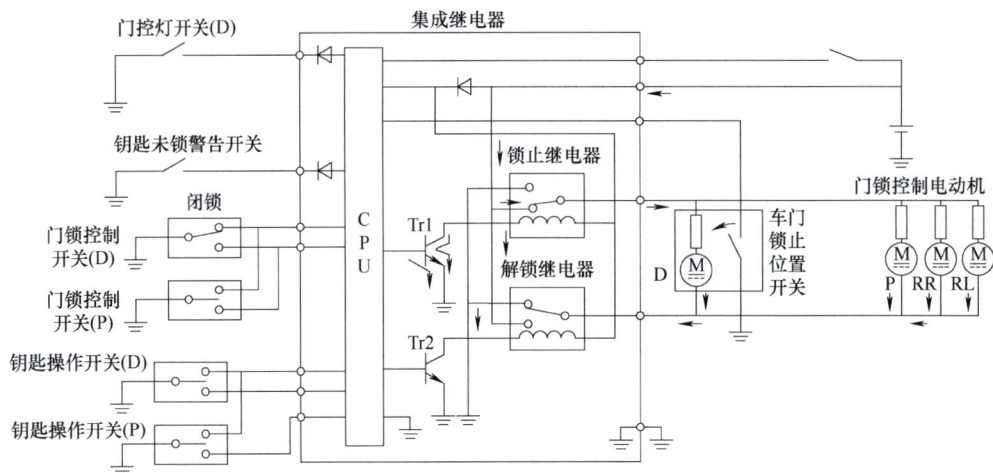

图 8-5-6　手动车门锁定操作的电路

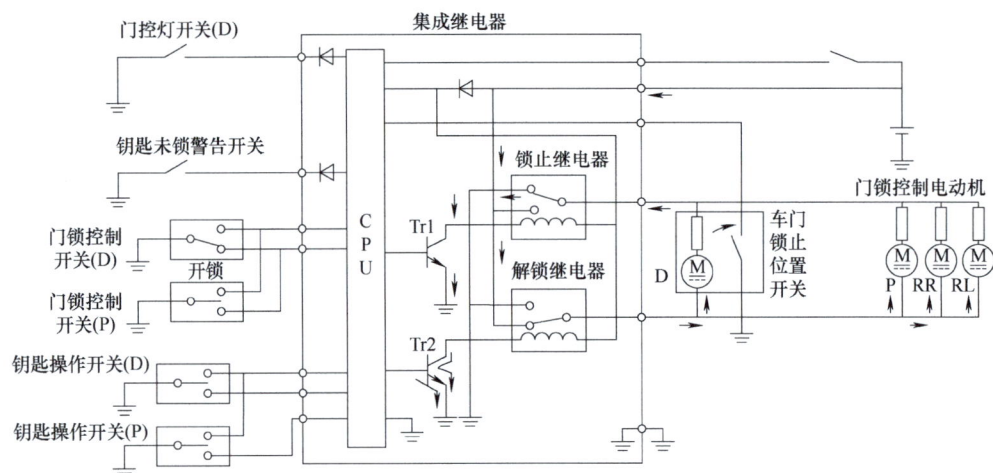

图 8-5-7　手动车门开锁操作的电路

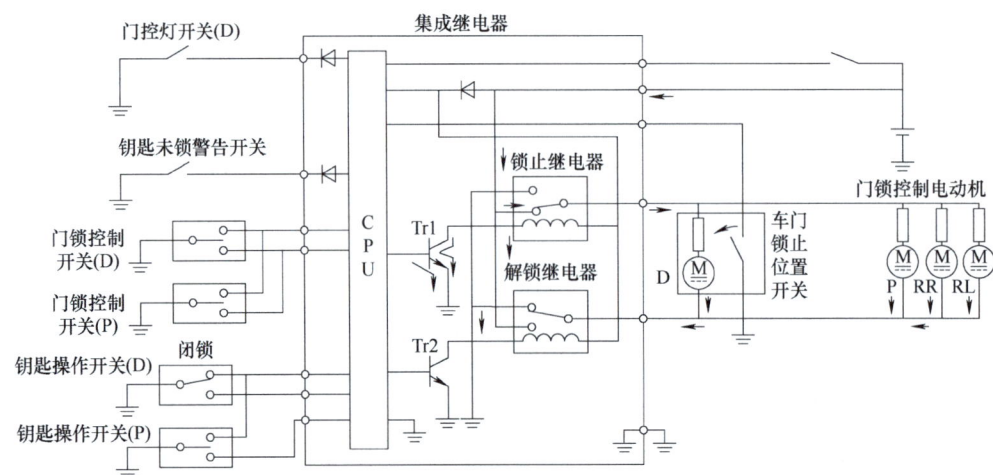

图 8-5-8　车门钥匙锁定操作的电路

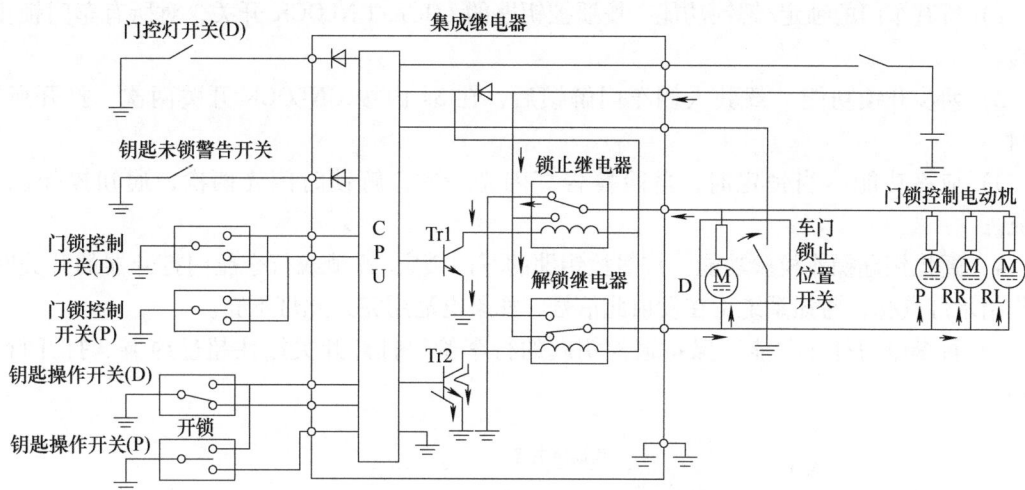

图 8-5-9　车门钥匙开锁操作的电路

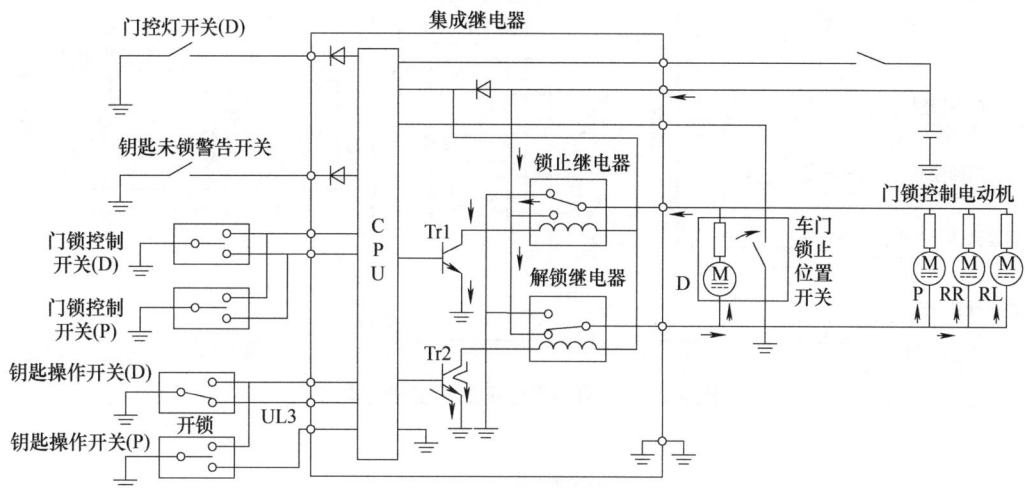

图 8-5-10　车门钥匙开锁操作执行两次时电路

操作门锁控制开关锁住车门，所有的门会先被锁定，然后再次打开。

　　当门锁把手在开锁侧时电路如图 8-5-11 所示。

　　当门锁把手被置于锁定侧时电路如图 8-5-12 所示。

三、遥控门锁系统

1. 功能

　　遥控门锁系统是车门控制接收器接收从遥控钥匙（或发射器）发送信号用来锁定/解锁车门的系统，如图 8-5-13 所示。

　　汽车接收此遥控钥匙发出的信号，并将操作信号送到集成继电器。集成继电器收到操作信号时控制门锁电动机。除这一功能外，集成继电器有自动锁定功能、重复功能、应答及其他功能。

　　遥控门锁系统有以下功能：

1）所有车门的锁定/解锁功能　按遥控钥匙的 LOCK/UNLOCK 开关，对所有车门锁止/解锁。

2）两步开锁功能　驾驶人侧车门解锁后，在 3s 内按 UNLOCK 开关两次，打开所有车门。

3）应答功能　当锁定时，危险警告灯闪光一次，解锁时闪光两次，通知操作已经完成。

4）遥控钥匙操作校验功能　按遥控钥匙的车门锁定/解锁或行李舱门打开器的开关时，操作指示灯点亮，通知系统正在发射此信号，如果电池用完，此灯不亮。

5）行李舱门打开功能　保持遥控钥匙的行李舱门打开开关按住超过约 1s，打开行李舱门。

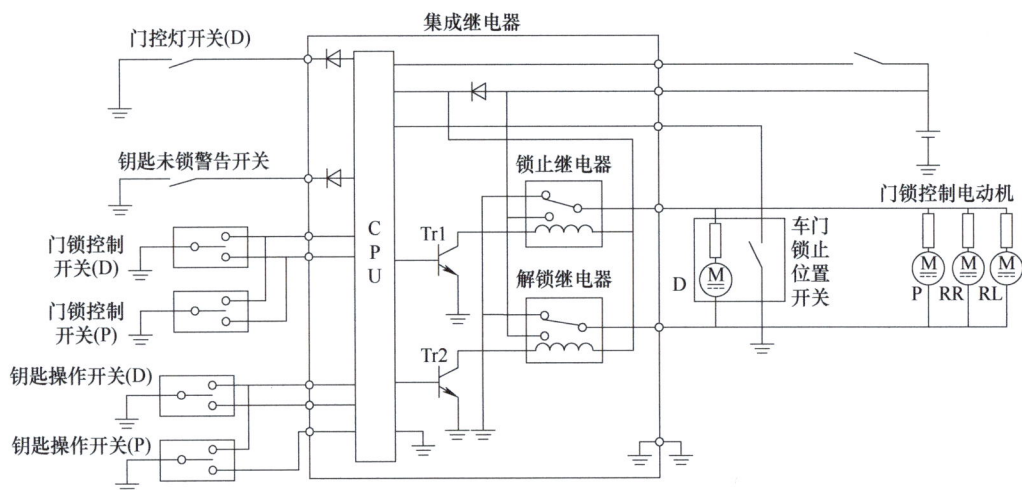

图 8-5-11　当门锁把手在开锁侧时电路

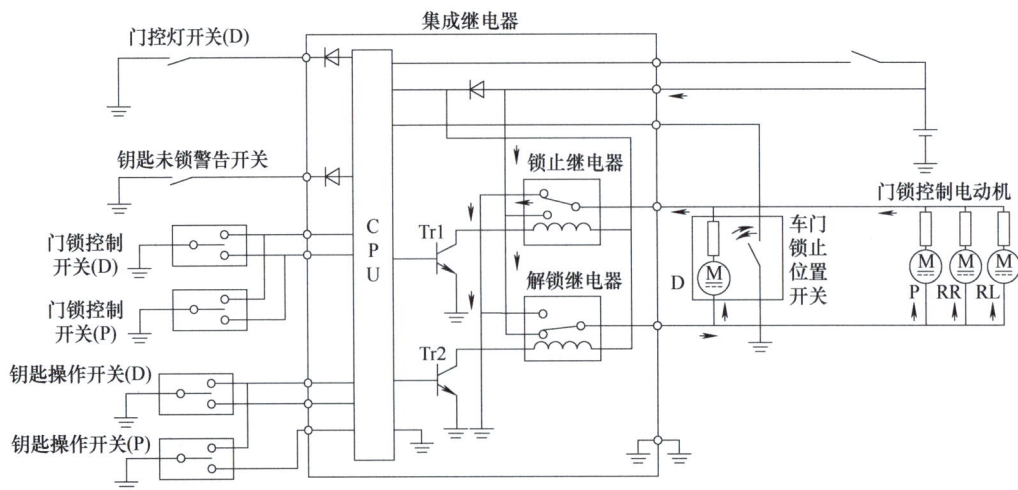

图 8-5-12　当门锁把手被置于锁定侧时电路

6）电动车窗开/关的功能　钥匙插入点火开关锁芯时，如果按下车门开锁/锁止开关超过2.5s，所有的车门窗可以打开或关闭。当开关按住时，电动车窗的开/关操作继续进行，当开关不按时，操作停止。

7）紧急警报功能　按住遥控钥匙的门锁或紧急开关约2～3s，将触发防盗系统（喇叭发出声音，前照灯、尾灯和危险灯闪光）。

8）内部照明功能　在遥控钥匙对车门开锁的同时，内部灯光打开约15s。

9）自动锁定功能　如果用遥控钥匙开锁后30s内，没有车门被打开，所有车门被锁止。

10）重复功能　当遥控钥匙进行锁定操作时，如果某一车门没有锁上，组合继电器将1s后输出一个锁定信号。

11）车门虚掩报警功能　如果有一车门开着或虚掩着，按遥控钥匙的门锁开关将致使无线电门锁蜂鸣器发声约10s。

12）安全功能　在来自遥控钥匙的无线电波的某一部分中有按照某一固定规律变化的滚动代码。当车门控制接收器收到来自遥控钥匙的信号时，接收器先储存此滚动代码，当接收器收到下一个无线电波时，接收器将此代码与车辆自身的代码进行核对，这样可以提高安全性。

为了防止车窗开着时利用外物伸入门玻璃和门框之间的空间勾住门锁控制开关（手动操纵）而打开车门，用遥控钥匙（包括自动锁定功能）执行的锁定操作将设置门锁的安全功能，禁止通过车门控制开关（供手工操作用）来进行开锁操作。

13）遥控钥匙识别密码注册功能　在EEPROM中能注册（写入和存储）四个遥控钥匙识别密码，此EEPROM包括在车门控制接收器中。在重写识别密码、核查注册代码或丢失遥控钥匙时，可以擦掉代码并使无线电门锁遥控功能无效。

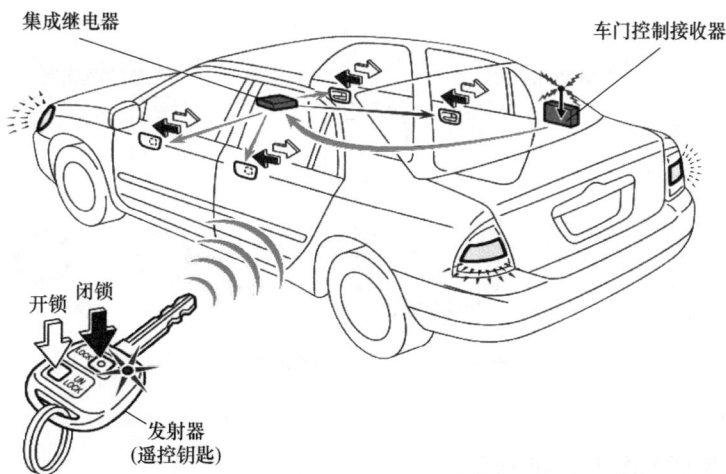

图8-5-13　遥控门锁系统

2. 结构

遥控门锁系统的结构如图8-5-14所示。遥控门锁系统包括下列部件：

1）遥控钥匙：遥控钥匙由锂电池供电。当按开关时，它将信号变成无线电波信号发送到车门控制接收器。遥控钥匙有钥匙内置型和钥匙座型两种，如图8-5-15所示。

遥控钥匙发射的无线电波（信号）的频率范围为 300 ~ 500MHz。

2）车门控制接收器：车门控制接收器接收来自遥控钥匙的信号，并将操作信号传输到集成继电器。

3）集成继电器：集成继电器根据各开关来的输入信号检测运行情况，并按照来自车门控制接收器的操作信号向门锁装置输出锁定/解锁信号。

4）钥匙开锁警告开关：钥匙开锁警告开关检测是否有钥匙插入点火开关锁芯中。

5）点火开关。

6）门控灯开关。

7）门锁总成。

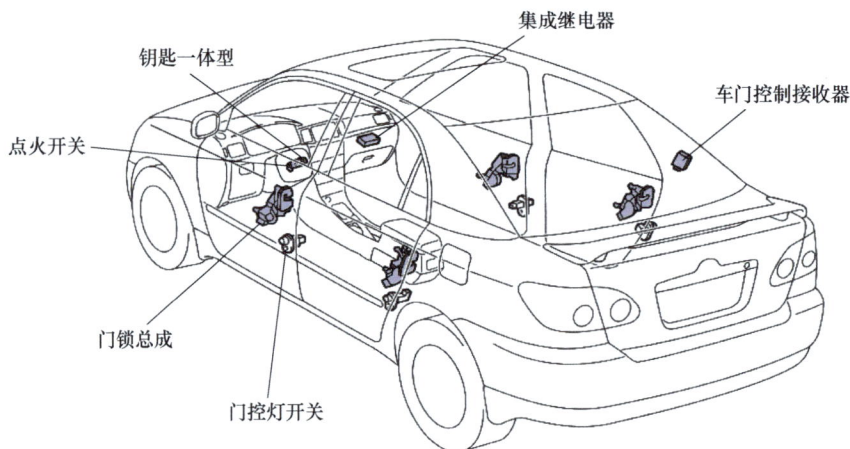

图 8-5-14 遥控门锁系统的结构

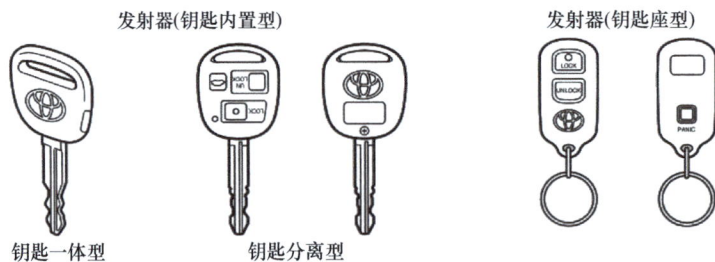

图 8-5-15 遥控钥匙的类型

3. 工作原理

遥控门锁电路图如图 8-5-16 所示。

其工作原理如下：

（1）所有车门的锁定/解锁操作

1）传送和判断操作：钥匙没有被插入点火开关锁芯中时所有车门锁闭。当按下遥控钥匙的锁定/解锁开关时，车辆自己的识别密码和功能码被发送出去。当车门控制接收器收到这些代码时，控制接收器中的 CPU 开始核对和判断。如果接收器识别出收到的本车识别代码是车门锁定/解锁，它将车门锁定/解锁信号输出到组合继电器。

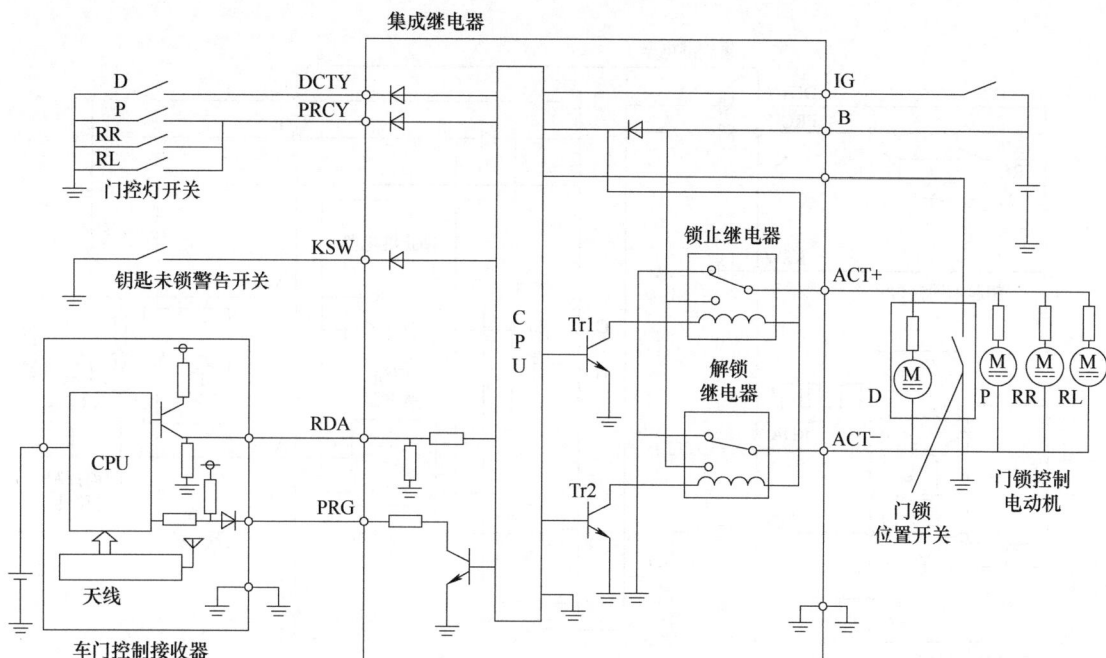

图 8-5-16　遥控门锁电路图

2）在组合继电器侧的操作：当集成继电器收到车门锁定/解锁信号时，它导通 Tr1/Tr2，导致锁定/解锁继电器导通，这样使所有的门锁控制电动机开到锁定/解锁侧。锁止操作的电路图如图 8-5-17 所示。

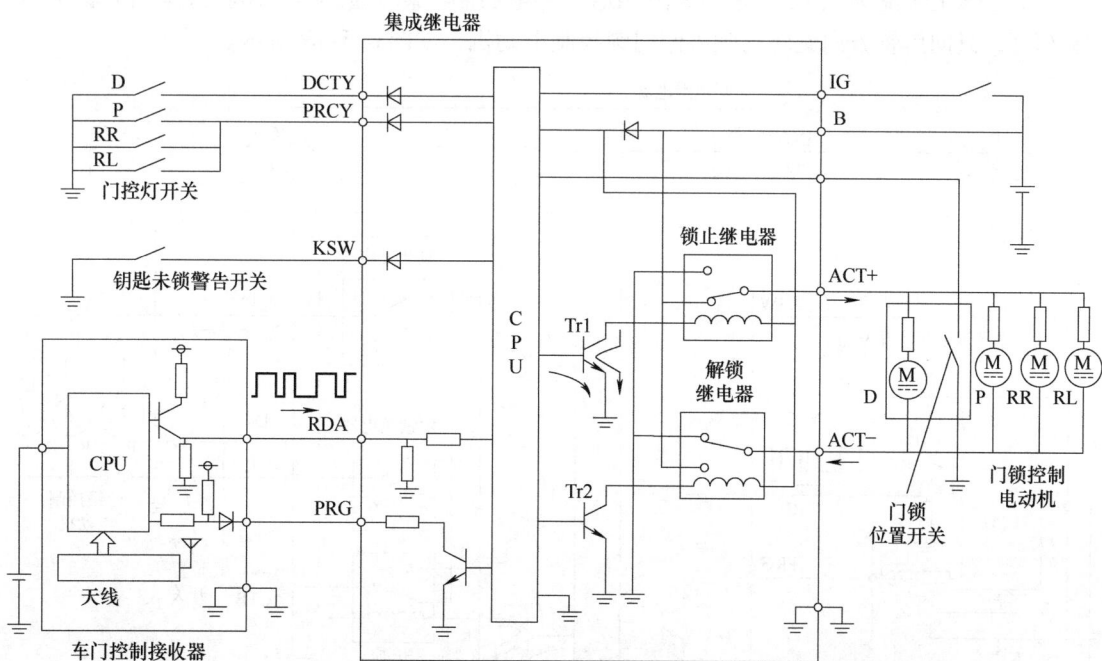

图 8-5-17　锁止操作的电路图

开锁操作的电路图如图 8-5-18 所示。

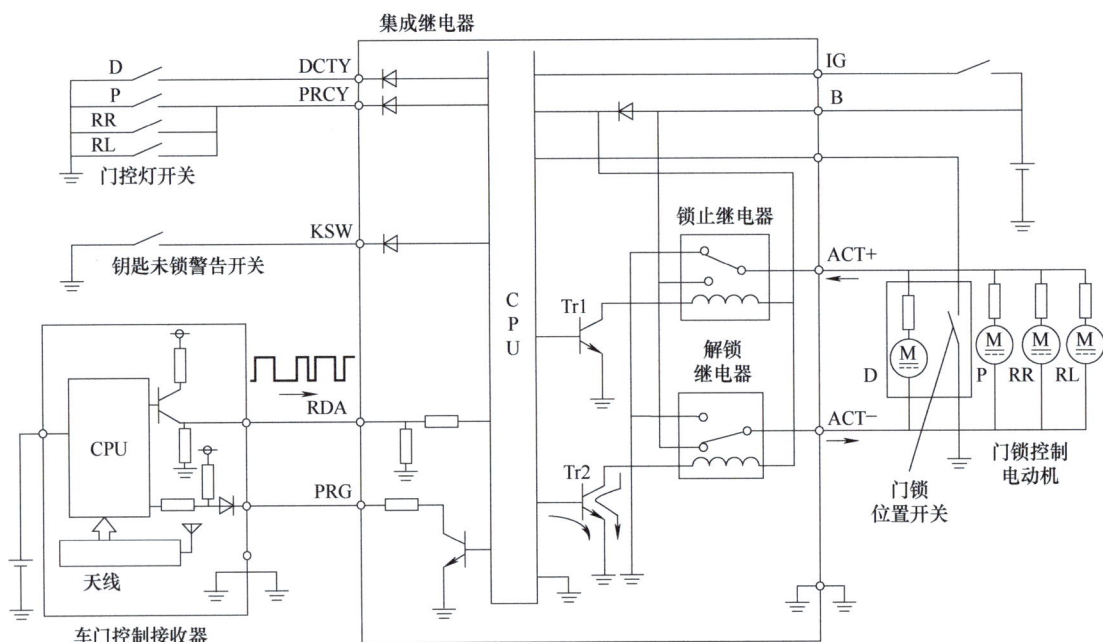

图 8-5-18　开锁操作的电路图

（2）两步开锁操作　要执行两步开锁操作，组合继电器中还有包括专用于驾驶人车门的开锁继电器（D）和控制开锁继电器（D）的 Tr3。

1）当遥控钥匙的开锁开关只按下一次时，组合继电器导通 Tr3 和驾驶人车门开锁继电器（D），只向解锁方向旋转驾驶人侧门锁控制电动机，如图 8-5-19 所示。

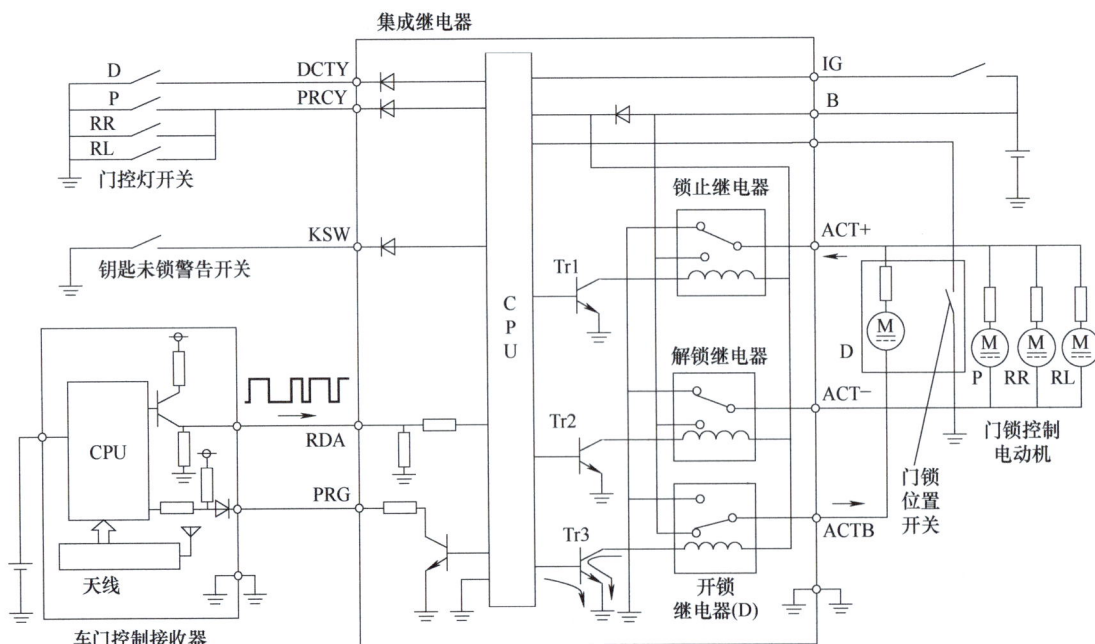

图 8-5-19　当遥控钥匙的开锁开关只按下一次时

2）如果在 3s 内连续按下遥控钥匙的开锁开关两次，组合继电器导通 Tr3 和 Tr2，导通驾驶人侧和乘员侧车门的开锁继电器（D）和（P），并将所有的门锁电动机开到开锁侧，如图 8-5-20 所示。

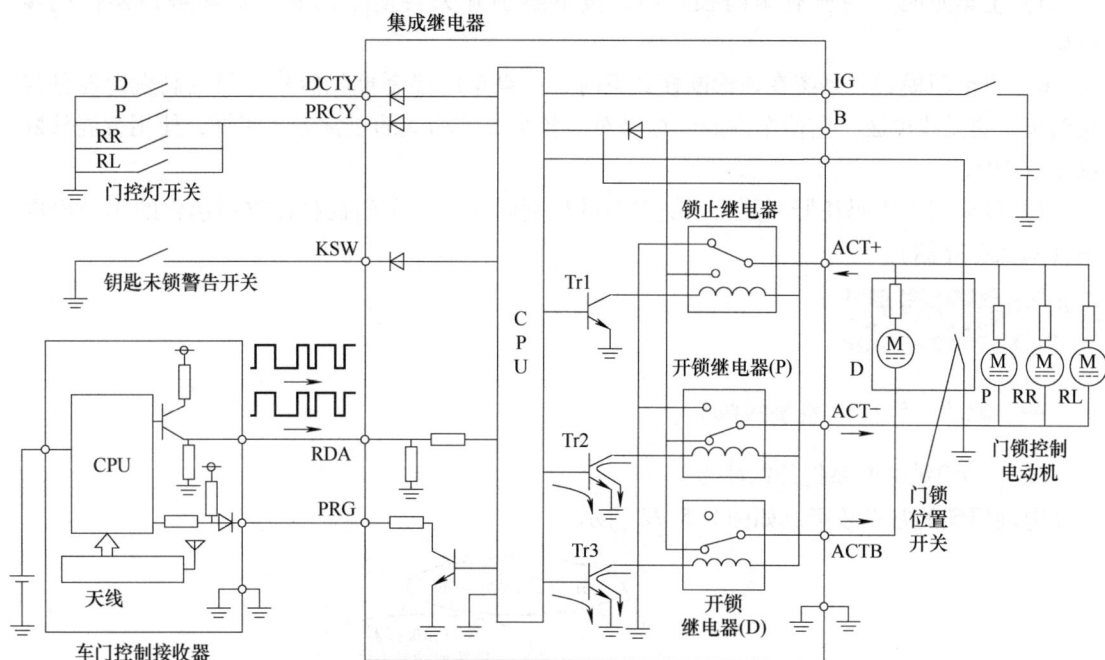

图 8-5-20　按下遥控钥匙的开锁开关两次

4. 卡罗拉轿车遥控门锁系统

卡罗拉轿车遥控门锁系统的作用是从远处锁止和解锁所有车门。该系统由遥控钥匙（手持式发射器，也称为发射机）控制，如图 8-5-21 所示。

遥控钥匙向车门控制接收器发送无线电波。主车身 ECU 执行识别码识别处理并接合门锁控制。

遥控钥匙带有锁止和解锁开关，操作这些开关可以激活各项功能。遥控门锁控制系统具有以下功能：

1）所有车门锁止　当按下锁止开关可以锁止所有的车门。

2）所有车门解锁　当按下解锁开关可以解锁所有的车门。

3）自动锁止　如果车门通过遥控门锁控制解锁后，在 30s 内没有车门打开，所有的

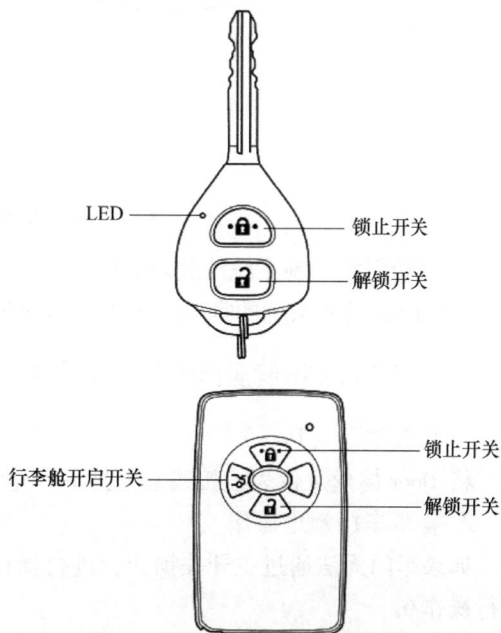

图 8-5-21　卡罗拉轿车遥控钥匙

车门将自动再次锁止。

4）应答　当通过遥控操作锁止车门时，危险警告灯闪烁一次；当通过遥控操作解锁车门时，危险警告灯闪烁两次。

5）上车照明　当所有车门锁止时，按下解锁开关会使车内照明灯随解锁操作同步点亮。

6）自诊断模式　系统在该诊断模式下时，如果车门控制接收器从车门控制发射器处接收到正常的无线电波，它使车内照明灯以对应各个开关功能的正常方式闪烁，使用智能诊断仪读取 DTC。

7）发射器识别码注册　能将六类发射的识别码注册到车门控制接收器包含的 EEPROM 中（写入和存储）。

实践技能

一、电动门锁控制系统故障分析

1. 电动门锁控制系统的故障点
电动门锁的常见故障点如图 8-5-22 所示。

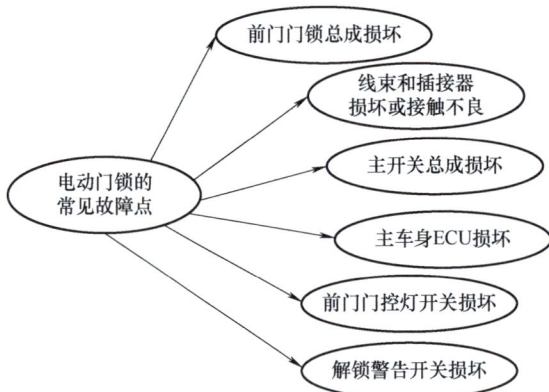

图 8-5-22　电动门锁的常见故障点

2. 电动门锁控制系统的故障现象
电动门锁控制系统的常见故障现象如图 8-5-23 所示。

二、驾驶人侧不能操作所有门锁的故障检修

1. 检查熔丝（Door）
将 Door 熔丝从仪表板接线盒上拆下，测量其电阻值必须小于 1Ω。如异常，更换熔丝。

2. 检查车门锁止操作
如果车门无法通过主开关锁止，进行操作 3；如车门无法通过驾驶人侧车门锁芯锁止，进行操作 6。

3. 读取智能诊断仪的值
使用智能诊断仪，读取数据。如正常，说明车身 ECU 损坏，更换车身 ECU，如数据异

常，进行操作 4。

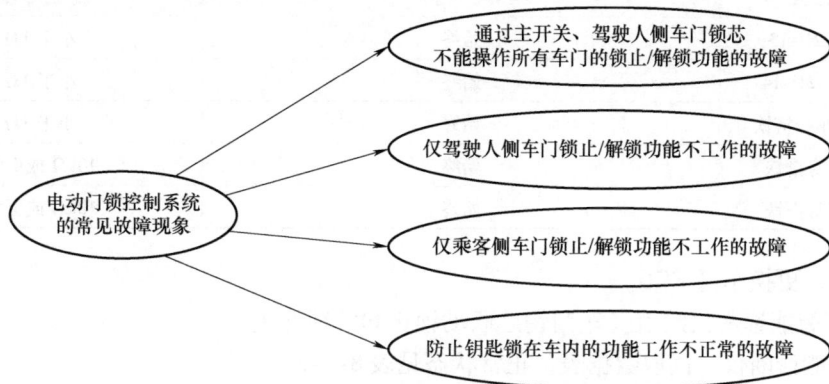

图 8-5-23　电动门锁控制系统的常见故障现象

4. 检查电动车窗主开关

拆下电动车窗主开关，按照图 8-5-24 所示进行电阻的测量，标准值见表 8-5-1。

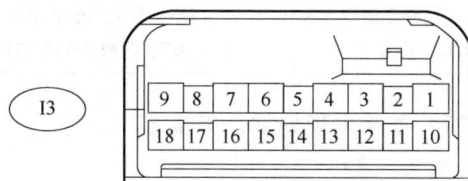

图 8-5-24　检查电动车窗主开关

表 8-5-1　电动车窗主开关标准电阻值

诊断仪连接	条　件	规 定 状 态
1-2	锁止	小于 1Ω
1-2 1-9	OFF（松开）	10kΩ 或更大
1-9	解锁	小于 1Ω

5. 检查线束和插接器（电动车窗主开关电路）

断开仪表板接线盒插接器，按照图 8-5-25 所示进行电阻的测量，标准值见表 8-5-2。

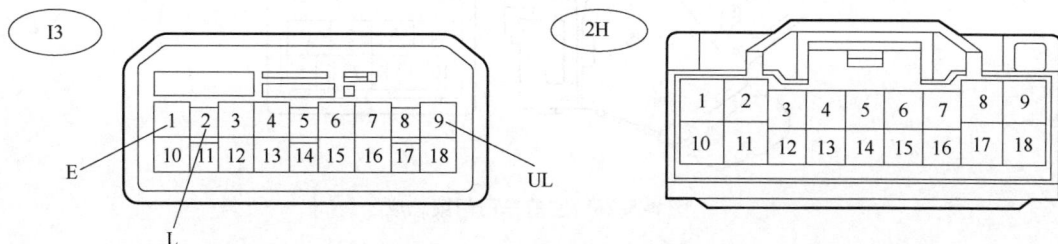

图 8-5-25　检查线束和插接器

表 8-5-2　线束和插接器标准电阻值

诊断仪连接	条　件	规 定 状 态
I3-2（L）-2H-13	始终	小于 1Ω
I3-9（UL）-2H-14	始终	小于 1Ω
I3-1（E）-车身搭铁	始终	小于 1Ω
2H-13 - 车身搭铁	始终	10kΩ 或更大
2H-14 - 车身搭铁	始终	10kΩ 或更大

如正常，更换车身 ECU。

6. 读取智能诊断仪的值（车门钥匙联动锁止和解锁开关）

使用智能诊断仪，读取数据表。正常状态见表 8-5-3。

表 8-5-3　智能诊断仪的值

诊断仪显示	测量项目/范围	正常状态
Door Key SW-Lock	车门钥匙联动锁止开关 信号/ON 或 OFF	ON：驾驶人侧车门锁芯转至锁止位置 OFF：驾驶人侧车门锁芯未转动
Door Key SW-Unlock	车门钥匙联动解锁开关 信号/ON 或 OFF	ON：驾驶人侧锁芯转至解锁位置 OFF：驾驶人侧车门锁芯未转动

如发现异常，进行操作 7；如未发现异常，更换 ECU。

7. 检查前门门锁总成（驾驶人侧）

拆下左前车门门锁总成，按照图 8-5-26 所示进行电阻的测量，标准值见表 8-5-4。

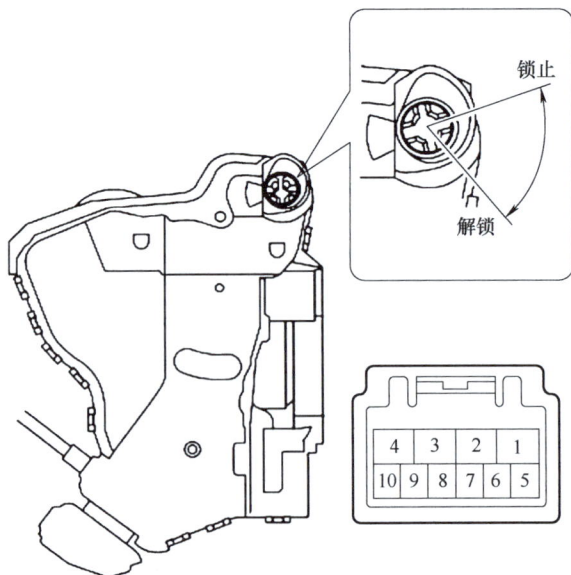

图 8-5-26　左前车门门锁总成

如有异常，更换前门门锁总成。

表 8-5-4　左前车门门锁总成标准电阻值

诊断仪连接	条　　件	规定状态
7-9	ON（门锁设置为锁止）	小于 1Ω
7-9 7-10	OFF（松开）	10 kΩ 或更大
7-10	ON（门锁设置为锁止）	小于 1Ω

8. 检查线束和插接器（车门钥匙联动锁止解锁开关电路）

断开仪表板接线盒插接器，按照图 8-5-27 所示进行电阻的测量，标准值见表 8-5-5。

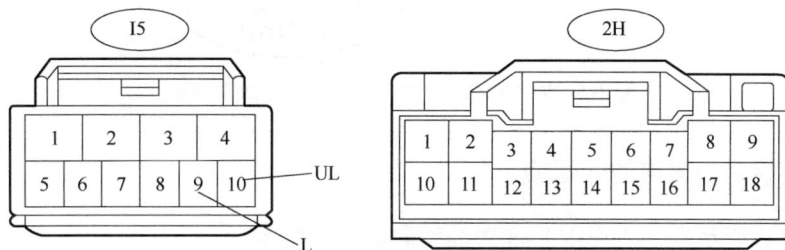

图 8-5-27　仪表板接线盒插接器

表 8-5-5　仪表板接线盒插接器标准电阻值

诊断仪连接	条　　件	规定状态
I5-9（L）-2H-7	始终	小于 1Ω
I5-10（UL）-2H-6	始终	小于 1Ω
2H-7 - 车身搭铁	始终	10kΩ 或更大
2H-6 - 车身搭铁	始终	10kΩ 或更大

如正常，更换车身 ECU（仪表板接线盒）。

三、遥控门锁控制系统的故障分析

1. 遥控门锁控制系统的故障点

遥控门锁控制系统常见的故障点如图 8-5-28 所示。

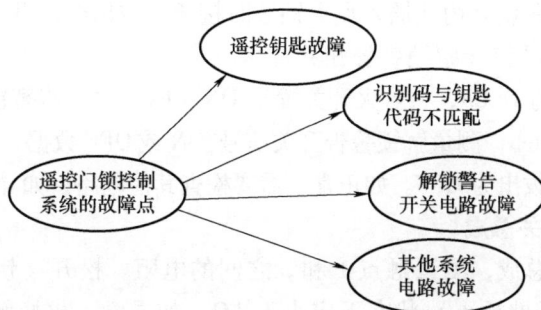

图 8-5-28　遥控门锁控制系统常见的故障点

2. 遥控门锁控制系统的故障现象

遥控门锁控制系统的常见故障现象如图 8-5-29 所示。

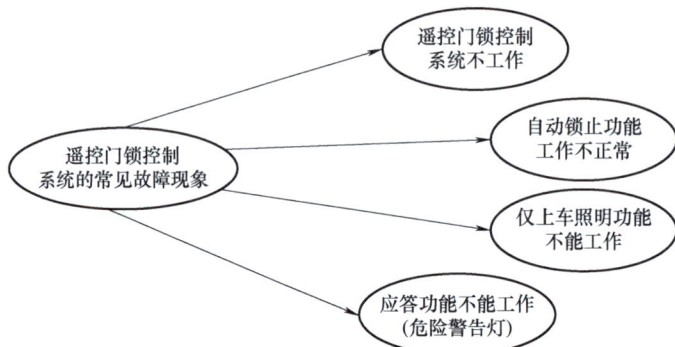

图 8-5-29   遥控门锁控制系统的常见故障现象

四、遥控钥匙及其电池的更换

1. 分离型遥控钥匙（发射器）和遥控钥匙电池的更换

1）用十字螺钉旋具拆卸发射器的电池。

2）使正极侧朝上，将发射器电池安装在遥控钥匙中。

3）检查 O 形圈没有扭曲或错位，并用精确的十字螺钉旋具安装盖子。

4）在更换遥控钥匙后，注册识别代码。当更换识别密码不能重写的遥控钥匙时，要同时成套更换车门控制接收器的 ROM。

一体型遥控钥匙的更换步骤与分离型遥控钥匙一样。首先拆卸盖，然后从遥控钥匙拆卸内装的遥控钥匙电池和 O 形圈。因为 O 形圈是一种不可重用的零部件（与遥控钥匙电池一起成套提供），在更换遥控钥匙电池时，更换新的 O 形圈，如图 8-5-30 所示。

2. 钥匙座型遥控钥匙电池的更换

钥匙座型遥控钥匙电池的更换如图 8-5-31 所示。

1）用精确螺钉旋具拆卸盖，然后拆卸遥控钥匙电池。

2）使正极侧朝上，将发射器电池安装在遥控钥匙中。

五、解锁警报电路的检修

钥匙解锁警告开关在点火钥匙插入点火锁芯时接通，拔出时断开，检查程序如下：

1. 读取智能诊断仪的值（解锁警告开关）

将智能诊断仪连接到 DLC3，将点火开关置于 ON（IG）位，将智能诊断仪主开关打开选择 Key unlock warning switch，测量解锁警告开关信号/ON 或 OFF 数据，钥匙插入点火锁芯应为 ON，钥匙从点火锁芯中拔出为 OFF。如正常，需要检查其他电路；如异常，执行以下操作。

2. 检查解锁警告开关总成

拆下解锁警告开关总成，测量触点 1 和 2 之间的电阻。松开（钥匙拔出）状态下应为 10kΩ 或更大，按下（钥匙插入）状态下应小于 1Ω。如异常，更换解锁警告开关总成；如正常，进行下一步操作。

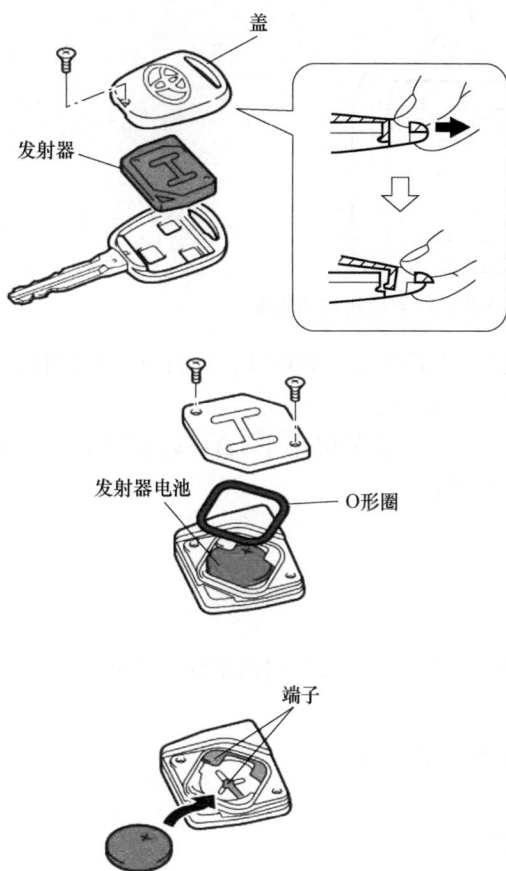

图 8-5-30　一体型遥控钥匙及电池的更换　　　图 8-5-31　钥匙座型遥控钥匙电池的更换

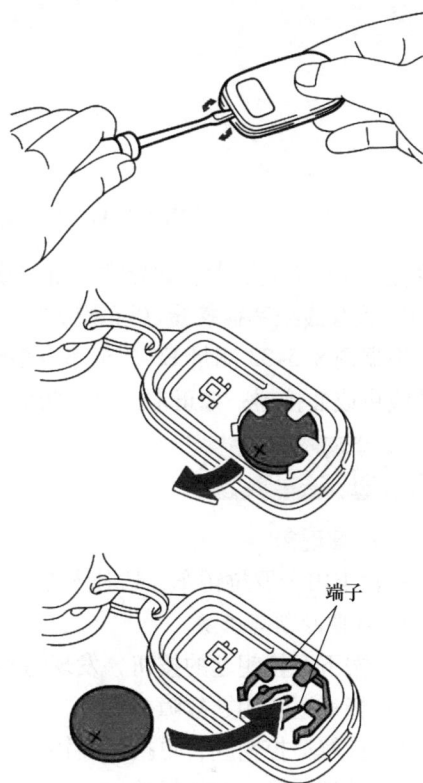

3. 检查线束和插接器（防盗警报 ECU 总成-解锁警告开关总成）

断开防盗警报 ECU 插接器 E75 和解锁警告开关插接器 E5，如图 8-5-32 和图 8-5-33 所示，进行测量。

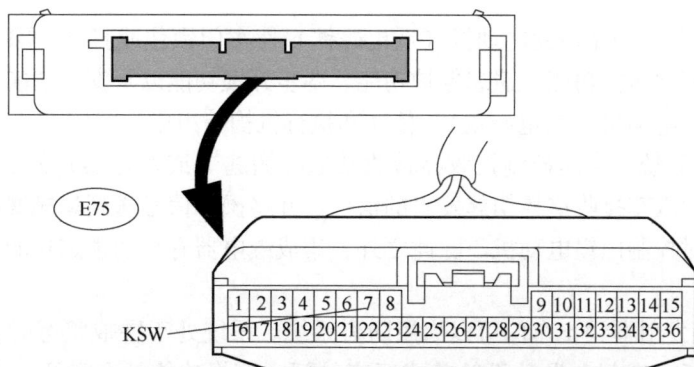

图 8-5-32　断开防盗警报 ECU 的线束插接器前视图

E75-7（KSW）至 E5-1 端子的电阻应始终小于 1Ω，E75-7（KSW）至车身搭铁之间的

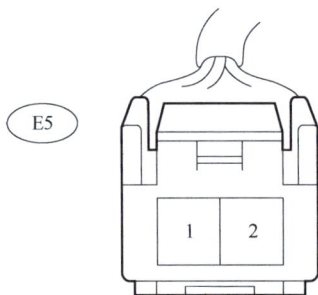

图 8-5-33　断开解锁警告开关的线束插接器前视图

电阻应为 10kΩ 或更大。如异常，维修或更换线束或插接器；如正常，进行下一步操作。

4. 检查线束和插接器（解锁警告开关总成-车身搭铁）

根据图 8-5-33 测量 E5-2 至车身搭铁之间的电阻，应始终小于 1Ω，如有异常，维修或更换线束或插接器；如正常，更换防盗警报 ECU 总成。

情境分析

1. 故障现象

一辆丰田卡罗拉轿车，驾驶人按下遥控钥匙锁止按钮，车上门锁系统不工作。

2. 故障诊断与排除

1）按下遥控钥匙的按钮，发现遥控钥匙上指示灯不亮。

2）怀疑遥控钥匙故障。

3）拆解遥控钥匙，更换遥控钥匙电池，故障排除。

4）整理工具，清洁场地。

3. 故障原因分析

遥控钥匙电池亏电，操作遥控钥匙时，其不能发出信号，更换后，能够正常工作，故障排除。

学习小结

1）电动门锁的作用是借助电动机（或电磁铁）使车门锁住或打开。除此之外，现在有些电动门锁具有钥匙遥控功能、遗忘保护功能、两步开锁功能以及安全功能等。一般的电动门锁由门锁开关、电动机（或电磁铁）、传动和执行机构等组成。

2）遥控门锁系统是车门控制接收器接收从遥控钥匙（或发射器）发送信号用来锁定/解锁车门的系统。汽车接收遥控钥匙发出的信号，并将操作信号送到集成继电器。集成继电器收到操作信号时控制门锁电动机。除此之外，集成继电器有自动锁定功能、重复功能、应答及其他功能。

3）通过使用发射器锁止车门可以启用防盗系统。系统处于警戒状态时，如果有人试图强行解锁或打开任一车门、发动机舱盖或行李舱门，警报功能就会激活。在警报鸣响状态下，系统会点亮车内照明灯并闪烁危险警告灯。同时，系统会鸣响车辆喇叭和警报喇叭，以阻止非法闯入和盗窃，同时也向车辆周围的人们报警。

参 考 文 献

[1] 凌永成，等. 汽车电气设备 [M]. 3 版. 北京：北京大学出版社，2016.
[2] 姚科业. 汽车电路图识读 [M]. 北京：化学工业出版社，2016.
[3] 王盛良，等. 汽车电气设备构造与检修技术 [M]. 3 版. 北京：机械工业出版社，2018.
[4] 税发莲，等. 汽车电气设备构造与拆装 [M]. 3 版. 北京：人民交通出版社，2019.
[5] 杨亚萍，等. 汽车电器与电控技术 [M]. 3 版. 北京：清华大学出版社，2019.